청소년을 위한
인문상담
생각
사이-다

생각 흔들어봐! 터트려봐!
사이-다

생각 사이-다

청소년을 위한 인문상담

노성숙
박승찬
철학상담연구팀
철학교육실천팀
공저

학지사

『생각 사이-다』를 발간하며

대전의 한 고등학교에서 헤세와 니체를 즐겨 읽는 소녀가 있었습니다. 문학적 감수성과 순수한 열정으로 가득 차 있던 소녀의 눈에는 그 사립고등학교에서 벌어지는 부조리한 일들을 이해할 수 없었습니다. 학생들의 대표로 이에 대해 반대했던 소녀는 국가 권력까지 이용한 학교 당국 때문에 서울로 전학을 떠나야 했습니다. 그 소녀는 끊임없이 반문했습니다. '이 사회에 정의는 존재할까?'

서울의 한 명문고등학교를 다니던 소년이 있었습니다. 서울에 있는 중학교들에서 뽑힌 뛰어난 학생들이 가득 찬 고등학교는 대학 입학이 마치 인생의 모든 성공을 좌우하는 것처럼 믿는 친구들로 가득 차 있었습니다. 어느 날 소년에게 '인생의 참된 의미는 어디서 찾을 수 있을까'라는 질문이 떠올랐습니다. 그러나 그는 그 질문을 던질 용기를 내지 못했습니다.

10년 뒤에 소녀와 소년은 독일 프라이부르크에서 만났습니다. 현대철학을 공부하러 온 소녀와 중세철학을 전공하고 있던 소년은 사랑에 빠졌습니다.

그 소녀는 프랑크푸르트학파에 속한 아도르노에 대한 논문으로 박사학위를 받았습니다. 그 소년은 스콜라 철학의 대표자인 토마스 아퀴나스에 대한 박사

논문을 썼습니다. 학위를 받고 함께 서울로 돌아와 대학생을 가르치던 중, 그녀는 다시 한번 독일에서 아헨바흐 박사가 창안한 '철학실천'을 공부했고 철학상담 전문가가 되어 돌아왔습니다. 30여 년 뒤 두 사람은 서울에서 각각 '철학상담'과 '중세철학'을 가르치는 교수가 되어 있었습니다.

대학생을 가르치는 데만 열중하던 가톨릭대학교 박승찬 교수는 국립청소년도서관의 초청으로 중·고등학생들에게 "아리스토텔레스, 스승 플라톤에게 진리에 대해 묻다"라는 주제로 강연했습니다. 강연 리즈를 담은 책 『거북이는 왜』가 큰 주목을 받자 여러 고등학교에서 강연 문의가 줄을 이었습니다. 수도권의 한 고등학교를 방문했던 그 교수는 충격을 받았습니다. 불미스러운 사태로 학교를 떠나서 방황하는 많은 학생들을 보게 된 것입니다. 작은 공부방을 방문했던 그는 집에서는 공부할 공간이 없었기 때문에 모여든 학생들을 만났습니다. 자신이 공부에만 매달리던 30여 년 전보다 조금도 나아진 것이 없는 모습이 너무나 충격적이었습니다. 결국 학생들에 대한 무한 애정을 지닌 교장 선생님의 요청으로 독산고등학교에서 '철학교육실천' 운동을 시작했습니다. 1학년 학생들 전체를 대상으로 철학과 대학원생 및 졸업생들이 철학적인 주제를 가지고 대화를 나누어 왔습니다. 그 과정에서 철학 선생님들은 좀 더 깊은 대화를 나누고 싶은 학생들에게 시간을 내주지 못하는 것을 무척 안타까워하고 있었습니다.

국내 최초로 독일에서 철학상담전문가 과정을 모두 마친 노성숙 교수는 인문상담의 중요성을 강조하면서 설립된 한국상담대학원대학교의 인문상담학연구소장이 되어 있었습니다. 4년여에 걸쳐 교학처장을 맡으면서 철학상담을 비롯한 인문상담의 큰 틀을 마련했습니다. 이어서 인문상담학연구소장으로서 새로운 철학상담 집단 프로그램을 만들어 가면서 국립중앙도서관, 서울문화재단 등에서 다양한 활동을 이어갔습니다. 2015년 가을, 함께 산책하던 박승찬 교수가 고등학생들에게 철학 교육을 하면서 겪는 어려움을 들었을 때 자신의 고등학교 시절의 꿈이 되살아났습니다. 입시교육에만 시달리느라 자신의 길을 찾지 못하고 있는 고등학생들을 도와줄 수 있는 프로그램을 만들 수는 없을까?

두 사람은 자신과 뜻을 같이하는 대학원생들과 머리를 맞대고 기존에 나온 모든 철학 교과서와 다양한 집단상담 프로그램을 분석했습니다. 그러나 안타깝게도 고등학생 자신들이 주인이 되어 자신의 생각을 표현하고 이를 통해 자신을 키워 나아가기에 적합한 프로그램을 찾기는 어려웠습니다.

이러한 프로그램을 기획하는 단계에서 놀라운 은인들을 만났습니다. 한국상담대학원대학교의 이혜성 총장님은 청소년상담원 원장을 역임하신 바 있고, 인문상담의 필요성을 절감하였기에 청소년들이 자기 내면에 지닌 청소년성(youth spirit)을 찾아내는 데 아낌없는 사랑과 격려를 해 주셨습니다. 또한 이 프로그램의 취지에 공감하고 적극적으로 지원해 주신 서울시의 한명희 의원님, 이 프로그램을 자신의 학생들에게 적극적으로 추천해 주신 한서고등학교 남상일 교장선생님, 늘 프로그램 진행에도 함께 해 주신 진로담당 김종국 선생님과의 만남은 잊을 수 없는 사건이었습니다. 이 책의 출간을 의뢰했을 때, 누구보다 흔쾌히 출간을 허락해 주신 학지사 김진환 사장님은 인문상담학 전반에 대한 앞으로의 전망까지 함께 나누어 주셨습니다. 이 자리를 빌려 이 모든 분께 마음 깊이 감사드립니다.

급물살을 타고 구성하게 된 프로그램은 〈생각 사이-다〉라는 새로운 이름도 얻었고, 한국상담대학원대학교 철학상담연구팀, 가톨릭대학교 철학교육실천팀은 오랫동안 준비해 왔던 내용들을 토대로 7월부터 본격적인 프로그램 제작에 들어갔습니다. 각각 30여 차례에 달하는 준비 모임에서 나온 생각과 프로그램을 2박 3일간의 워크숍을 통해 철저히 검증했습니다. 이를 토대로 수차례의 수정을 통해 완성된 프로그램을 가지고 2016년 10월 한서고등학교에서 6차시에 걸쳐서 1학년 '기초반', 2학년 '심화반' 프로그램을 진행했습니다.

처음으로 시도되는 프로그램이었기 때문에 기대보다는 두려움이 더 컸지만, 학생들의 반응은 가히 폭발적이었습니다. 박승찬 교수의 '질문할 수 있는 용기'라는 특강에 이은 2차시부터 학생들은 마음을 열기 시작했고, 각 교실은 학생들의 힘찬 목소리와 밝은 웃음으로 가득 찼습니다. 이 과정에서 노성숙 교수는 전체 프로그램을 직접 참관하면서 리더들과 학생들의 반응 하나하나를 면밀히 관찰하고 분석했습니다. 객관성을 확보하기 위해서 실시한 사전, 사후 검사 결과를 분석한 전문가들은 도대체 어떤 프로그램이길래 이런 결과가 나오냐고 놀랄 정도였습니다. 그러나 프로그램의 효과를 보기 위해서는 굳이 그런 분석 결과를 볼 필요 없이 학생들의 즐겁고 행복한 참여태도를 보는 것만으로도 충분했을 듯합니다. 항상 관심을 가지고 지켜 봐 주신 교장선생님과 교감선생님께서도 학생들이 적극적으로 참여하며 단 한 사람의 낙오자나 결석자도 없다는 사실에 놀라셨습니다. 프로그램을 마치면서 제작한 인터뷰 동영상에서 학생들은 프로그램을 기획한 저희들도 놀랄 정도로 변화된 모습을 보여 주었습니다.

열정으로 가득 찼던 2016년 2학기를 마칠 때, 많은 국민은 놀라울 정도로 낙후된 정치를 바꾸기 위해 촛불을 들어야 했습니다. 그러나 진정한 변화는 바로 미래의 주인공인 청소년들의 변화로부터 시작되어야 합니다. 우리들의 새로운 시도를 믿고 전폭적으로 지원해 준 서울시의 도움으로 이 프로그램이 완료될 수 있었습니다. 이제 그 결과를 우리나라의 모든 청소년과 그들을 가르치는 선생님들과 나누기 위해서 이 작은 책자를 출간합니다. 학생들과 대화를 나누고 싶은데도 큰 어려움을 겪었던 많은 선생님들께서 이 파일럿 프로그램이 새로운 자극이 되기를 기대해 봅니다. 저희 두 교수는 계속해서 입시교육만으로 고통받는 대학민국의 청소년들을 위해 새로운 프로그램을 개발하고 이를 가르칠 수 있는 인문상담전문가, 철학교육실천가들을 양성해 나갈 것입니다. 같은 꿈을 꾸시는 많은 분들의 참여와 격려, 충고와 질정을 기다리겠습니다.

"흔들어 봐, 터뜨려 봐, 생각 사이-다!"

2017년 4월 '생각 사이-다' 기획자

노성숙 · 박승찬

차례

제1부

청소년을 위한 인문상담의 이해

제1장
청소년에 대한 이해와 인문상담

노성숙

1. 한국 청소년의 비극적 현실

오늘날 한국 사회에서 청소년들은 어떤 삶을 살고 있는가? 이들에게 가장 중요한 과업은 '공부(工夫)'로 집약된다. 그런데 그 공부는 과연 무엇을 위한 것일까? 다름 아닌 '시험 성적을 잘 받기 위한 것'이며, 그 결과 소위 '명문 대학의 합격을 위한 것'이다. 학교생활이나 가정생활, 학원, 주말의 여가에 이르기까지 청소년들의 모든 시간은 오로지 '성적 위주의 공부'와 '입시공부'에 조준되어 있다. 이처럼 열심히 공부에 몰두한 결과, 한국의 청소년들은 국제적으로도 눈부신 성과를 보여 주고 있다. 2000년 이래 매년 발표되는 '국제학업성취도평가(PISA)'의 결과에서 한국 청소년들은 읽기, 수학, 과학 영역에서 거의 상위권을 놓치지 않고 있기 때문이다.[1)] 청소년들은 한국 사회 전반에 퍼져 있는 뜨거운 교육열에 부응하면서 그야말로 학업성취도에서 높은 수준을 꾸준히

---

1) '국제학업성취도평가(PISA)'는 경제협력개발기구(OECD) 회원 35개국을 포함하여 72개국의 만 15세 학생 약 54만 명을 대상으로 한다. 2016년 12월 6일 발표된 '국제학업성취도평가(PISA) 2015'에 따르면, 우리나라 만 15세 학생들의 읽기와 수학 성적은 여전히 상위 수준이지만, 하위 수준 학생비율이 3년 전보다 증가해 기초학력 향상을 지원책 마련이 필요하다(인터넷 연합뉴스 〈http://www.yonhapnews.co.kr/dev/9601000000.html〉, 2016년 12월 6일)(검색일: 2016. 12. 22.).

유지하고 있다. 대부분의 학생들에게 "성공이란 교육과정의 매 단계에서 얼마나 경쟁을 잘하느냐"(Heffernan, 2014, p. 59)에 달려 있다.

그런데 공부를 잘해서 국제적으로 화려한 성적을 보여 주고 있는 한국 청소년들의 삶은 과연 어떠할까? 그러한 높은 학업성취도가 청소년들에게 행복을 가져다주었을까? 청소년들이 겪는 이면의 현실을 잘 드러내는 국제 비교조사 지표가 있다. 연세대 사회발전연구소가 발표한 '2016 제8차 어린이 · 청소년의 주관적 행복지수 국제 비교 연구' 보고서에 따르면, 한국 어린이 · 청소년의 '주관적 행복지수'는 OECD 회원 22개국 중에서 가장 낮다. 주관적 행복지수의 OECD 평균을 100점이라고 할 때, 스페인은 최고점인 118점을 받은 반면, 한국은 최하위인 82점이다(한국방정환재단 · 연세대 사회발전연구소, 2016, p. 11). 2009년 첫 조사 이후 2014년까지 한국 어린이 · 청소년의 주관적 행복지수는 6년간 최하위에 머물렀고, 2015년에 90.4점으로 잠시 19위를 기록하였다가, 2016년 또 다시 최하위를 차지했다.

성적 위주의 질주를 계속해야만 하는 한국 청소년들은 과도한 경쟁으로 인해 엄청난 학업 스트레스를 받고 있다. 이러한 스트레스는 청소년들이 주관적으로 느끼는 행복지수를 저하시킬 뿐만 아니라 자살충동을 극대화하는 주요 요인으로 작용한다. 한국방정환재단과 연세대 사회발전연구소가 2014년부터 2016년까지 실시한 국제 비교연구에 따르면, 한국 어린이 · 청소년의 '자살충동'이 매해 증가하고 있음을 알 수 있다.

통계청이 제시한 2014년 사회조사 결과보고서에 따르면, 13~19세인 청소년들은 '학교 성적 및 진학 문제'를 자신들이 자살충동을 경험하는 가장 큰 원인으로 뽑았다. 이는 전체 응답의 39.3%를 차지했는데, 19.5%로 2위를 기록한 '경제적 어려움'보다 약 2배가 많은 압도적인 결과였다. 이외에 '가정불화'가 10.5%, '외로움 및 고독'이 9.8%, '친구와 불화 및 따돌림'이 7.8%, '이성문제'가 5.1%, '질환 및 장애'가 2.1%, '직장문제' 0.8%, '기타'가 5.2%를 차지하고 있다(통계청, 2014, p. 376). 이처럼 자살충동의 39.3%가 '학교 성적 및 진학문제'라는

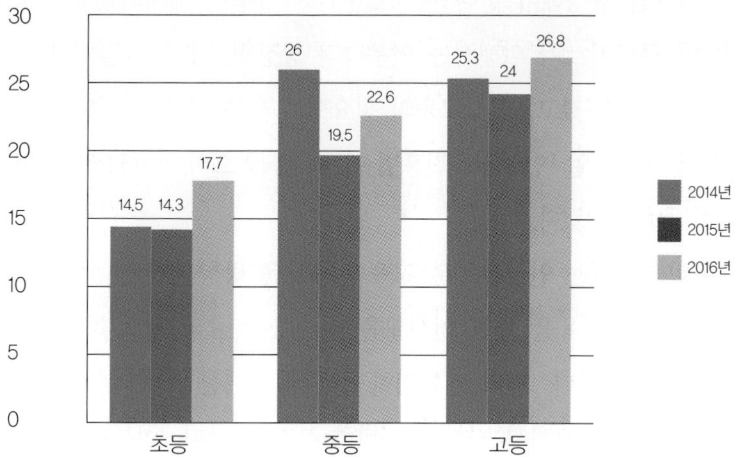

(단위: %)

[그림 1-1] 연도/교급별 자살충동 경험 비율

출처: 한국방정환재단 · 연세대 사회발전연구소, 2016, p. 17.

사실은 '성적 위주의 공부'로 인한 청소년의 심리적 좌절과 고통이 매우 심각한 상태에 이르렀음을 보여 주는 것이다.

나아가 한국 청소년들의 비극적 현실은 청소년들이 단순히 자살충동에만 머무르지 않고 실제로 자살을 감행한다는 데에 있다. 2015년 교육부와 한림대 자살과 학생 정신건강 연구소가 함께 연구 발표한 자료에 따르면, 실제 자살학생들 중 가장 많은 26.0%가 '성적 또는 부모의 성적 압박'으로 인한 갈등을 경험하였다. 자살 원인 공동 2위는 '우울감'과 '가정폭력'으로 각각 19.4%를 차지하였고, 이어서 '친구 간 갈등 · 왕따'가 13.8%, '이성 문제'가 4.7%, '외모 콤플렉스'가 4.3%, '게임 중독'이 1.4%, '기타'가 11%로 밝혀졌다(교육부 · 한림대 자살과 학생 정신건강 연구소, 2015, p. 18).

이처럼, 한국의 청소년들이 처한 현실에서 가장 핵심적인 것은 '성적 위주의 공부'로 인한 것이며, 본 사안의 긴급성과 양면성을 직시하고 새로운 대안을 마련해야 한다. 이러한 문제의식을 토대로 2015년 개정된 교육과정에서는 '창의융합형 인재'를 양성해야 한다는 새로운 교육방향이 제시되었다. 이러한 '창의융합형 인재'를 기르기 위해서는 인문학적 상상력, 가치, 성찰성이 필요하다는 데에 의견이 모아졌고, '인성교육'의 필요성이 새롭게 강조되기 시작했다. 그 결과 2015년 1월 20일 「인성교육진흥법」이 제정되었으며, 2015년 7월 21일자로 시행되기까지에 이르렀다.

현재 시행되고 있는 인성교육은 교육의 새로운 방향 전환을 시도하고 있으며, '인문정신 함양교육을 통한 인성교육'(정창우, 2015, p. 35)을 실천 과제로 내걸고 이를 재차 강조한다. 그러나 이러한 실천적 과제를 구체적으로 어떻게 수행해 나갈 것인지에 대해서는 아직 미비한 부분이 많다. 이를 구체적으로 실천해가기 위해서 정창우는 다음과 같이 주장한다. "교육당국은 학생들과 시민들이 인문학을 자주 접할 수 있는 환경을 마련해 줄 필요가 있다. 상상력과 삶의 철학을 일깨워 주기 위해 학교 교육과정에서 초·중·고 학생들을 대상으로 인문학 교육을 보다 강화하고, 일반인들이 직접 참여해 인문학을 즐길 수 있는 프로그램들이 많이 개설·운영되어야 한다"(정창우, 2015, p. 54). 그런데 과연 청소년기에 있는 학생들에게 '인문학을 자주 접할 수 있는 환경'을 마련하고, 인문학 교육을 강화하려는 시도는 한국사회의 교육 현실에서 실현 가능한 과제일까? 이를 위한 구체적인 방안은 과연 무엇일까?

2. 한국 청소년을 위한 인문상담의 필요성

한국 청소년의 현실을 직시하고, 이로부터 생겨난 고질적인 병폐를 없애기 위해서는 기존의 학교교육에서 진행된 교과과정을 수정·보완하는 작업이 필요하다. 또한 최근 시작된 인성교육을 좀 더 구체화하여 실천하는 것도 긴요하다. 그런데 이러한 문제의식으로부터 특히 청소년기의 발달적 특성과 사회문화적 환경의 중요성[2)]을 염두에 두고 전적으로 새로운 접근이 시도될 수는 없을까?

인문상담(人文相談)은 아직 그 용어조차 낯선 것이 사실이다. 최근 새롭게 시도되는 인문상담은 인문학과 상담을 접목시켜서 인간에 대한 총체적 이해를 도우려는 의도로 시작되었다. 인문상담은 "각자의 존재 가치와 의미를 성찰하고 사유할 수 있는 힘을 기르고 '개인의 참자아를 탐색하고 발견하도록 도와주는', '자기가 속한 사회에서 자기가 하는 일을 제대로 할 수 있도록 도와주는' 상담"(이혜성, 2015, p. 69)이라고 할 수 있다.

인문상담은 이제 막 태동되었기 때문에 청소년을 위한 인문상담은 아직까지 한국에서 거의 시도된 적이 없다. '성적 위주의 공부'와 '입시교육'에 매몰된 한국 청소년들에게 새로운 관점을 제시하고자 하는 인문상담은 인문학과 상담의 학문적 통합을 위한 이론적 논의에서 출발하지 않는다. 기존의 '융합'이나 '통섭' 등의 이론적 논의들이 보여 주는 하나의 학문에로의 환원주의나 패권주의의 태도를 버리고자 하기 때문이다. 무엇보다 중요한 것은 오늘날 한국 청소년들에게 인문학과 상담이 동시에 모두 필요하다는 실천적이고 비판적인 문제의식이다. 그에 따라 가장 먼저 오늘날의 '한국 청소년'에게 가장 시급한 도움이 무엇인지를 고민해야 한다. 그리고 이 고민을 해결하기 위해 필요한 인문학과 상담의 학문적, 실천적 성과 및 자원들을 되돌아보아야 할 것이다. 무엇보다도 삶이라는 현실과 마주한 청소년들에게 도움이 되는 것들을 인문학과 상담, 양자의 영역에서 모두 수용하고자 하는 적극적인 태도가 필요하다. 그리고 더 나아가 그것들을 인문학과 상담을 관통하여 수렴하고자 하는 통합적 접근이 절실한 시점이다.

---

2) 미드(Mead)는 "젊은이들의 품석과 능력과 행복이 그들이 무엇을 배우는지와 그들이 태어나서 양육되는 사회의 사회적 제도에 얼마나 좌우되는지를 우리가 더 많이 알 수 있도록 하기 위해서" 『사모아의 청소년』이라는 책을 썼다(Mead, 2008, p. 57).

이러한 문제의식과 통합적인 태도에 입각하여 이 책에서 시도되고 있는 인문상담은 한국 청소년들이 처한 현실을 그 중심에 두고 있다. 그렇다면 왜 한국 청소년들에게 인문학과 상담의 결합된 형태인 '인문상담'이 필요한 것일까?

1) 청소년들의 진로탐색

인문상담은 '성적 위주의 공부'와 '입시교육'이 전제된 청소년들의 진로탐색에 대한 비판적인 요구를 담고 있다. 현행 진로탐색은 기존에 주어진 사회적 역할을 단순히 효율적으로 모방하는 것에 지나지 않으며, 기존의 사회질서를 근시안적인 시각에서 고스란히 답습하는 차원에 머물고 있다. 예를 들어서, 현재의 진로교육과 진로상담은 주로 안정된 직업을 가진 사람들이나 이미 성공한 전문가들을 모델링하는 방식으로 진행된다. 또한 최근 중학생들에게 꿈과 끼를 찾아주겠다는 취지로 자유학기제가 도입되었지만 실제 이루어진 수업의 내용들을 들여다보면, 기존의 다양한 직업군에 대한 현장체험이 주를 이루고 있다. 물론 직업에 대해 공부하고, 그 역할을 실제로 체험하는 것은 아직 자신의 장래가 확고하지 않은 청소년들에게 적지 않은 의미가 있다. 이러한 경험이 미래에 대해 고민하고, 자신의 꿈을 현실적으로 점검할 수 있는 기회가 될 수 있기 때문이다. 소위 명문이라 일컬어지는 대학을 방문하는 대학 탐방 또한 입시를 앞둔 고교생들에게는 색다른 체험이 될 수 있다. '좋은 대학에 진학하고 싶다'는 열망은 학생들이 더욱 학업에 정진할 수 있는 구체적인 동기가 되기 때문이다.

그런데 청소년 개인으로 하여금 자신이 어떤 직업을 선택할 것인지, 또 왜 그 분야에서 전문가가 되고 싶은지를 묻는 것이 근원적으로 더 중요하지 않을까? 또한 자신이 원하는 분야의 전문가가 되기 위해 꼭 그 대학에 가야 하는지도 반문해 볼 수 있어야 한다. 그리하여 청소년들이 자신이 추구하고자 하는 삶 전반에 대한 지형도를 좀 더 크고 넓은 관점에서 그려 나갈 수 있도록 도와야 할 것이다.

관련 직업과 사회적 역할 등을 잠시 보고 경험하는 것만으로 청소년들이 진로를 선택하게끔 유도해서는 안 된다. 직업이나 진로를 선택하기에 앞서 청소년들은 자신이 왜 그 분야에서 일하고 싶은지에 대해 한 걸음 더 파고 들어가서 물어야 한다. 또한 그 역할을 통해서 이루고자 하는 바가 무엇인지에 대해서도 좀 더 깊이 생각할 수 있도록 격려해야 한다. 그러한 사회적 역할을 '왜 내가' 수행해야 하는가? 그 역할은 나 자신에게 사회공동체 안에서 어떤 '의미'를 지닐 수 있는가? 이러한 질문들에 대해 찬찬히 생각해 볼 수 있는 기회가 주어진다면, 청소년 스스로 자신의 삶의 목표와 의미를 좀 더 폭넓게 찾을 수 있을 것이다.

청소년들이 장래 자신이 어떤 직업을 가지고 사회적 역할을 수행할 것인지를 구상하는 것은 매우 중요한 작업이며, 이러한 진로탐색은 청소년 교육에 필수적인 과정이다. 인문상담은 이러한 진로탐색의 과정을 좀 더 풍요롭게 할 필요성과 맞닿아 있다. 그리하여 인문상담은 청소년들에게 삶의 목표와 의미를 다각도로 성찰할 수 있는 기회를 제공하는 데 그 목적이 있다. 특히 청소년들이 기존의 직업이나 진로를 단순히 반복하거나 모방하는 데에 그치지 않도록 격려하고자 한다. 또한 '대학 타이틀'에 집착하며 기존 질서에 적응하는 것에만 급급하지 않도록 해야 할 것이다. 인문상담을 통해 자신의 삶을 다각도로 조망할 수 있는 힘을 얻은 청소년은 설사 대학 입시에 실패하거나 어떠한 좌절을 경험하게 되더라도 남들의 시선에 의해 구획된 좁은 시야에서 벗어나 열린 사고를 할 수 있다. 이를 통해 스스로 다른 대처방안을 마련할 수 있게 될 것이다. 또한 자신이 원하는 삶의 지형도를 폭넓게 그려 보도록 함으로써 그 길을 유연하게 걸어갈 수 있게 돕고자 한다. 이는 스스로 삶에 대한 목적의식을 지니고 자신의 미래를 설계하고 꿈꿀 수 있을 때에야 가능한 일이다.

2) 청소년기의 역할 혼란

인문상담은 청소년기에 겪는 '역할 혼란'에서 벗어나도록 하며 자신의 '개성'을 찾을 수 있도록 해야 한다는 문제의식에서 비롯한다. 앞서 검토한 대로 한국 청소년들의 주관적 행복지수는 OECD 국가 중에서 지속적으로 최하위를 차지하고 있다. 이 사실은 청소년들 스스로가 주체로서 자신의 삶을 살아가지 못한다는 것을 단적으로 말해 준다. 청소년들이 살고 있는 모든 일상의 시계는 '성적 위주의 공부'와 '입시공부'에만 맞춰져 있으며, 다른 모든 활동은 그에 따른 부차적인 의미만을 지니게 되었다. 따라서 오늘날의 청소년들은 자신이 선택하지 않은 입시공부의 결과만으로 자신의 정체성을 확인하기 쉽다. 이미 정해진 공부의 기준에 비추어서 자신의 기대나 부모님의 소망에 부합하지 못했을 경우, 마치 자기 존재감까지 전면적으로 부인된다고 느낄 수 있다. 더 나은 성과를 내야 한다는 압박감을 견디지 못하거나 심할 경우, 청소년들은 자신의 존재에 대한 깊은 절망과 회의에 빠지게 되면서 자살충동에까지 내몰리게 된다. 실제로 청소년들의 자살충동 위험집단이 전체 학생의 5%를 넘어섰을 뿐 아니라, 자살충동이 2015년에 비해 중학생은 22.6%, 고등학생은 26.8%로 증가되었다(한국방정환재단 · 연세대 사회발전연구소, 2016, p. 17). 이러한 비극적 사실은 '성적 위주의 공부', '입시공부'에만 과도하게 내몰린 청소년들이 자신의 존재감마저 그 기준에 환원시키고 마는 현실에서 이미 정해진 결과가 아닐까?

인문상담은 청소년들로 하여금 자신의 정체성이 기존의 교과목에 부합하는 성적 위주의 성과에 달려 있는 것이 아니라 자신의 '개성'에 있음을 깨닫게 하려는 것이다. 그리하여 청소년 각자가 개성을 키워 갈 수 있는 창의적 사유경험의 기회를 마련하고자 한다. 에릭슨(Erikson)에 따르면, 이 시기에 청소년들을 가장 괴롭히는 것은 "확고한 정체성을 가질 수 없다."(Erikson, 2014, p. 320)는 사실에 있다. 따라서 청소년들은 종종 군중의 영웅이나 최신 유행에 자신을 과잉동일시하거나 권위에 반항한다. 또한 타인의 말을 들으려하지 않고 과도하게 자기를 주장하기도 한다. 그런데 이러한 위기는 자아가 아직 불안정하기 때문이기도 하지만, 또 다른 의미에서 볼 때 "타인과 구별되는 존재가 되고자 하는 의식과 함께 시작되는 것"(Guardini, 2016, p. 32)이다. 따라서 청소년들 스스로 동일한 성적의 잣대로 자신을 몰아붙이지 않고, 자신만의 개성을 탐구하여 타인과의 구별을 안정적으로 수용할 수 있는 계기가 필요하다.

인문상담은 청소년들이 누구나에게 똑같이 제시되는 문제풀이식의 입시교육이나 "규격화된 정답을 빨리 찾도록 요구하는 교육"(이범, 2015, p. 217)에서 벗어나도록 돕는다. 그리하여 청소년 스스로 정체성을 찾고 창의적으로 삶을 기획하며 도전할 수 있도록 독려하고자 한다. 이는 단순히 청소년들로 하여금 기복이 큰 감정을 추스르고 안정감을 회복하도록 하는 상담의 정서적 차원에 그치지 않는다. 정서적으로 안정적인 분위기에서 서로가 공감을 유지하면서도 한 걸음 더 나아가 청소년들이 자신의 개성과 고유함을 발견할 수 있는 '주체적 사유'의 기회를 갖도록 하려는 것이다.

3) 인간관계의 고립감과 배타성

인문상담은 청소년기에 겪는 학교폭력이나 왕따 등에서 드러나는 인간관계의 어려움을 해결하는 데에 도움이 필요하다는 인식에서 시작된다. 청소년들에게는 자신의 인간관계를 비단 너와 나, 그리고 나와 가족만이 아니라 나와 사회공동체와의 연관성과 함께 폭넓게 생각해 볼 기회가 필요하다. 과열된 입시경쟁으로 인해 오늘날 한국의 청소년들은 친밀한 인간관계를 형성하기 위해 친구나 가족들과 보내는 시간이 전적으로 부족하다. 청소년들은 틈틈이 주어지는 여가시간조차 실제 인간관계를 맺기보다 혼자 컴퓨터 게임을 하거나 SNS상으로 피상적인 대화를 나누는 것을 선호한다. 따라서 이들은 친구와의 우정이나 사랑을 키워 가기 위한 만남을 지속하는 데 어려움을 느끼고, 진정한 만남을 위해 필요한 친밀성과 공감을 느껴 볼 소중한 기회를 접하지 못하는 경우가 많다. 이와 동시에 친구나 가족관계 안에서 얼마든지 발생할 수 있는 고민이나 불편함을 감당하기 힘들어할 수 있다. 그리고 실제로 관계에서 발생하는 어려움에 직면했을 때, 이를 감당할 수 없으면서도 어디에도 하소연하지 못하는 고립을 경험하거나, 그것을 오로지 홀로 감당해야만 하는 것으로 생각하기 쉽다.

에릭슨은 청소년들이 발달단계에서 관계의 배타성과 편협함을 지닐 수 있다고 주장했다. 그에 따르면, 청소년들은 "피부색이나 문화적 배경, 취미와 재능, 그리고 외집단의 구성원과 내집단의 구성원을 구별하는 표식으로 옷이나 제스처 등의 사소한 것들에까지 자신들과 '다른' 이들을 잔인하게 배척한다. 그러한 편협함을 정체성 혼란에 대항하려는 방어 수단으로 이해(묵인하거나 동참한다는 뜻이 아니라)해 주는 것은 매우 중요하다"(Erikson, 2014, pp. 320-321).

이러한 맥락에서 볼 때, 한국 청소년들이 겪는 학교폭력이나 왕따의 문제 등은 청소년들이 무리 지음을 통해서 자신이 속한 집단과 그 밖의 집단을 분리하고 배척하는 것이라고 할 수 있다. 이는 곧 주체적이지 못한 자신의 정체성을 방어하려는 수단인 것이다. 그런데 성적 위주의 입시공부가 주를 이루는 일상에서 청소년들은 실제 물리적 시간이 없을 뿐 아니라 인간관계를 위한 최소한의 시간만 허용된다. 그렇다면 이들에게 과연 그들의 발달단계에서 겪을 수 있는 관계의 배타성과 편협함을 벗어날 수 있는 기회가 어떻게 마련될 수 있을까?

인문상담은 병리적인 위기를 겪고 있는 청소년을 대상으로 이미 문제가 발생한 이후에 사후약방문하는 형태를 벗어나고자 한다. 평범한 청소년들에게 구조화된 집단 활동과 토론을 통해 소통할 수 있는 계기를 예방적으로 마련하려는 것이다. 이를 위해서는 서로를 신뢰할 수 있는 안정적인 분위기 속에서 청소년들이 '다양한 생각들을 듣고 말할 수 있는 기회'를 제공해야 한다. 즉, 또래집단의 상호적인 활동을 통해 자신을 표현하기도 하고, 친구들의 다양한 표현을 발견하기도 하면서 '소통하는 관계'를 경험할 수 있도록 해야 한다. 여기서 중요한 것은 경쟁 중심의 입시공부 현장에서 형성된 자기 방어적이고 자기중심적인 시야에서 벗어나도록 하는 일이다. 이를 위해 일상과는 '색다른 사유'의 체험이 주어져야 하는데, 인문상담은 이러한 사유체험을 통해 청소년들이 자신의 사고를 확장시키는 가운데 '자유로움'을 경험할 수 있게 하려는 것이다. 더 나아가 나와 '같고도 다른' 친구들의 생각을 상호적으로 수용하고 이해하면서 '소통의 즐거움'을 맛볼 수 있도록 하고자 한다. 이로써 청소년들이 고립감을 극복할 수 있을 것이며, '심리적 안정감과 상호 배려하는 관계성' 또한 증진시킬 수 있을 것이다.

3. 한국 청소년을 위한 인문상담의 목표

인문상담은 인문학의 오랜 전승 속에 담긴 다양한 자료와 사상들을 적극 활용한다. 또한 이는 상호적인 만남에서 다양한 생각을 나누고 자유롭게 토론하는 대화, 즉 상담(相談)의 활동으로 구체화된다. 앞서 제시한 필요성과 맞물려서 청소년들을 위한 인문상담의 목표를 명시하면 다음과 같다.

1) 인간다운 삶을 위한 목표와 의미탐색

인문상담은 청소년들로 하여금 전 생애에 걸쳐 지속적으로 추구할 수 있는 인간다운 삶의 목표와 의미를 탐색하도록 한다. 청소년들이 인문학적 사유를 통해 미래지향적 전망을 가지게 될 경우, 자신의 진로탐색 과정이 지닐 수 있는 폭과 깊이는 얼마든지 달라질 수 있다. 청소년을 위한 인문상담은 특정한 직업의 전문가가 되고 싶은 학생에게 왜 그러한 진로를 정하고 싶은지에 대해 질문을 제기하고, 이를 스스로 충분히 생각해 볼 기회를 제공한다. 이러한 사유 과정을 통해 그 직업을 가진 전문가로서의 사회적 역할을 수행하는 것이 무엇을 의미하는지 되새겨보게 하려는 것이다. 그리하여 특정한 직업과 사회적 역할은 청소년 각자가 꿈꾸는 삶의 의미와 목표를 이루기 위한 수단이지 그 자체가 궁극 목적이 될 수는 없다는 사실을 깨닫도록 한다. 소위 명문대학의 합격도 마찬가지일 것이다. 이는 전문가가 되기 위한 학습과 훈련의 기회이지 그 자체가 청소년들의 삶 전체를 좌우하는 궁극 목표가 되어서는 안 된다.

인문상담이 이러한 자각을 이끌어 낼 수 있다면, 청소년들은 좌절과 절망에 유연하게 대처할 수 있게 될 것이다. 또한 청소년들의 진로탐색이 단순히 대학 서열에 의존하여 이루어지거나 기존의 직업에 종속되지 않을 수 있다. 오히려 자신이 정립한 삶 전체의 목표에 비추어서 이를 실천하기 위한 구체적인 계획을 자신의 수준에 맞도록, 좀 더 구체적으로 조정하거나 수정할 수 있다. 나아가 삶의 목표를 이루기 위한 또 다른 수단을 찾고자 노력하는 가운데 자신의 삶을 새롭게 개척하고자 하는 열정적 동기를 유발할 수도 있을 것이다. 또는 삶의 목표를 이루기 위한 현실적인 어려움을 자각하는 과정에서 다른 대안을 찾을 수도 있으며, 이는 새로운 의미 부여로도 이어질 수 있다.

이와 같이 인문상담은 청소년들로 하여금 좁은 현실의 울타리를 벗어나서 자신의 삶 전체에 해당할 수 있는 큰 그림을 그려 보도록 격려하려는 것이다. 나아가 이 과정에서 각자의 삶을 전체적으로 조망하면서 인문학에서 전승되어 온 가치와 비전 등을 접해 보도록 권하고자 한다. 즉, 청소년들이 삶의 목표를 주체적으로 성찰해 가는 과정에서 인문학적인 가치, 예를 들어 자유, 평등, 사랑, 정의 등을 함께 곱씹는 기회를 제공할 것이다. 이러한 가치들은 그저 머리로만 추상적인 차원에서 학습되어서는 안 된다. 오히려 그것들을 자신이 실현하고자 하는 삶의 목표와 직간접적으로 연결될 수 있도록 구체화하고, 그 가운데 새로운 의미가 발견될 수 있도록 격려해야 한다.

보편적인 가치들을 훈육을 통해 주입시키려고 할 경우, 청소년들에게 큰 저

항감과 역효과를 불러일으킬 수 있다. 이와 달리 인문상담은 청소년들이 각자 미래의 삶을 내다보고, 그 목표를 스스로 설정하는 과정에서 인문학적인 가치를 함께 성찰할 수 있도록 돕고자 한다. 여기서 주목할 점은 청소년들이 자신의 삶의 목표를 보편적 가치나 이상에 비추어서 '자신만의 관점'에서 정립할 수 있도록 격려해야 한다는 것이다. 물론 인문학은 보편적인 인간의 차원에서 방향성을 제시하고 있기 때문에 청소년들에게는 단지 머나먼 이상으로 치부될 수도 있다. 이러한 이상과 현실의 괴리를 피할 수는 없지만 그럼에도 보편적 가치로서의 이상과 주어진 현실을 구분하고, 때로는 그것을 자신의 상황에 맞게 새롭게 설정해 보는 작업이 뒤따라야 할 것이다.

또한 이러한 인문상담의 성찰과정에서 가장 중요한 작업은 청소년들이 자신이 정립한 삶의 목표에 도달하기 위해서 자신만의 고유한 관점과 고유한 방식을 개발하도록 독려하는 것이다. 예를 들어, 각자 다른 자리에 앉아서 바라본 하나의 사물을 그림으로 그릴 경우, 보는 각도에 따라서 다른 그림들이 나올 수 있다. 인문상담이 청소년들에게 삶의 목표와 의미를 성찰하도록 돕는 작업도 이와 유사하다. 청소년들이 보편적 가치를 접한 후 자신의 삶의 목표를 정립하는 작업은 각자 삶의 현실로부터 매우 다양하게 전개될 수 있다.

인문상담은 인문학적 텍스트나 주제가 지닌 보편적인 가치와 청소년들이 각자 구체적인 현실에서 세운 삶의 목표가 상호 교차할 수 있는 장을 마련한다.[3] 그 과정에서 청소년들은 자신의 삶을 전체적으로 조망할 수 있는 시각을 얻게 될 것이며, 이를 통해 살아가면서 자신이 지향해야 할 목표를 세우고, 그 속에서 새로운 의미를 발견할 수 있게 될 것이다.

---

3) 로고테라피를 창안한 프랭클(Frankl)은 청소년들에 대해 많은 관심을 가지고 있었다. 그는 자신의 청소년기 체험을 바탕으로 청소년들이 보편적 가치에 조우하지 못할 때에 '실존적 공허'에 빠질 수 있다고 주장했다.

2) 주체적 사유와 창의적 정체성

인문상담은 청소년들이 너와 나의 관계 속에서 주체적으로 사유할 수 있는 힘을 키우는 데 도움을 주고, 이에 기반하여 그들이 창의적 정체성을 찾을 수 있도록 동행하려는 것이다. 청소년들에게 공부의 압박감이나 좌절에서 벗어날 수 있도록 돕는 여가생활이나 심리적 지원이 필요한 것도 사실이다. 그러나 이는 여전히 효율적인 '성적 향상'과 '입시공부'라는 일상을 지속하기 위한 부차적인 의미에서의 여가 혹은 심리적 안정 취하기에만 머물고 있다. 좀 더 적극적으로 청소년 스스로 일어설 수 있도록 주체성을 강화할 수는 없을까? 이에 한 걸음 더 나아가 자신의 정체성을 찾아갈 수 있는 열정을 북돋울 수는 없을까? 이를 위해서는 무엇보다 '스스로 사유하는 힘'이 필요하며, 이는 인문학적인 사유와의 접점이 절실한 부분이다.

한국 청소년들이 처한 현실에서 입시공부를 하기 위해서는 요점 정리한 것들을 주입받고, 정답을 외우는 방식이 가장 효율적이다. 또한 예상 질문에 대해 끊임없이 반복되는 문제풀이식의 훈련받는다. 이러한 교육환경에서는 따라가지 못하면 낙오될 수밖에 없다는 불안감과 두려움 때문에 가끔 떠오르는 '왜'라는 원천적인 질문을 억누를 수밖에 없다. 많은 청소년들은 이미 마음속으로 '이러한 공부를 도대체 왜 해야 하는 것일까?', '삶의 모든 문제들이 이렇게 요점정리와 정답으로 주어지는 것일까?'와 같은 질문들을 수없이 던졌지만 그것을 함께 고민할 수 있는 곳은 그 어디에도 없다.

피아제(Piaget)가 말한 대로 청소년기는 단순히 감각을 통해 자기를 자각하는 것이 아니라 '형식적인 조작적 사고'가 가능하다(Rice & Dolgin, 2009, pp. 96-97). 청소년들은 추상적 사고를 통해서 충분히 자신과 자신의 상황에 전제된 원리나 가치 등을 파고 들어가 사유할 수 있으며, 이를 위한 생물학적 뇌의 성장가능성도 이미 갖추고 있다. 그런데 이처럼 생물학적이고 인지발달적 토대를 지니고도 한국 청소년들은 '성적 위주의 공부'라는 사회문화적 환경 때문에 자신의 인지발달 능력을 충분히 발휘할 수 없는 실정이다. 즉, 한국 사회만의 독특한 교육환경에서는 선행학습과 효율적인 정보처리 능력만이 반복될 뿐 충분히 성장할 수 있는 '추상적 사유 능력'을 활용할 기회가 거의 없다. 따라서 인문상담은 이러한 추상적 사유와 추론을 자유롭게 전개할 수 있는 장을 마련하고, 이로써 스스로 사유할 수 있는 힘을 키우는 것을 목표로 한다.

나아가 인문상담은 청소년들로 하여금 다양한 생각들을 접하고 난 뒤, 주체적 사유를 통해서 자신의 정체성을 찾을 수 있는 기회를 제공한다. 청소년 각자가 친구들과 다른 생각, 다양한 생각들을 자연스럽게 접하고 나면, 좀 더 확고하게 자신만의 고유한 정체성을 고민할 수 있게 된다. 예를 들어, '은화'(가명)는 친한 친구 '다윤'(가명)이와 매일 만나 함께 점심을 먹고 많은 일상적 얘기를 나누었기 때문에 매우 친한 사이다. 그런데 막상 인문상담 집단 프로그램에서 각자가 장래에 이루고자 하는 목표에 대한 진지한 이야기를 처음 나누었으며, 서로 다른 목표를 가지고 있는 줄도 몰랐다는 사실을 발견할 수 있다. 또는 '은화'는 평소에 전혀 관심조차 두지 않았던 '현철'(가명)이와 처음으로 이야기를 나누어 볼 수 있다. 의외로 현철이가 자신과 같은 미래의 목표를 지니고 있다는 사실에 놀랄 수도 있고, 서로 도달하려는 구체적인 방식이 다르다는 것을 깨닫고, 자신을 다시 되돌아볼 수도 있다.

청소년기의 성장을 위한 목표는 과르디니(Guardini)에 따르면, "타인과 구별되는 고유한 자아를 정립하고, 자유와 책임을 가진 인격으로 서는 것, 그리하여 세계에 대해 스스로 판단하고 세계 안에서 자신의 고유한 자리를 마련하는 것"이며, "'나'로서 '너'를 말할 수 있게 되는 것"(Guardini, 2016, p. 33)이다. 이러한 목표를 실현하기 위해서 인문상담은 청소년들로 하여금 '스스로 생각하는 힘'을 키우고자 한다. 그리하여 자신만의 고유한 정체성을 주체적으로 정립할 수 있도록 하려는 것이다. 또래집단 친구들의 '같음과 다름의 생각들'을 인문상담이라는 안전한 장치, 즉 집단 프로그램 속에서 수용적인 태도로 체험할 경우, 청소년들은 자신의 고유함과 개성을 새롭게 발견하여 그것을 자연스럽게 표현할 수 있게 된다. 이와 더불어 창의적으로 자신의 삶에 도전할 수 있는 '사유의 힘'을 가지게 된다면, '성적 위주의 공부'라는 일상으로 다시 돌아오게 되더라도 그 공부를 대하는 태도와 그것에 부여한 의미는 이전과 전적으로 달라질 수 있다.

3) 배려하고 소통하는 관계성

인문상담은 청소년들이 학교와 가정에서 '상호 배려하며 소통하는 관계성'을 촉진하기 위한 것이다. 청소년을 위한 집단 프로그램의 한 형태로서 인문상담은 먼저, 심리적으로 안정적인 분위기를 제공하고 라포(rapport)를 형성하는 데에 주력한다. 이 과정에서 청소년들이 각자 자기만의 재능과 개성을 찾고 이를 표현할 수 있는 계기들을 마련하여, 학우들 간의 다름을 수용할 수 있도록 한다. 그리하여 자칫 폭력적으로 행사될 수 있는 공격적인 에너지를 창의적으로 쏟을 수 있도록 유도하고, 분노나 공격성이 아닌 평화적 소통의 연결고리를 이끌어 내려는 것이다.

결과적으로 인문상담을 통해서 학교폭력이나 왕따 등을 사전에 예방할 수 있도록 돕는다. 또한 상호 친화적인 관계 맺음과 소통의 가능성도 촉진할 수 있다. 인문상담은 무엇보다 일종의 '놀이'의 형태로 안정적이고도 즐거운 집단 활동을 형성하는 데 주력한다. 이 가운데 청소년들은 학우들과 두려움 없이 소통하고 관계적 친화력을 키울 수 있게 될 것이며, 각자 자신의 견해를 표현하고 상호적으로 경청할 수 있는 기회를 가질 수도 있다. 이와 같이 인문상담 집단 프로그램이 정서적인 차원에서 관계성을 촉진시킨다는 점에서 기존의 심리상담이나 심리치료에서 이루어지는 집단상담과 유사하다고 할 수 있다. 그러나 인문상담은 정서적 유대를 바탕으로 '공공선', '정의' 등의 보편적인 주제들을 다룬다. 이 과정에서 청소년들로 하여금 학우들과 함께 '생각'하며 자유롭게 '토론'하도록 이끈다는 점에서 기존의 심리상담과는 차별화된다.

인문상담에서 이러한 '인문학적 사유'의 과정은 매우 중요하다. 청소년들은 가정이나 사회공동체 안에서 함께 추구해 나갈 보편적인 가치를 상호적인 집단 활동 속에서, 즉 함께 토론하는 활동 속에서 확인할 수 있다. 또한 사회적 공공선을 실현하기 위해 필요한 덕목들을 함께 생각해 보고, 앞으로 도모해야 할 공동사안들에 대해서도 상호적으로 집단적인 대화를 나누어 볼 수 있다. 그러나 이러한 대화과정에서 청소년들은 함께 추구할 보편적 가치와 사회적 공공선이 같더라도, 각자가 미래에 짊어질 사회적 역할들은 다양하며 자신의 역할이 남과 다를 수 있다는 점 또한 인식할 수 있다.

이와 같이 인문상담이 목표로 하는 '서로 배려하며 소통하는 관계성'은 얼핏 생각할 수 있는 정서적인 차원에만 머물지 않는다. 그 관계성을 촉발하고 이끌어 가는 사유과정 자체가 매우 중요하며, 그 과정은 인문학적 성찰과 가치에 토대를 두고 있다. 그야말로 '함께 사유해 나가는 관계성' 속에서 청소년들은 사회공동체가 추구할 보편적 가치를 모색해 보고, 그 가치에 이를 수 있는 각자의 다름도 인식할 수 있게 하려는 것이다.

끝으로 한 가지 유념할 사항은 앞서 제시한 청소년들을 위한 인문상담의 세 목표가 순차적으로 달성되는 것이 아니라는 점이다. 오히려 세 목표는 청소년들의 전인적인 성장과정 속에서 유기적인 연관성을 지니고 순환적으로 실현될 것이다.

4. 인문상담의 방법론: 주체적 자기성찰과 소크라테스 대화

청소년을 위한 인문상담의 핵심 목표는 한마디로 '청소년의 인간다운 삶을 위해 주체적 정체성을 정립하고, 배려하며 소통하는 관계성을 촉진하는 것'이다. 이를 위해서는 무엇보다 '스스로 생각하는 힘을 키우는 것'이 필수적이다. 인문상담의 실천을 위해서는 각자의 생각을 촉발하고 함께 사유하는 현장이 필요하며, 그 현장에서 인문학과 상담이 통합된 형태로 구체화되어야 한다.

인문상담의 방법론을 논의하면서 가장 먼저 강조되어야 할 점은 '주체적 자기성찰'의 중요성이다. 이는 단순히 누구에게나 반복되는 노예의 기술이 아닌 주체적 자유인으로서의 창의적인 기예가 필요하다는 점이다. 흔히 인문학은 키케로(Cicero)가 일종의 교육 프로그램을 구성하면서 사용한 라틴어 단어 '후마니타스(humanitas)'[4]나 혹은 15세기 이탈리아의 인문주의자들이 주창한 '스투디아 후마니타티스(studia humanitatis)', 즉 이들의 학술 및 문예활동에서 유래한 것으로 간주된다. 이러한 전통과 맥을 같이 하면서 근대 이후 대학에서 '일반교양교육(general and liberal education)'과 '고전교육(classical education)'이 이루어지기도 했다.

그러나 인문학과 연관된 주체적 자기성찰의 시원을 알아보기 위해서는 B.C. 5세기 고대 그리스의 아테네로 좀 더 거슬러 올라가지 않으면 안 된다. 젊은이들의 교육을 담당했던 소피스트들은 당시 도시국가에 필요한 건전한 시민을 양성해내기 위해 다방면에서 노력했다. 그들은 주로 문법학과 수사학, 논리학 등의 교육을 담당했다. 그 시기의 소크라테스도 고대 그리스 아테네 광장에서 많은 젊은이들, 현인들과 함께 대화를 나누었다. 그는 젊은이들로 하여금 각자의 과거, 현재, 미래 속에서 드러나는 삶의 방식에 대해 좀 더 근원적으로 성찰하도록 이끌었다.

소크라테스는 대화를 통해서 "검토(성찰)되지 않은 삶(ho anexetastos bios)은 인

4) 라틴어 'humanitas'는 '인간의 본성'이라는 뜻을 지니며, B.C 55년 키케로(Cicero)가 쓴 『웅변가에 관하여(Oratore)』라는 책에서 처음으로 사용되었고, 웅변가를 양성하기 위한 교육 프로그램을 뜻하는 말이었다.

간에게 살 가치가 없다."(Platon, 2003, p. 176)고 주장했다. 그는 젊은이들로 하여금 아테네 시민이자 자유인으로서의 자의식을 갖도록 촉구했다. 나아가 자신의 삶에서 벌어지는 실존적 위기에서 벗어나 새로운 자기이해에 도달하게 함으로써 스스로 삶의 주체가 되도록 도왔다. 오늘날 새롭게 대두된 철학상담[5]은 소크라테스를 최초의 철학상담자로 간주한다. 소크라테스는 자기성찰을 돕는 대화를 통해 각 개인이 주체적인 삶을 영위하게 하였으며 사회공동체의 목표와 가치를 추구하도록 도왔다. 고대 그리스 '소크라테스 대화(socratic dialogue)'[6]에서 시작된 철학상담이야말로 이 책에서 새롭게 시도하려는 인문상담의 모태다.

그렇다면 인문상담은 오늘날의 청소년들에게 '주체적 자기성찰'을 북돋우기 위한 '소크라테스 대화'를 어떻게 이끌어가야 할까? 인문상담은 청소년들이 지닌 정체성 혼란에 따른 '불안'이나 성적 비관과 입시공부로 인한 '좌절' 등의 정서에 눈높이를 맞추는 데에서 출발해야 한다. 그러나 인문상담은 안정감이나 희망을 제공함으로써 단순히 긍정적 정서를 회복하거나 정서의 균형을 맞추는 데에서 그치지 않는다. 정서적으로 신뢰할 수 있고 안전한 집단 안에서 청소년 자신의 주체적 생각을 촉발시킬 수 있는 계기를 제공하기 때문이다.

그런데 '스스로 생각하는 힘'은 선행학습이나 규격화된 정답 찾기 등과 같이 반복적으로 외우고 익히는 수동적인 활동을 강조하는 데에서 결코 나오지 않는다. 그것은 오히려 고대 그리스의 자유인들이 지녔던 주체적이고 창의적인 인문학적 기예(arts)를 필요로 한다. 인문상담은 인문학의 전승에서 발굴해낸 자료들과 다양한 주제들을 청소년들이 함께 숙지해가는 자발적인 집단 역동과 대화과정을 중요시한다. 다소 난이도 있는 인문학적 텍스트는 때때로 일방

---

5) 오늘날 철학상담이 새롭게 대두된 배경과 발단에 대해서는 노성숙, 2010, pp. 208—227 참조.
6) '소크라테스 대화(socratic dialogue)'는 오늘날 벡(Beck)의 인지치료나 엘리스(Ellis)의 합리정서치료에서도 심리치료적 중요성이 부각되고 있다.

적인 정보전달식의 교육은 아니더라도 그 텍스트를 함께 익히고 배우는 교육과정을 필요로 한다. 인문상담은 이러한 과정에서 텍스트에 대한 각자의 '생각이 주체적으로 표현'되고, 그 생각의 깊이를 더해가는 집단적 '토론'과 '대화'가 활성화되도록 한다. 그리하여 청소년들이 또래집단 친구들의 다른 생각들을 경청하는 가운데 자기생각을 상대화해 보기도 하고, 재정립해 보면서 유연한 사고를 경험할 수 있도록 한다.

5. 인문상담 집단 프로그램의 형식적 구성 원리

새로운 형태의 교육이자 상담으로서의 인문상담 집단 프로그램을 어떻게 구성하고 진행해야 할까? 이제 인문상담을 집단 프로그램으로 어떻게 구성하고 진행할 것인지에 대해 몇 가지 구체적인 지침을 제안해 보고자 한다.

형식적인 측면에서 청소년 인문상담 집단 프로그램을 구성하기 위해 회기와 시간을 어떻게 정해야 할 것인가? 지금까지 인문상담 집단 프로그램은 거의 진행된 바가 없으며, 한국 사회 안에서는 아예 그러한 가능성조차 인지되어 있지 않기 때문에, 그 구체적인 장을 찾기가 매우 힘들다. 따라서 아직까지는 학교의 정식적인 교과과정에 들어가지 못하고 있다. 최근 인성교육이 강화되고 있는 가운데, 학교상담에서 학업상담이나 진로상담의 기회가 증가되었다. 그러나 이 역시도 기존의 학교나 교육시스템 안에서 진행되는 프로그램일 경우가 많기 때문에 인문상담을 시도하기에는 매우 제한적이다. 따라서 방과 후 활동이나 사회복지관에서 진행하는 청소년 프로그램 혹은 각 상담소에서 진행하는 집단상담 프로그램의 일환으로 인문상담을 활용하는 것이 좋을 것이다.

이와 같은 현실적 제약 때문에 회기와 시간의 안정성을 확보할 수 없다는 것이 형식적인 측면에서 인문상담을 구성할 때 겪게 되는 가장 큰 어려움이다. 이는 인문상담이 새롭게 시작되는 단계에서는 어쩔 수 없는 것이므로 주어진 상황과 요구에 맞추되, 되도록 한 회기는 2~3시간 정도로 구성하는 것이 좋다. 또한 적어도 10시간이나 15시간 이상을 연속해서 확보할 수만 있다면, 그에 상응하는 형식으로 집단 프로그램을 유연하게 구성할 수 있어야 한다. 청소년들의 집단 프로그램에서 집단 역동이 원활하게 진행될 수 있기 위해서는 한 회기 혹은 1시간만으로는 턱없이 부족하다. 청소년들이 라포를 형성하고 진지하게 소통하는 데에는 적어도 2시간 이상이 소요된다. 또한 하나의 주제를 심도 있게 다루기 위해서는 적어도 5회기 이상의 연속성이 필요하다. 따라서 여건이 허락된다면, 집중적으로 진행되는 캠프 형식의 1박 2일이나 2박 3일의 집단 프로그램으로 구성해도 좋을 것이다.

인문상담 집단 프로그램의 공간은 이미 제공된 환경이나 주어진 상황에서 많이 바꿀 수 없는 경우가 많지만, 되도록 서로 마주 앉을 수 있도록 원탁의 형태를 유지하는 것이 좋다. 공간 활용과 공간 안에서의 자리배치는 집단의 역동을 다르게 할 수 있는 매우 중요한 구성 요소다. 따라서 집단 구성원들끼리 서로 편하게 느끼고 집중할 수 있는 분위기를 조성할 수 있도록 노력할 필요가 있다. 계절에 따라 실외의 공간을 활용하는 것도 고려해 볼 수 있는데, 집단 활동을 하면서 서로에게 집중하는 것을 흐트러뜨리지 않는지 잘 살펴보아야 한다.

6. 인문상담 집단 프로그램의 내용적 구성 원리

내용적 측면에서 청소년 인문상담을 실제로 어떻게 전개해 나갈 것인가? 인문상담이 기존의 청소년 상담과 긴밀한 연관성을 지니면서도 그 고유한 차별성을 보여 줄 수 있는 부분은 바로 이 내용적인 부분이다. 먼저 주제 선정은 청소년들의 심리적, 인지적 발달단계와 사회문화적인 환경의 중요성을 인식하는 것에서 출발해야 할 것이다. 청소년들의 발달과제는 '미래 삶에 대한 전망을 지닌 창의적 정체성의 확립'에 있다. 그런데 자신의 삶을 폭넓게 바라보고 자신의 개성을 살린 정체성을 찾아내기 위해서는 이미 고정된 직업과 역할을 모방하고 단순히 적응적으로 학습하는 데에 그쳐서는 안 될 것이다. 무엇보다 성적 위주의 공부 환경에서 조금은 물러나서 자기 자신에 대해 몰두하며 생각할 수 있는 시간이 필요하다.

인문상담은 청소년들에게 눈높이를 맞추어 청소년들이 스스로 자신의 입장과 문제를 자각할 수 있도록 돕기 위한 것이다. 이를 위해 가장 먼저 각자 자신의 생각을 이끌어 내서 표현할 수 있도록 돕는 계기가 필요하다. 청소년들이 집단 안에서 각자의 두려움을 깨고 자신의 정서적 상태를 안전하게 표현하기 위해서 간접적인 자료들을 활용하는 것이 좋다. 예를 들어, 유명한 그림이나 음악 등의 예술적인 자료나 대중문화에서 흔히 청소년들에게 다가갈 수 있는 노래 등의 가사를 활용할 수도 있을 것이다. 또는 서로가 공유해서 함께 풀어나가야 하는 딜레마나 문젯거리를 제시함으로써 서로 공감하고 소통하면서 함께 문제를 풀어가는 즐거움을 체험하게 해도 좋을 것이다.

인문상담이 기존의 상담활동과의 차이를 보여 줄 수 있는 부분은 우선, 인문학적 자료를 활용하는 것이라고 할 수 있다. 인문학 텍스트와 자료들을 활용하기에 앞서서 인문상담의 내용을 구성하기 위해 가장 선행되어야 할 것은 청소년들의 고민이 무엇인지에 대한 근본적인 성찰이다. 이들이 겪고 있는 정체성 혼란과 미래 자신의 불투명한 삶에 대해 인문학이 줄 수 있는 것, 다룰 수 있는 주제 등이 무엇인지를 명확히 해야 한다. 예를 들어, 청소년 개인이 겪는 정체성 혼란과 현재 겪고 있는 부자유 또는 또래 친구들과의 우정, 사랑 등에 대해서 좀 더 깊이 사유할 수 있는 텍스트를 인문학의 오랜 전승 속에서 다양하게 발굴해 낼 수 있을 것이다. 이외에도 청소년들의 삶에 근간이 될 수 있는 주제들을 중심으로 철학, 문학, 예술 등의 다양한 텍스트와 자료들을 적극 활용할 수 있다. 인문학에서 이끌어낸 풍부한 자료들은 청소년들이 사유할 주제들을 좀 더 구체적이고 분명한 형태로 만들어 주며, 영감을 주기도 하고, 대화를 이끌어 낼 단서가 될 수 있다.

나아가 기존의 상담 및 교육과의 차별성을 보여 주는 인문상담의 내용은 인문학적 주제에 대한 좀 더 깊이 있는 사유 활동과 사유 체험이라고 할 수 있다. 청소년이 인문상담을 개인 상담으로 체험할 경우, 각 개인적 차원에서 문제 상황이나 딜레마에 대해 스스로 자신의 생각을 정리할 기회를 얻을 수 있다. 그리하여 자신의 생각을 명료히 하고 난 뒤, 이를 개인적인 문제에 다시 적용하면서 이전의 생각들을 확고히 하거나 새롭게 수정하는 계기를 마련할 수 있다.

이와 달리 인문상담이 집단 프로그램의 형태로 이루어질 경우, 선별된 인문학적 자료와 주제에 대한 집단적인 사유 활동이 전개된다. 여기서 청소년들은 서로 자유롭게 질문을 제기하고 대답하는 가운데 상호 역동적인 사유를 체험하게 된다. 물론 기존에 이루어진 심리적 집단상담에서도 이러한 상호 역동적인 활동을 통해 각자의 감정, 태도, 생각 등의 성숙을 지향해 왔다. "집단상담은 생활과정상의 문제를 해결하고 보다 바람직한 성장 · 발달을 위하여, 전문적으로 훈련된 상담자의 지도와 동료들과의 역동적인 상호 교류를 통해 각자의 감정, 태도, 생각 및 행동양식 등을 탐색 · 이해하고, 이를 보다 성숙한 수준으로 향상시키는 과정이다"(이장호, 김정희, 1998, p. 4).

이러한 집단상담처럼 인문상담은 상호적인 역동을 활용하며 집단 안에서 정서적 수용관계를 촉진시키고자 노력한다. 그러나 한 걸음 더 파고 들어가서 인문상담은 청소년기의 인지발달에서 중요한 '추상적 사유'와 '추론적 활동'을 좀 더 활성화시킬 수 있는 '사유체험'에 역점을 둔다. 이때 유의할 점은 기존의 토론식 수업이나 논술교육에서의 논쟁과 같이 배타적인 관계에서 경쟁적인 논리를 전개하는 사유 활동이 주가 되지 않도록 해야 한다는 것이다. 이를 위해서는 청소년 각자가 서로 다른 생각들을 다양하게 표현할 수 있는 자유로운 분위기를 조성해야 한다. 나아가 추상적 사유나 추론의 과정을 통해서 보편적인 지성의 차원에 접촉할 수 있도록 이끌어 가야 한다. 또한 각자 다른 생각을 경청하고 소통하는 가운데 '차이생성'[7]의 '즐거움'을 체험할 수 있도록 해야 한다.

인문상담에서의 집단적 사유 활동은 단순히 찬반 토론에 의해 서로 논쟁적인 의견 차이만을 보이는 데에 그치는 것이 아니다. 집단 안에서의 청소년 개개인의 같음과 다름, 집단끼리의 같음과 다름을 자유롭게 경험하기 위해서는 인문상담이 일종의 '놀이'의 방식으로 구성될 필요가 있다. 즉, 각자 그리고 상호적으로 생각의 같음과 다름의 근거를 찾고, 그 근거의 기준을 찾아내는 '추상적인 사유와 추론의 과정'을 철학적으로 전개하되, 이 과정을 '놀이'나 '게임' 형식으로 즐겁게 체험하도록 해야 할 것이다.

하위징아(Huizinga)는 인간을 '호모 루덴스(Homo Ludens)', 즉 '놀이하는 인간'이라고 규정한 바 있다(Huizinga, 2015, p. 21). 놀이는 단순히 '시간 죽이기'의 가장 경박한 활동이 아니라 인간의 문화를 발생시키는 가장 근본적인 활동이다. 놀이의 의미는 "진지하지 않음, 심각하지 않음"이라고 정의해서는 그 의미가 완전히 파악되지 않는다. 놀이는 그 자체로 독립되어 있는 것이다. 놀이 개념 그 자체는 진지함보다 더 높은 질서 속에 있다. 왜냐하면 진지함은 놀이를 배제하려고 하는 반면, 놀이는 진지함을 잘 포섭하기 때문이다"(Huizinga, 2015, p. 106).

청소년들이 철학이나 인문학에 대해 갖는 고루한 선입견을 깨기 위해서라도 인문학적 사유의 진지함을 놀이의 형태로 담아내는 것은 매우 중요하다. 그런데 이는 무엇보다 섬세한 감수성을 요하는 작업이다. 따라서 인문학적 깊이를

---

7) 여기서 우리는 차이의 교육과 차이생성의 교육을 구분해 볼 수 있다. "차이의 교육은 존재자들 간의 동일성보다는 차이에 관심을 갖고, 이를 인정하고 존중하는 것을 말한다. 그러나 차이생성의 교육은 현존하는 차이를 인정하고 존중하는 것을 넘어서 새로움을 창조하는 것을 더 중시한다"(김재춘, 배지현, 2016, p. 58).

담아내는 집단적 사유 활동을 위해서는 몇 가지 전문적인 '기예'가 요구되는 것도 사실이다. 일상의 다양한 정서적, 딜레마적 계기들을 통해 사고를 촉발할 수는 있다. 그러나 그로부터 인문학적 사유의 깊이를 더해나가는 집단 활동의 '연결고리'를 매끄럽게 이끌어 내는 것, 그리고 '추상적 사유와 추론의 과정'을 통해 사고를 수렴하고 마무리해 나가는 것은 인문상담 전문가로서의 능력을 필요로 한다.

또한 인문상담이 인문학적 전승을 활용한다고 해서 고전적 텍스트나 주제에 대해 정보적으로 명확히 이해하는 것을 목표로 하는 것은 아니다. 오히려 인문학의 텍스트나 주제는 청소년 각자의 삶을 성찰하도록 돕는 자료들이다. 따라서 중요한 것은 이러한 자료들을 청소년들의 상호적인 대화와 집단적 사유 활동을 통해서 다루고, 이로써 주체적 자기성찰을 불러일으키도록 한다는 데에 있다.

인문상담에서 일어나는 이 과정을 좀 더 단계적으로 집약해 보면, 다음과 같다. 우선 청소년들은 자신이 살고 있는 '일상에서 질문하기'를 시작한다. 그러고 나서 집단 활동 속에서 자신의 질문이나 또래 친구들의 질문에 답해 보면서 '다양한 생각들을 경험'한다. 나아가 그 다양한 생각들 밑에 놓인 근본적인 신념이나 원리 등에 대해 파고 들어가는 '추상적인 사유와 추론과정을 통과'한다. 끝으로 다시금 자신의 삶과 일상으로 돌아와서 지금까지의 사유과정을 '자신의 것으로 소화하고 수렴'하여 정리한다. 그런데 이러한 과정은 단선적으로 진행되거나 일회성으로 끝나는 것이 아니라 계속해서 순환적으로 '차이 나게 반복'될 수 있다.

최근 시작된 '철학실천으로서의 철학상담'은 바로 이러한 인문상담의 첫 효시가 된다. 철학상담에서 철학적 원전이나 철학사상은 철학상담자와 내담자가 함께 '철학함'의 활동을 실천하도록 돕는 것에 그 의미가 있는 것이다. 삶의 문제를 해결하기 위해 철학이 있는 것이지, 철학의 문제를 해결하기 위해서 삶이 동원되는 것은 아니기 때문이다. 이러한 철학적 자료와 사상뿐 아니라 인문상담은 문학과 예술, 신화와 우화 등의 자료와 작품들까지도 모두 적극적으로 활용할 수 있다.[8] 이처럼 훨씬 방대한 자료와 인문학적 통찰력을 토대로 인문상담이 앞으로 새롭게 계발하고 개척해 나갈 것들은 그야말로 무궁무진하다고 할 수 있다.

참고문헌

김재춘, 배지현(2016). 들뢰즈와 교육: 차이생성의 배움론. 서울: 학이시습.

노성숙(2010). 인간다운 삶을 위한 철학적 대화로의 초대: 철학상담의 배경과 발단. 인간연구, 19, 197-234.

이범(2015). 우리교육 100문 100답. 경기: 다산북스.

이장호, 김정희(1998). 집단상담의 원리와 실제. 서울: 박영사.

이혜성(2015). 문학상담. 서울: 시그마프레스.

인터넷 연합뉴스(http://www.yonhapnews.co.kr/dev/9601000000.html), 2016년 12월 6일(검색일: 2016. 12. 22.)

정창우(2015). 인성교육의 이해와 실천. 경기: 교육과학사.

통계청(2014). 사회조사 결과보고서: 보건·교육·안전·가족·환경.

한국방정환재단·연세대 사회발전연구소(2016). 한국 어린이·청소년 행복지수 국제비교연구조사 결과보고서.

Achenbach, G. B. (2010). *Zur Einführung in die Philosophische Praxis: Vorträge, Aufsätze, Gespräche, Essays.* Köln: Verlag für Philosophie Dinter.

Brüning, B. & Martens, E. (ed.) (2007). *Anschulich Philosophieren: Mit Märchen, Fabeln, Bildern und Filmen.* Weinheim und Basel: Beltz.

Erikson, E. (2014). 유년기와 사회(송재훈 역). 경기: 연암서가.

---

8) 독일에서의 철학교육은 동화, 우화에서의 알레고리, 메타포, 비유 등을 적극 활용하고 있다(Brüning & Martens, 2007, p. 7).

Guardini, R. (2016). 삶과 나이: 완성된 삶을 위하여(김태환 역). 서울: 문학과 지성사.

Heffernan, M. (2014). 경쟁의 배신(김성훈 역). 서울: RHK.

Huizinga, J. (2015). 호모루덴스. 경기: 연암서가.

Mead, M. (2008). 사모아의 청소년. 경기: 한길사.

Platon (2003). 플라톤의 네 대화편: 소크라테스의 변론, 크리톤, 파이돈(박종현 역). 서울: 서광사.

Rice, F. P. & Dolgin, K. G. (2009). 청소년심리학(제12판) (정영숙, 신민섭, 이승연 역). 서울: 시그마프레스.

제2장
청소년 인문상담 프로그램의 첫걸음: 질문할 수 있는 용기[9]

박승찬

1. 체험으로부터 생겨난 질문들

요즈음 우리 사회는 경쟁이 점차 심해지고 있습니다. 학생들은 중 · 고등학교 때부터, 더 심하게는 초등학생 때부터 경쟁에 내몰리고 있는 것이 우리 사회의 모습입니다. 무한 경쟁 속에서 어른들은 대학만 가면 마치 모든 것이 해결될 것처럼 말합니다. 출발선도 같지 않으면서 그것이 마치 공정한 경쟁인 것인 양 이야기하는 것이지요. 그러나 정말 대학만 가면 모든 것이 해결될까요? 대학에 들어간 학생들은 전과는 또 다른 인생의 무게를 느끼고 있습니다. 그것은 바로 취업을 위한 경쟁으로 내몰리는 것이지요. 취업 경쟁률 1,000:1의 시대에 원하는 직장에 들어가기 위해 질주하는 삶을 사는 청년들을 도처에서 쉽게 볼 수 있을 것입니다. 그런데 취직에 성공하여 계속 성공가도를 달리는 사람은 어떠할까요? 인생을 질주하듯이 살다 보면 생각지도 못한 곳에서 사고가 일어나기도 합니다. 혹은 은퇴 후에 삶에 대한 의미를 찾지 못해 좌절하는 분들 역시 자주 만날 수 있습니다.

왜 이렇게 무거운 주제로 이야기를 시작하는가에 대해 의문을 품게 될 수도

---

9) 이 장은 생각 사이-다 프로그램의 첫 차시로 진행된 강연내용을 수정 · 보완한 것입니다.

있을 것 같습니다. 그렇지만 여러분 모두의 마음 안에도 크고 작은 어려움이 있으리라 생각합니다. 예를 들어, 많은 학생들은 말 그대로 입시 지옥에 갇혀서 그저 좋은 성적을 내야 하는 과중한 학업 부담을 겪고 있습니다. 더욱이 고등학교를 마친 뒤 자신이 목표로 했던 대학 진학에 실패하는 경우 자신의 한계를 뼈저리게 체험하고는 합니다. 이외에도 일상에서 크고 작은 도덕적 실수를 하게 될 경우, 가족이나 친구들이 눈치챌 수 없을 정도로 아무렇지 않게 행동해도 내면적 방황으로 힘들어 하는 경우도 많습니다. 더 나아가 부모님이나 가족구성원의 병환이나 죽음, 그리고 친한 친구나 사랑하는 사람과 이별하는 경우도 생깁니다. 이렇게 우리가 극복하기 힘든 상황에 맞닥뜨리게 되는 것을 '한계체험'이라고 합니다.

1) 진지한 질문을 일으키는 한계체험들

이러한 한계체험은 여러분들에게만 처음 주어진 것이 아니라 누군가가 이미 오래전에 경험한 것이기도 합니다. 그러한 체험들을 몇 가지로 정리해 보면,

첫째, 방금 말씀드렸던 '상실'의 체험입니다. 열심히 노력한 일이 실패로 돌아갔거나 계획한 일이 제대로 이루어지지 않았을 때, 혹은 소중한 사람을 잃었을 때 여러분들은 엄청난 상실감을 경험했을 것입니다.

둘째, '경이(놀라움)'의 체험입니다. 자연의 경관에 아름다움을 느꼈을 때 그러한 놀라움의 체험을 느낄 수 있습니다. 저도 설악산에 올라 산골짜기 사이에 뜬 쌍무지개를 보고는 놀라서 감탄한 적이 있습니다. 때로는 그렇게 거창한 모습이 아니라 아스팔트를 뚫고 나온 가녀린 풀 한 포기의 아름다움에도 놀라 감탄하기도 합니다. 도대체 이 존재가 '왜' 하필 여기 있고 어디로부터 왔는지를 묻기도 합니다. 그런데 놀라움은 꼭 자연의 아름다움에서만 느낄 수 있는 것이 아닙니다. 우리는 엄청난 홍수나 자연재해를 당했을 때에도 자연에 대한 공포와 놀라움을 체험하며, '왜'라고 묻게 됩니다. 또한 우리는 놀라움에

따른 질문을 인간들 사이의 관계에서도 체험할 수 있습니다. 가령 가족이나 친구가 우리를 배신하는 경험을 하게 되면, 우리는 그 관계가 주는 환멸에 놀라서 '왜'라고 묻기도 합니다. 반대로 가족이나 친구처럼 가까운 관계가 아닌데도 우리가 어려울 때 기꺼이 도와주는 이웃을 만나는 경험을 하면, 우리는 그가 '왜' 그 친절을 우리에게 베풀고 있는지 묻기도 합니다.

셋째, '회의(懷疑)'의 체험입니다. 우리의 감각에 따른 경험은 일상적인 생활을 영위해 나가는 데 아무런 지장을 주지 않습니다. 그러나 과연 그 감각에 의한 경험을 확실하게 신뢰할 수 있을까요? 멀리서 볼 때는 분명 원기둥이었는데, 가까이 다가가 확인해 보면 팔각기둥이었음을 알게 되는 경우가 있습니다. 또 제주도에 있는 도깨비 길은 눈으로 보면 분명 오르막길이지만 실제로는 차가 가속되는 내리막길이라고 합니다. 우리는 단지 감각에 의거한 일상에 익숙해진 채 살고 있지만, 그것이 과연 확실한 앎인지 의심하게 되는 경우가 있습니다. 이와 같이 우리의 삶을 추동해 온 감각 경험이 한순간 자명함을 잃고 의심스러운 것이 되는 순간 우리는 회의를 체험하게 됩니다. 상실감이 대부분 실패에서 비롯되는 것과 달리 회의는 자신이 목표한 바를 성취한 이후에 체험하게 되는 경우가 많습니다. 내가 이 대학에 오기 위해서 모든 것을 희생해야만 했을까? 이 자리에 올라오기 위해서 나의 젊음을 불살라야만 했던가? 어느 길로 가야 할지 알 수 없을 때, 자신들이 가고 있는 길이 맞는 것인지 의문이 들 때 우리는 회의를 체험하게 됩니다.

이러한 '한계체험'은 우리들을 현실에서 몸부림치게 하는데, 그러한 몸부림으로 인해 다양한 질문들이 생겨나게 됩니다. 다시 말해, 일련의 외적 위기와 내적 갈등은 우리로 하여금 그동안 아무런 문제도 없는 것처럼 보였던 주변 세계를 되돌아보게 만듭니다. 뿐만 아니라 그것은 그 안에 있는 대상들과 그 대상들이 빚어낸 문제와 갈등에 대해 수많은 질문들을 던지도록 합니다. 도대체 사랑했던 부모님, 누이 혹은 남동생은 내게 무슨 존재인가요? 왜 그(녀)와의 이별은 이토록 아프며, 왜 그(녀)는 나에게 이런 이별의 고통을 주는 것일까요?

도대체 왜 성적은 잘 받아야 하며, 성적만 잘 받으면 되는 학교를 계속 다녀야 하는 이유는 무엇일까요? 왜 나는 내가 목표로 했던 성적을 받거나 대학에 가지 못할 만큼 무능력한 것일까요? 그런데 나는 왜 그 성적을 꼭 성취해야 하며, 또 그 대학은 왜 가야만 할까요? 왜 나는 싫어하는 친구를 슬쩍 따돌리고 싶으면서도 친한 척을 하고 좋아하는 지인에게는 좋아하는 마음을 표현하지도 못하는 걸까요? 왜 나는 가족들이 짜증스럽게 느껴지는데도 겉으로는 사랑스런 자녀의 모습을 할까요? 도대체 이런 나의 표리부동하고 지지부진한 삶은 어떤 의미가 있는 것일까요?

2) 신화를 통한 답변 시도

우리보다 앞선 세대의 사람들은 이러한 한계체험으로 인해 의문이 생겼을 때 그 답을 어떻게 찾으려고 했을까요? 사실 선조들은 처음부터 철학에서 답을 구했던 것은 아닙니다. 처음에는 신화를 통해 답을 구했습니다. 그리스 사람들은 풍랑이 치는 파도를 바다의 신 포세이돈이 화가 났기 때문이라 생각했습니다. 우리나라의 〈심청전〉에서도 바다에 살고 있는 용왕님의 화를 누그러뜨리기 위해 심청이를 인당수에 빠뜨린 것처럼 옛날 사람들은 자연현상에서 체험한 놀라움을 신화를 통해 설명하고자 시도했습니다.

그럼 우리 모두의 가장 큰 관심사인 '사랑'에 대해서는 어떻게 생각했을까요? 누군가를 좋아하게 되면 대개 상대에 대한 관심이 엄청 커지고, 그의 사랑을 얻지 못할까 봐 불안해합니다. 그 사람이 과연 나를 좋아할까, 나를 싫어하는 건 아닐까 등의 많은 고민도 하게 되죠. 이러한 사랑에 대한 신화도 있는데, 여러분도 잘 알고 있을 에로스와 프시케 신화입니다. 프시케가 신랑이 누군지도 모르고 잡혀갔는데, 신랑은 누군지는 모르지만 멋진 신이었습니다. 그 신은 프시케를 사랑했지만 프시케는 신랑이 누군지 의심을 품다가 그 신과 멀어지고 맙니다. 그렇지만 에로스와 프시케는 다시 만나 행복한 결말을 맞습니다. 이렇듯 처음에 사람들은 신화적 이야기를 통해 자신들의 원초적 체험을 설명하고자 했기 때문에 모든 나라에는 예로부터 신화가 존재했습니다.

3) 신화에서 철학으로

그러나 이러한 신화가 철학으로 넘어가게 된 한 지역이 있었습니다. 철학이란 그리스어로 'philo-sophia'입니다. philo-sophia란 '지혜에 대한 사랑'을 의미합니다. 그리스 지역, 그중에서도 이오니아의 밀레토스에서 처음으로 철학적인 질문이 제기되었습니다. 그들이 처음 제기한 질문은 "이 세상 모든 것의 근원은 무엇일까?", "우주 전체가 생겨 나온 최초의 물질(arche)은 무엇인가?"였습니다. 이처럼 철학은 세상에 대한 사소한 놀라움으로부터 시작되었으며 그 놀라움의 근원을 파악하는 과정에서 '왜'라는 질문이 제기되었습니다. 또한 여러 사람들과 대화하며 그 질문에 대한 답을 얻고자 하였고, 그 근거를 학문적으로 정당화하고자 했습니다. 익숙한 세계에서 벗어나 자연의 근원에 대한 관심을 가지고 자신들만의 철학을 전개해 갔던 것입니다.

이제부터 서양 철학의 두 기둥이라 할 수 있는 위대한 두 철학자, 플라톤과 그의 제자 아리스토텔레스에 대해 이야기해 보고자 합니다. 그보다 앞서서 두 사람에게 질문할 수 있는 용기를 가르쳐 주었던 최고의 스승 소크라테스를 잠시 살펴보도록 하지요.

2. 질문을 통한 지혜의 발견: 소크라테스

어렸을 때부터 질문하는 것을 좋아했던 소크라테스(Socrates, B.C. 470/469~399)는 비록 못생겼지만 친구와 제자들에게 인기가 많았습니다. 그런데 소크라테스가 살았던 당시 아테네는 아주 중요한 일이 있으면 신탁을 청하는 관습이 있었습니다. 소크라테스의 친구들은 호기심이 생겨 델포이 신전에 가서 신탁을 청했습니다. 당시에는 유명한 사람들이 모두 아테네로 모였는데, 아테네에서 가장 똑똑한 사람이 누구인지 궁금했기 때문이죠. 요즘 교육을 위해 강남 대치동의 학원가로 학생들이 모여드는 것처럼 아테네에는 소피스트(Sophist)란 사람들이 모여 들었습니다. 그들은 대부분 외교관 출신으로 여러 국가를 여행하며 얻은 다양한 체험을 토대로 자신감이 넘치는 사람들이었습니다. 또 뛰어난 말재주로 사람들을 끌어들여 고액과외를 하며 돈을 벌었습니다.

소크라테스의 친구들은 "아테네에서 가장 현명한 자가 누구인가?"라는 질문을 신탁으로 청했습니다. 그러자 신전에 있는 여사제는 마취 성분이 있는 월계수 잎을 씹으며 혼이 나간 채로 다음과 같이 답변했습니다. "소크라테스!" 친구들은 소크라테스가 평소에 질문을 잘 던지고 호기심이 많은 사람이라 생각했기 때문에 여사제의 말을 의심하지 않았고, 신탁의 결과를 소크라테스에

〈사진 2-1〉 1차시 공통 강의: 질문할 수 있는 용기 (1)

게 전해 주었습니다. 많은 사람들 또한 신탁의 내용에 동의를 했지만 유일하게 동의하지 않은 자가 있었으니 바로 그 자신, 소크라테스였습니다. 소크라테스는 모르는 것이 그토록 많은데 어떻게 자신이 가장 현명한 자인지 납득할 수 없었습니다. 그리하여 소크라테스는 이 세상에서 가장 현명한 자를 찾기 위한 여정을 떠나게 됩니다.

1) 질문할 수 있는 용기를 지닌 소크라테스

소크라테스는 먼저 유명하다는 소피스트를 모두 만났습니다. 예를 들어, 여러 소피스트 중 프로타고라스(Protagoras)라는 자는 "인간이 곧 만물의 척도"라고 말했습니다. 얼핏 생각하기에는 인간이 세계의 중심이라고 주장한 것 같지만, 프로타고라스는 그렇게 생각하지 않았습니다. "인간이 곧 만물의 척도"라는 말은 인간 개개인이 모두 각각 척도가 되어 자신들의 기준에 따라 마음대로 행동하라는 뜻이었습니다. 얼핏 보면 그의 주장이 무척 매혹적으로 들릴 수도 있습니다. 그렇지만 자세히 생각해 보면 모두가 그렇게 자신이 원하는 대로만 행동한다면 그 세상은 지옥과 다르지 않을 것입니다. 예를 들어, 수업시간에 음악을 크게 틀어 놓고 듣는 학생 때문에 다른 학생들은 수업을 들을 수도 없고, 축구공을 손에 들고 뛰는 친구 때문에 축구경기가 불가능할 수도 있을 것입니다. 이처럼 소피스트들은 '절대적인 진리'라는 것은 존재하지 않기 때문에 각자가 주장하는 것들을 밀고 나가면 된다는 식의 주장을 펼쳤습니다. 그렇지만 소크라테스는 이러한 소피스트의 주장에 만족할 수 없었습니다. 그는 소피스트를 찾아가 계속 질문을 던졌지만 소크라테스의 질문에 끝까지 답할 수 있는 소피스트는 없었습니다.

소피스트에게 답을 구하지 못한 소크라테스는 다음으로 '서사시인'을 찾아가게 됩니다. 이들은 오랜 역사와 신화들에 대한 해박한 지식과 뛰어난 표현력을 지니고 있었습니다. 소크라테스는 이번에도 역시 그들의 시에 나오는 내용

중에서 이해하기 힘든 표현이나 내용 등에 대한 질문을 던졌습니다. 그들은 화려한 언술로 많은 말을 했지만 소크라테스의 궁금증을 해결해 주는 답은 거의 없었습니다. 결국 소크라테스는 "아, 이들은 자신이 한 말조차 제대로 이해하지 못하는구나."라고 탄식하게 됩니다.

이에 실망한 소크라테스는 좀 더 구체적이고 실용적인 작업을 하는 '기술자'를 찾아 나서게 됩니다. 기술자들이 만든 물건을 보며 소크라테스는 '이들이야말로 지혜롭구나'라는 기대감을 품게 된 것입니다. 하지만 소크라테스가 어떤 원리에 의해서 그 도구와 마차를 생산하느냐고 기술자들에게 물었을 때, 그들은 그것을 만들었음에도 불구하고 소크라테스의 질문에 제대로 답변하지 못하였습니다. 이렇게 자기보다 지혜로운 자를 찾아 떠난 소크라테스의 여정은 결국 실패하고 말았습니다.

2) '무지의 지'에 대한 깨달음과 대화법

긴 여정 끝에 소크라테스는 드디어 중요한 깨달음을 얻습니다. 소크라테스는 만일 신탁의 내용처럼 자신이 이 세상에서 가장 현명하다면 그것은 많은 것을 알아서 다른 사람보다 똑똑하기 때문이 아니라 내가 무지하다는 사실을 알고 있기 때문이라고 생각했습니다. '자신이 무지하다'는 것을 알고 있는 사람은 항상 질문을 던지지만, 자신이 무지한지 모르는 사람들은 질문조차 하지 않는다는 사실을 깨닫게 된 것입니다. 소크라테스는 자신이 똑똑하다고 말하는 사람들은 자신의 지식을 믿고 오만해진다고 생각했습니다. 그리하여 아테네의 모든 사람들에게 자신의 무지를 자각하는 것이 얼마나 중요한지를 알려주고자 했습니다. 소피스트는 주관적 · 상대적 진리만 있을 뿐 절대적 진리는 없다고 하였지만, 소크라테스는 비록 다가가기 어려울지라도 "절대적 진리가 있다"는 확신을 가지고 있었습니다. 이후 아테네에서 소크라테스는 최고의 스승으로 떠오르게 되는데, 수많은 사람들이 소크라테스의 가르침을 얻기 위해 그의 뒤를 따르기 시작한 것입니다.

그렇다면 소크라테스는 어떠한 방법으로 제자들을 가르쳤을까요? 그것은 보편적 진리를 발견하기 위한 '대화'였습니다. 소크라테스의 대화는 선생이 일방적으로 강연하는 방식이 아닌 스승과 제자가 대화하는 방식을 취하는데, 이러한 대화는 논박술과 산파술이라는 두 가지 단계로 구성됩니다. 우선 논박술은 자신의 무지를 깨닫는 것을 도와주는 단계인데, 논박술을 통해 자신의 무지를 자각하게 되면 산파술의 단계로 나아가게 됩니다. 산파술은 질문을 통해 스스로 보편적인 진리에 도달할 수 있도록 돕는 것을 의미합니다. 산파가 아기를 잘 낳을 수 있도록 산모를 돕는 것처럼 스승 소크라테스는 산모가 아닌 산파의 역할을 수행하고자 했던 것입니다. 이처럼 소크라테스는 선생이 일방적으로 교육내용을 전달하는 것보다 학생 스스로 질문을 던지고 그것을 통해 어떤 깨달음을 얻을 때 진정한 교육이 이루어진다고 생각했습니다.

실제로 '소크라테스의 대화'가 어떻게 전개되었는지를 보기 위해, 플라톤의 『에우티프론』에서 소크라테스가 '경건성'이라는 주제에 대해 대화하는 모습을 살펴보기로 하죠.

대화는 재판을 관장하던 공공기관 앞에서 벌어졌습니다. 거기서 소크라테스는 자신을 불경죄로 고소한 사람을 기다리고 있었습니다. 그는 아직도 그 고발이 뜻하는 바가 무엇인지를 알지 못하고 우선 그것에 대해 궁금해하고 있었던 것이죠. 그때 자기 아버지를 불경(독신)죄로 고소하고 나오던 에우티프론을 마주칩니다. 에우티프론은 "아니 결코 남을 고발할 일이 없는 소크라테스 선생님이 재판정 앞에는 무슨 일이시냐?"라고 반갑게 인사했습니다. 소크라테스는 '자신이 불경죄로 고발을 받았다'라고 밝혔습니다. 그러자 에우티프론은 당황하며 자신은 오히려 '자기 아버지를 불경죄로 고발하고 나오는 길'이라고 답했습니다. 이 말을 들은 소크라테스는 그를 만난 자신이 행운을 지니고 있다고 기뻐하며 다음과 같이 말했습니다. "단지 몇몇 사람만이 당신이 행하고 있는 것을 옳게 행할 수 있을 것이오. 잘 교육받은 지혜로운 사람만이 말이오." 즉, 불경죄가 무엇인지를 정확하게 아는 사람만이 그러한 죄목으로 누군가를 고발할 수 있다는 것이었습니다. 더 나아가 자신의 부친을 고발할 정도의 행동은, 고소자가 자신이 비난하고 있는 것을 잘 알고 있다는 가정을 더욱 확실히 해 준다는 것입니다. 그러므로 소크라테스는 이렇게 불경죄의 의미에 대한 자신의 무지를 고백하면서 에우티프론에게 그것의 의미를 설명해 달라고 청했습니다.

아테네 최고의 지혜로운 자로 통하던 소크라테스의 칭찬을 받은 에우티프론은 우쭐하여 "잘못한 사람을 고발하는 것"이 경건성이며 그 반대가 불경이라는 정의를 제시했습니다. 이에 대해 소크라테스는 이렇게 대답합니다. "내가 당신에게 청하고 있는 것은 세상에 존재하는 많은 경건한 행동들 중 한두 가지를 말해 달라는 것이 아니오. 나는 모든 경건한 행동을 경건하게 만들어 주는 경건성의 이데아가 무엇인지 알고 싶은 것이오." 자신의 첫 번째 정의가 받아들여지지 않자 에우티프론은 다시 정의하기를 "신들을 기쁘게 해 주는 것이 경건한 행동이오."라고 말했습니다. 그러나 소크라테스는 신들 사이의 잦은 싸움에 대해 이야기하면서 신들 사이에도 무엇이 더 좋고 무엇이 나쁜지에 대한 의견의 일치가 존재하지 않음을 제시했습니다. 즉, 동일한 행동도 어떤 신에게는 기쁘지만 다른 신에게는 기쁘지 않을 수 있다는 것입니다. 두 번째 정의도 부적당한 것이 되어 버리자 당황한 에우티프론은 또 다른 정의를 내세웁니다. "모든 신이 사랑하는 것이 경건이며, 모든 신이 싫어하는 것이 불경이오." 그러나 소크라테스는 질문의 방향을 바꾸어 이렇게 되묻습니다. "도대체 신들은 어떠한 행동이 경건하기 때문에 그 행동을 사랑하는 것인가 아니면 신들이 그것을 사랑하기 때문에 그 행동이 경건한 것인가?" 이러한 질문을 통해 소크라테스는 '경건성의 본질은 무엇인가?'라는 보편적인 정의를 찾는 질문으로 이끌고자 했습니다. 에우티프론은 다시 이렇게 말했습니다. 경건은 "신들에게 바쳐야 할 정성과 관계가 있는 정의의 부분이오." 소크라테스는 어떠한 종류의 정성이 신에게 바쳐져야 하는가를 그에게 물음으로써 더욱 명석한 정의를 요구했습니다. 자신감 있게 설명을 시작한 에우티프론이 확실히 대답하지 못하고 우물쭈물하자, 소크라테스는 다시 한번 보다 분명한 정의를 요구했습니다. "만일 당신이 경건과 불경이 무엇인가를 정확히 알지 못했다면 당신은 결코 당신의 아버지를 고발할 수 없었을 것이오." 자신의 무지를 깨달은 에우티프론은 "아니 벌써 시간이 이렇게 되었나요?"라고 놀란 척하며 "소크라테스 선생님, 저는 지금 바빠서, 다음에 좀 더 자세히 설명드리죠."라며 황급히 자리를 뜨는 장면에서 대화는 끝납니다.

흥미롭게 대화를 경청하던 여러분에게는 안타까운 일이지만, '경건성'이라는 주제에 대한 소크라테스와 에우티프론의 대화는 결론을 내리지 않은 채로 마무리됩니다. 그렇지만 그들의 대화는 '소크라테스의 대화'에 대한 생생한 예를 보여 주고 있습니다. 소크라테스가 던진 대부분의 질문은 자신의 무지를 자각하지 못한 채, 아버지를 고발하고 나온 에우티프론의 불완전한 지식을 깨닫게 하는 논박술에 할애되어 있습니다.

3) 보편적 진리를 찾기 위한 산파술과 영혼의 돌봄

그렇다면 보편적 진리에는 어떻게 다가갈 수 있는 것일까요? 소크라테스는 우리에게 잘 알려져 있는 "너 자신을 알라."라는 말을 통해 진리에 다가가기 위한 방법을 사람들에게 알려 주었습니다. 사실 "너 자신을 알라"는 말은 소크라테스가 처음 한 말이 아니라 본래 델포이 신전 기둥에 쓰여 있던 말입니다. 이 말은 신의 능력을 탐하는 인간의 오만과 무능함을 경계하기 위한 것이었습니다. 이 말을 소크라테스는 진정한 자신을 발견하라는 의미로 사용하는데, 여기서 '자신'이란 보통 사람들이 그렇게 여기듯 돌보고 챙기는 인간의 몸을 말하는 것이 아니었습니다. 소크라테스에 따르면 진정 돌보아야 하고 최선의 상태를 유지해야 할 것은 몸이 아니라 앎과 행위의 주체, 즉 삶의 진정한 주체인 '영혼'(Psyche)이었기 때문입니다. "너 자신을 알라"는 말은 결국 "몸이 아니라 영혼을 돌보라. 그리고 그것을 가능한 한 최선의 상태로 유지하라"는 말이었습니다. 따라서 영혼을 돌보는 일은 곧 인식과 도덕의 주체인 자기를 돌보는 일을 의미했습니다. 다시 말해서, 그가 말한 "너 자신을 알라"는 말은 결국 "자기 영혼의 상태를 자각하라"는 뜻이며, 이를 통해 '무지의 지'를 자각하는 것은 보편적 진리에 도달하기 위한 출발점이 됩니다. 영혼의 돌봄에서도 자신이 올바른 삶을 살기 위한 실천적인 지혜를 가지지 못했다는 사실을 자각하고 영혼을 잘 가꾸기 위해 노력해야 합니다.

소크라테스는 영혼을 잘 가꾸기 위해 평생 동안 노력했지만, 안타깝게도 생애 말년에 모함을 받고야 맙니다. 평생 올바른 일을 하다 고통을 받게 된 것이죠. 그는 젊은이들을 부패시키고 아테네가 믿는 신이 아닌 다른 신을 믿었다는 죄목의 누명을 쓰게 됩니다. 하지만 소크라테스는 이를 끝까지 인정하지 않아 사형 선고를 받게 되었고, 결국 감옥에서 독배를 마시고 숨을 거두었습니다. 이러한 소크라테스의 억울한 죽음은 그를 따랐던 친구들과 제자들의 마음속에 깊은 상처와 괴로움을 남겼습니다.

3. 영원불변한 이상을 추구한 플라톤

소크라테스는 한 권의 책도 쓰지 않았지만 그런 소크라테스를 유명하게 해준 사람은 그의 제자 플라톤(Platon, B.C. 428/427?~348/347)이었습니다. 플라톤을 통해 소크라테스의 사상이 전파되었던 것입니다. 플라톤은 스승 소크라테스와는 집안 배경부터 많은 차이가 났습니다. 귀족 집안 출신으로 인물도 뛰어났던 플라톤은 어릴 때부터 여러 지도자들의 이야기를 들으며 자랐고, 소피스트에게 개인 교습까지 받았습니다. 당시는 군에 입대할 때 집안의 부유함에 따라 중산층은 갑옷을 사서 중장비 보병으로 가고, 귀족 가문의 사람들은 말을 사서 기병으로 입대하는 관습이 있었습니다. 플라톤은 아주 부유한 집안의 자제였기에 기병으로 전쟁에 참여하였습니다. 플라톤은 황금투구를 쓰고 전쟁터를 누볐기에 플라톤이 지나갈 때마다 사람들은 감탄하며 그를 쳐다보곤 했습니다. 군대를 마치고 아테네에 돌아왔을 때 잘생기고 용맹한 플라톤에 대한 관심은 급격하게 높아졌습니다. 심지어 당대에 가장 인기가 많았던 희곡도 잘 썼다고 하니, 플라톤의 인기가 얼마나 높았는지를 상상해 볼 수 있을 것입니다.

〈사진 2-2〉 1차시 공통 강의: 질문할 수 있는 용기 (2)

1) 질문의 대가 소크라테스와의 만남

어느 날 플라톤은 아테네 시내를 걸어가다 그의 인생이 바뀌는 경험을 하게 됩니다. 지금껏 여러 소피스트를 만나 왔지만, 여느 소피스트와는 다른 소크라테스라는 사람을 직접 만나게 된 것이었죠. 플라톤은 자신을 가르쳤던 소피스트들과 토론하는 소크라테스의 모습에 완전히 매료되고 말았습니다. 소피스트와 달리 소크라테스는 돈도 받지 않고, 자신이 알고 있는 것들을 흔쾌히 나누었습니다. 이후 플라톤은 9년 동안 소크라테스의 제자로 생활을 하였으며, 스승을 자신의 집으로 자주 초대하여 향연을 베풀곤 하였습니다. 이처럼 소크라테스와 플라톤은 친밀한 스승과 제자의 관계를 유지했기 때문에 소크라테스가 재판에서 사형 선고를 받았다는 소식을 들은 플라톤은 몸져눕고 말았습니다. 플라톤은 스승이 지은 죄가 없음에도 사형을 선고받았다는 사실에 적지 않은 충격을 받았으며, 그로 인해 소크라테스의 임종조차 지키지 못하게 됩니다.

앞서 이야기의 도입부에서 언급한 삶의 '한계체험'을 기억하시나요? 소크라테스의 죽음으로 '상실'을 경험한 플라톤은 너무나 괴로운 나머지 소크라테스와 함께 대화를 나눴던 아테네를 쓸쓸히 걸었습니다. 그러나 더 이상 플라톤의 눈에는 아테네라는 도시가 아름다워 보이지 않았습니다. 곳곳에서 스승이 생각나기도 했고, 스승을 죽음으로 몰고 간 시민들도 미웠기 때문입니다. 그래서 플라톤은 고향 아테네를 떠나 지중해 연안 전체를 돌아다니며, 12년 동안 공부를 하게 됩니다. 소크라테스의 제자로 지낸 9년과 지중해 전체를 돌아다니며 공부했던 12년을 합쳐 총 21년을 플라톤은 철저하게 공부에만 몰두했습니다. 그러던 중 마흔의 나이가 되자 플라톤은 비로소 스승을 잃은 슬픔이 가라앉았음을 깨달았습니다.

2) 정치가로서의 꿈을 접은 플라톤

상실로 인한 괴로움이 옅어지자 플라톤은 과거 자신이 이루고자 했던 정치가의 꿈을 다시 생각하기 시작했습니다. 그의 꿈은 진정으로 올바른 정치를 실제 현실에서 펼쳐 보는 것이었는데, 어느 날 그것을 실현할 기회가 찾아옵니다. 지금의 시칠리아 섬에 있는 시라쿠사라는 도시에서 국왕을 가르칠 스승을 구한다는 소식을 들은 것입니다. 플라톤은 국왕을 잘 가르쳐서 나라를 올바로 다스리도록 하겠다는 생각을 가지고 시라쿠사를 방문했습니다. 그러나 시라쿠사의 왕 디오니시오스 1세는 처음에는 플라톤을 반겼지만 플라톤의 계획을 듣고 나자 마음이 바뀌고 말았습니다. 플라톤의 머릿속에서는 모든 백성들이 다 행복해질 수 있는 계획이 있었는데, 그러한 계획을 들은 권력자들이 이를 반대했기 때문입니다. 권력자들은 플라톤을 '민주정치를 퍼뜨리려 하는 위험한 자'라고 모함하였습니다. 왕은 그 말을 듣고 겁이 나서 플라톤을 반역죄로 몰았고, 결국 그를 노예로 만들어 버렸습니다. 아테네 귀족 출신의 플라톤이 아이기나 섬의 노예시장에 노예로 팔리게 된 것입니다.

플라톤은 점점 분노와 복수로 가득 차서 이제는 더 이상 희망이 없다고 생각했습니다. 그런데 어느 날 아니케리스(Annikeris)라는 아주 부유한 사람이 아이기나 섬의 노예시장에 나타났습니다. 그는 힘쓰는 노예 말고 머리가 좋은 노예를 원했는데, 그의 눈에 플라톤이 보였습니다. 플라톤과 대화를 하던 중에 그가 아테네 출신이라는 것을 알게 된 아니케리스는 "우리 스승 소크라테스의 고향에서 왔는가?"라고 질문했습니다. 플라톤은 소크라테스 이름을 듣고 깜짝 놀랐습니다. 플라톤 자신이 스승 소크라테스를 9년 동안 따라다니면서 아니케리스라는 이름을 한 번도 본 적이 없었기 때문입니다. 사실 아니케리스는 우연히 여행을 간 아테네에서 잠깐 소크라테스를 따라다닌 것이 전부인 사람이었습니다. 여하튼 플라톤은 아니케리스에게 자신의 이름을 밝혔지만, 처음에 그는 이를 믿지 못하였습니다. 너무나도 유명했던 플라톤이 노예시장에서 노예로 팔릴 거라 생각하지 못했던 것이죠. 하지만 그가 플라톤이라는 것이 확인되자 아니케리스는 엄청난 돈을 들여 플라톤을 샀고, 그를 노예로서 자유인의 신분으로 해방시켜 주었습니다.

3) 플라톤의 몸값으로 세워진 아카데미아

플라톤은 다시 자유의 몸이 되자, 고향 아테네로 돌아가고 싶어졌습니다. 그가 고향에 돌아갔을 때 플라톤의 집안은 집사들이 관리를 잘해서 집안의 재산이 잘 유지되어 있었습니다. 플라톤은 자신을 자유민으로 만들어 준 아니케리스에게 보답하고자 땅의 일부를 팔아 자신의 몸값을 보냈습니다. 하지만 아니케리스는 펄쩍 뛰면서 플라톤이 보낸 돈을 다시 플라톤에게 돌려주었습니다. 플라톤은 자신의 생명과 바꾼 돈을 다시 되돌려 받자 잠시 고민에 빠졌습니다. 숙고하던 끝에 그는 아카데모스에 있는 신전 근처의 한 정원을 사들여 학교를 짓게 됩니다. 그 학교의 이름은 여러분도 들어 봤을 것 같아요. 철학자 플라톤의 몸값으로 세워진 이 학교가 바로 '아카데미아'입니다.

훌륭한 스승 플라톤과 그의 동료 및 제자들이 모여 강의를 하자 학생들이 몰리기 시작했고, 아카데미아는 단순한 학교가 아닌 중요한 시국 문제를 논의하는 장소가 되기도 하였습니다. 모함을 받은 정치범이 아카데미아로 피신하면 안전이 보장되었는데, 아카데미아가 워낙 신성하고 훌륭한 학교라서 경찰이 안으로 들어갈 수 없었던 것이지요. 정치범이 아카데미아로 들어가는 순간, 그곳은 학교가 아닌 생생한 토론의 장으로 변모합니다. "무슨 일로 이곳에 들어왔습니까?"라는 질문으로부터 시작된 토론은 정의나 죽음 등과 같은 철학적 주제에 이르기까지 심화되곤 했습니다. 플라톤은 자신의 이익에만 관심을 두는 사람이 아니라 좀 더 커다란 이상을 가진 자들이 아카데미아에서 공부하길 바랐습니다. 아카데미아를 이상적인 국가를 실현하기 위한 토론의 장으로 만들고 싶었기 때문입니다. 플라톤은 이곳에서 40년 동안 제자들을 가르쳤고, 여든 살의 나이가 되었을 때 세상을 떠났습니다. 그리고 그 후에도 플라톤은 많은 제자들에게 존경을 받았습니다.

4) 영원불변한 진리를 찾으려는 꿈: 이데아론

지금까지 플라톤이 어떤 삶을 살았는지에 대해 이야기했습니다. 이제부터는 플라톤의 핵심 사상에 대해 살펴보기로 하겠습니다. 플라톤에게 있어서 제일 중요한 한 가지 개념을 꼽으라면 무엇일까요? 바로 '이데아'입니다. '플라토닉 러브'라는 말을 들어 본 적이 있나요? 육체를 무시한 순수하고 정신적인 사랑을 뜻하는 플라토닉 러브라는 말도 이데아의 개념과 연결되어 있습니다. 이데아란 영원히 변치 않는 진리를 뜻합니다. 플라톤은 이 이데아를 '동굴의 비유'를 통해 설명하는데, 우선 동굴의 비유를 살펴본 다음 이데아에 대해 좀 더 상세히 알아보겠습니다. 다음의 그림은 플라톤의 동굴의 비유를 시각적으로 표현한 것입니다.

[그림 2-1] 플라톤의 '동굴의 비유' 시각화

[그림 2-1]의 왼편 아래와 같이 동굴의 비유는 동굴 속에 있는 죄수들의 모습에서 시작됩니다. 동굴 속 죄수들은 꽁꽁 묶여 있기 때문에 움직일 수 없습

니다. 죄수들 앞에는 벽이 세워져 있어서 그들은 오직 앞에 놓인 벽만을 바라볼 수 있습니다. 심지어 아예 뒤도 돌아보지 못하도록 죄수들의 뒤편에는 사람의 키만한 담장이 세워져 있습니다. 죄수들은 그렇게 어두컴컴한 곳에 갇혀 동굴 벽만 바라보며 살고 있었던 것입니다. 그런데 이 동굴의 뒤쪽에는 활활 불타는 횃불이 있었습니다. 만약 벽 너머의 사람들이 무언가 들고 다닌다면 그것의 그림자가 생길 것입니다. 사람들이 멧돼지를 들고 다니면 멧돼지의 그림자가 나타날 것이고, 사과 상자를 들고 다니면 사과 상자의 그림자가 나타나겠지요.

그런데 어느 날 평생 동굴 밖을 나가 본 적이 없는 한 죄수가 자유를 얻게 된다면, 어떤 일이 생길까요? 깁스를 해 본 사람은 알겠지만, 갇혀 있다가 풀려난 죄수는 처음에는 자유롭게 움직일 수 없을 것입니다. 평생을 묶여 있었기 때문이죠. 그러나 이내 그 죄수는 동굴 속을 돌아다니면서 감탄하게 될 것입니다. 동굴 안에는 정말 다양한 것들이 있음을 깨닫게 된 것이죠. 풀려난 죄수는 멧돼지가 이렇게 털이 많고 이상하게 생겼는지도 몰랐고, 사과가 이토록 빨갛고 먹음직스러웠는지도 몰랐습니다. 그때 한 사람이 다가와서 "여기 있는 건 아무것도 아니야. 이 동굴 밖을 나가면 정말 새로운 것들이 있단 말이야."라고 말합니다. 그 말을 들은 죄수는 어두컴컴한 동굴을 간신히 더듬더듬 걸어 동굴 밖 세상으로 나왔습니다. 온갖 동식물들이 가득 차 있는 아름다운 세상이 눈앞에 펼쳐진 것입니다. 동굴에서 벗어난 이 죄수는 처음에는 눈이 부셔서 바깥세상을 제대로 보지 못했지만 서서히 동굴 밖 세계에 익숙해지자 눈앞의 모든 것들이 아름답게 보이기 시작한 것입니다. 그러다 불현듯 아직 동굴에 갇혀 있는 친구들이 떠올랐고, 이 아름다운 세상을 친구들과 함께 체험하고 싶었지요. 그 죄수는 다시 동굴 안으로 들어가 친구들에게 자신들이 본 바깥 세상에 대해 알려 주었습니다. 그러나 친구들은 그의 이야기를 믿지 않았습니다. 평생 동굴 속에서 묶여 있던 친구들에게는 동굴 밖을 경험한 친구의 말이 매우 허황되게 들렸기 때문입니다. 그리고 끝내 그들은 동굴 밖으로 나가자고 한 친구를 죽이려 할지도 모릅니다. 이렇게 동굴의 비유 이야기는 끝을 맺습니다.

동굴의 비유에서 바깥세상에 갔다가 되돌아온 사람은 누구를 의미하는 걸까요? 그것은 바로 새로운 세상에 대한 이야기를 전달하려다 억울한 죽음을 당한 소크라테스와 같은 철학자를 의미합니다. 플라톤은 이에 덧붙여 아테네 시민들에게 그들 자신들이 겉보기에는 자유롭게 살고 있다고 생각하지만 실제로는 무엇엔가 꽁꽁 묶여 있는 죄수에 지나지 않는다고 말했습니다. 왜냐하면 동굴의 비유에서 죄수들이 쇠사슬에 묶여 있었던 것처럼 아테네 시민들 역시 관습이나 선입견에서 벗어나지 못했기 때문에 진리에 다가갈 수 없다고 생각했기 때문입니다. 이는 소크라테스를 죽음으로 몰고 갔던 아테네 시민들에 대한 비판을 담고 있습니다. 그렇다면 동굴 밖 아름다운 세계는 무엇을 의미할까요? 그것이 바로 앞서 말했던 '이데아'의 세계입니다. 플라톤에게 동굴의 벽에 비친 그림자는 허상의 세계였습니다. 그는 동굴 안의 세계가 우리들이 눈으로 보는 감각의 세계에 불과하다고 생각한 것입니다. 플라톤은 영원하고 불변한 진리인 이데아가 이 세상에 있는 것이 아니라 '저 편'의 정신세계에 있다고 보았습니다. 플라톤이 세운 아카데미아에는 "기하학을 모르는 자는 들어오지도 말라"라는 말이 있었는데, 참된 지식을 얻기 위해서는 눈에 보이는 감각 세계에 매몰되지 않는 것이 중요했기 때문입니다. 이처럼 플라톤은 일반적인 감각 세계를 벗어나 영원한 불변한 이데아를 추구했습니다.

5) 영혼의 3분법과 사주덕

나아가 플라톤은 '너 자신을 알라'라는 말을 영혼의 참된 행복을 찾으라는 것으로 생각했습니다. 소크라테스는 영원불변한 진리를 찾으라고 말하였지만, 플라톤은 그 진리에 '이데아'라는 이름까지 붙여 주었습니다. 플라톤이 말하는 참된 행복은 이데아의 세계에 도달했을 때만 가능한 것이었는데, 그렇다면 우리는 어떻게 이데아의 세계, 영원불변한 세계에 도달할 수 있을까요? 그것은 플라톤이 제시한 쌍두마차의 비유를 통해 설명하겠습니다.

플라톤은 인간의 영혼과 육체 중에서 어느 것을 더 중요하게 생각했을까요? 앞서 설명한 이데아론을 생각해 본다면, 플라톤은 당연히 영혼 또는 정신을 더 중요하게 생각했을 것입니다. 플라톤은 영혼 안에 세 개의 혼이 있다고 말했습니다. 플라톤은 이 세 개의 혼을 쌍두마차의 비유를 통해 풀어내는데, 두 마리의 말이 이끄는 이 마차는 검은 말과 흰 말을 지니고 있으며 한 명의 마부가 이들을 이끄는 형상을 하고 있습니다. 검은 말은 아주 힘이 세고 자기가 하고 싶은 대로 하려는 성질이 강한 반면에 흰 말은 힘이 좀 약하지만 마부의 말을 잘 듣습니다. 그렇다면 검은 말, 흰 말, 마부 중에서 마차가 어디로 가야 할지를 가장 잘 아는 존재는 누구일까요? 바로 마부입니다.

플라톤은 이러한 마부를 이성혼이라 불렀고, 흰 말은 기개혼, 검은 말은 정욕혼이라고 불렀습니다. 예를 들어, 공부하기 싫을 때 자기가 하고 싶은 대로만 하려는 것은 정욕혼이고, 굳게 결심한 의지를 따르려 하는 것은 기개혼입니다. 또한 생각했을 때 옳다고 판단하는 힘을 가진 것이 바로 이성혼인 것이죠. 이러한 이성혼, 기개혼, 정욕혼은 때때로 충돌을 일으키지만 이 세 개의 혼들이 조화를 이룬다면, 그것이 바로 인간의 가장 완벽한 이데아가 실현된 모습일 것입니다.

그리하여 플라톤은 각각의 혼들이 추구해야 할 덕을 하나씩 규정하였습니다. 이성혼의 덕이 '지혜'라면 기개혼의 덕은 '용기'이고, 정욕혼은 '절제'의 덕이 요구됩니다. 그리고 플라톤은 지혜, 용기, 절제라는 3가지 덕이 조화롭게 어우러진 상태를 '정의'라고 말하는데, 그는 다시 이 네 가지 덕을 '사주덕(四主德)'이라고 불렀습니다. 플라톤은 이 네 가지가 인간다움을 위한 가장 중요한 덕이라 생각했던 것입니다.

각각의 영혼은 그에 맞는 덕을 갖추고 있어야 합니다. 가령 전쟁터에 나가서 싸우고 있는 군인에게는 용기가 필요합니다. 그런데 전쟁터에서 절제의 덕을 발휘하면 어떻게 될까요? "난 너무나 싸우고 싶지만 절제해야 하기 때문에 네가 먼저 나가서 싸워."라고 말한다면 나라를 지키지 못할 것입니다. 학생들 중에서도 이성혼을 발휘해야 할 때 절제혼을 발휘하는 경우가 종종 있죠? "난 벌써 30분이나 공부 했어. 이제 그만해도 될 것 같아."라고 말하는 것처럼요. 각각의 혼에 맞는 덕을 이루었을 때에만 인간은 이데아에 더욱 가까이 다가설 수 있게 될 것입니다.

6) 정의로운 국가에 대한 꿈

플라톤은 이 영혼의 3분법과 그에 따른 사주덕을 토대로 이상적인 국가의 모습을 실현하고자 했습니다. 플라톤은 국가를 세 계급, 즉 통치자 계급, 수호자 계급, 생산자 계급으로 나누었습니다. 플라톤이 생각했을 때 사주덕을 가장 잘 이해한 사람은 '철학자'이기에 그는 철학자가 통치자 계급이 되어야 한다고 생각했습니다. 그리고는 철학자들이 다스리는 정치를 '철인 정치'라고 불렀지요. 철학자들은 지혜를 잘 발휘하여 국가를 다스려야 합니다. 군인으로 대표되는 수호자 계급은 국법을 집행하고 국가의 안전을 수호해야 하기 때문에 용기의 덕을 잘 발휘해야 합니다. 마지막으로 농민, 상인 등으로 대표되는 생산자 계급은 국가가 필요로 하는 물자를 생산해야 하고, 다른 사람의 재산을 탐내지 않는 절제의 덕이 요구됩니다. 이와 같이 각 계급에 알맞은 덕이 가장 잘 발휘되는 국가를 우리는 '정의롭다'고 말할 수 있게 되는 것입니다.

플라톤의 사상은 이후 1,500년간 서양철학에서 독보적인 위치를 차지하지만, 이와 대조되는 사상이 그의 제자를 통해 등장하게 됩니다. 그 플라톤의 제자가 바로 다음에 우리가 살펴볼 아리스토텔레스입니다.

4. 인간의 최종 목적에 대해 질문한 아리스토텔레스

마케도니아의 의사 집안에서 태어난 아리스토텔레스(Aristoteles, B.C. 384~322)는 플라톤과 달리 아테네 출신이 아니었습니다. 아버지 니코마코스는 의사였는데, 당시는 의사와 수의사의 구분이 없었습니다. 따라서 아리스토텔레스는 매일 아버지가 일하는 작업장에 가서 다리가 다섯 달린 송아지, 창자가 터져 나온 말 등과 같은 것들을 보고 자랐습니다. 호기심이 많았던 아리스토텔레스는 열일곱 살 때 이미 마케도니아에서 구할 수 있는 모든 책을 다 읽는 수준에 도달했습니다. 그것도 모자라 아버지에게 궁금한 것을 물었지만 아버지 또한 아리스토텔레스의 질문에 모두 대답해 줄 수 없었습니다. 그래서 아리스토텔레스는 당시 최고의 학교가 있었던 아테네로 유학을 떠나게 되고, 열여덟 살의 나이로 아카데미아에 입학하게 됩니다. 하지만 아테네에 비하면 마케도니아는 시골에 불과했기 때문에 아카데미아에서 마케도니아 출신의 아리스토텔레스를 주목한 사람은 아무도 없었습니다.

1) 단점을 장점으로 바꾼 아리스토텔레스

아카데미아에서 공부한 지 몇 년이 지난 어느 날 아리스토텔레스는 드디어 '정의란 무엇인가'라는 토론의 발표를 맡게 됩니다. 아리스토텔레스는 열심히 준비해서 멋진 발표를 해야겠다고 결심하고는 밤새도록 이를 준비했습니다. 하지만 아리스토텔레스에게는 한 가지 결정적인 단점이 있었는데, 그것은 바로 긴장하면 말을 더듬는 버릇이었습니다. 토론 당일 긴장한 아리스토텔레스는 발표 시작부터 말을 더듬기 시작했습니다. "저, 저… 음음, 저 정의란…" 생각해 보세요. "여러분, 정의라는 것이 도대체 무엇인지 함께 생각해 봅시다!" 이렇게 당당하게 발표를 시작해야 하는데, 아리스토텔레스는 정의라는 단어조차도 제대로 말하지 못한 것입니다. 말을 더듬는 사람들 중에는 친구와 이야기할 때는 그런 증상이 없다가도 긴장하거나 주눅이 들면 말을 잘하지 못하는 경우가 많거든요. 아리스토텔레스는 몇 달 동안 밤새워 준비한 것을 하나도 발표하지 못했을 뿐만 아니라 많은 사람들 앞에서 그만 웃음거리가 되고 말았습니다. 사람들은 보통 이러한 상황에 처하면 더 이상 버티지 못하고 떠나기 마련입니다. 그러나 아리스토텔레스는 자신의 단점에 좌절하지 않았으며, 오히려 토론이 있을 때마다 그 내용을 상세히 기록하고 분석하는 일에 몰두했습니다. 그 일이 있은 이후로도 아리스토텔레스는 아카데미아에서 무려 18년 동안이나 공부를 이어갔던 것입니다.

아무리 플라톤이 뛰어나도 매번 새로운 주제를 가지고 토론을 진행할 수는 없었습니다. 5~6년이 지나자 아카데미아에서는 다시 한번 '정의란 무엇인가'에 대한 토론이 펼쳐지게 되었고, 아리스토텔레스의 가장 친한 친구가 발표자로 선정되었습니다. 걱정하는 자신의 친구에게 아리스토텔레스는 다음과 같은 말을 들려주었습니다. "6년 전, 정의에 대해 토론했던 것을 기록한 노트가 있어. 그러니까 저쪽 친구가 이렇게 주장하면 너는 이렇게 반박하면 되고, 다시 그 친구가 반론을 제시하면 너는 이런 식으로 대답하면 될 거야." 이처럼 아리스토텔레스는 자신이 오래전부터 정리해 왔던 정의에 대한 모든 내용을 분석해서 자신의 가장 친한 친구에게 알려 주었습니다. 다음 날 토론이 시작되자, 그 친구는 깜짝 놀라고 말았습니다. 아리스토텔레스가 알려 준 대로 주장을 펼친 결과, 상대방이 제대로 반박하지 못하는 상황이 펼쳐진 것입니다. 토론은 아리스토텔레스의 계획대로 진행되었고, 주도권을 잡은 아리스토텔레스의 친구는 그 토론에서 승리하게 됩니다. 토론이 끝난 후 아리스토텔레스의 친구는 이 토론의 아이디어가 아리스토텔레스에게서 나왔다는 것을 모두에게 고백하였고, 이러한 아리스토텔레스의 토론 기술을 정리한 학문이 바로 '논리학'입니다.

이후 아리스토텔레스는 아카데미아에서 부지런한 독서가로 존경받게 됩니다. 플라톤 역시 아리스토텔레스를 '아카데미아의 지성인'이라고 부르며 무척 아꼈지요. 아카데미아의 전교 1등은 항상 아리스토텔레스였고, 10년쯤 지난 후에는 그가 직접 후배들을 가르치기도 하였습니다. 그런데 플라톤이 80세의 나이에 세상을 떠나자, 아리스토텔레스는 아카데미아의 후대 교장을 선출하는 일로 문제를 겪게 됩니다. 사람들은 실력으로 볼 때, 아리스토텔레스가 아카데미아의 교장이 되어야 한다고 생각했지만 그가 아테네 출신이 아니라는 이유로 플라톤의 조카 스페우시포스(Speusippos)가 아카데미아의 교장으로 선출된 것입니다. 그런데 스페우시포스는 플라톤의 사상을 제대로 이해하지 못했고, 아카데미아를 수학 학원으로 만들어 버리고 말았습니다. 이에 상심한 아리스토텔레스는 아카데미아를 떠나 자신만의 독창적인 학문의 길을 찾아 나서게 됩니다.

아리스토텔레스는 아테네를 떠나 해안 도시인 아소스와 미텔레네로 갔습니다. 아리스토텔레스의 고향인 마케도니아는 산골이었기 때문에 그는 바닷가에 존재하는 생명체들에 깊은 호기심을 느끼게 되었습니다. 그는 제자들과 이곳에서 머물며 처음 보는 자연사물을 직접 탐구하여 기록하고, 그것들을 체계화하는 작업을 해나갔습니다.

2) 알렉산더 대왕의 스승 아리스토텔레스

이렇게 철저하게 공부하고 있던 어느 날, 아리스토텔레스 앞에 마차 한 대가 도착했습니다. 갑자기 나타난 무장 군인들은 아리스토텔레스의 눈을 가리고, 그를 납치하다시피 어디론가 데려갔습니다. 한참을 달린 뒤에야 마차는 멈추었고, 눈에 감은 붕대가 풀리자 아리스토텔레스의 눈앞에 익숙한 동네가 나타났습니다. 바로 말을 타고 달리는 마케도니아의 원형 극장에 아리스토텔레스가 서 있었던 것입니다. 그곳에서 아리스토텔레스는 자신이 어릴 때 보았던 마케도니아의 장군들이 원형 경기장에서 우왕좌왕하고 있는 신기한 광경을 목격하게 됩니다. 무슨 일인가 하고 가만히 지켜보니 커다란 원형 경기장 한 복판에 아주 사나운 야생마 한 마리가 날뛰고 있었던 것입니다. 그것을 본 외

눈박이 왕 필립포스(Philippos)는 "이 마케도니아라는 대국가에 저 야생마 하나 제대로 다룰 사람이 없단 말인가!"라고 소리쳤습니다. 그러나 어떤 장군도 그 말을 타려 하지 않았습니다. 그러던 중 갑자기 금발의 한 소년이 나타나 "제가 타 보겠습니다."라고 말했습니다. 그는 마케도니아의 왕자였는데, 필립포스는 그 왕자를 꾸짖었습니다. "네가 말을 타다 다쳤다는 것을 네 엄마가 알면 또 나를 얼마나 괴롭힐지 알기나 하느냐! 넌 빠져 있어!" 그러나 왕자가 재차 "제가 타 보겠습니다."라고 말했고, 왕은 마지못해 그를 허락했습니다.

하지만 왕자는 말에 곧바로 올라타지 않고, 말에게 다가가더니 말의 고삐를 끌고 서서히 걷기 시작했습니다. 그리고 말이 태양을 바라보게 하여 잠시 말의 정신을 잃게 한 사이, 소년은 말 위에 올라탔습니다. 그리고는 원형 경기장을 두 바퀴 정도 달리더니, 왕 앞에 와서 말에서 사뿐히 내렸습니다. 사람들은 저 금발의 소년이 어떻게 말을 탔는지 몹시 궁금했습니다. "저는 이 야생마가 왜 날뛰는지 알고 있습니다. 이 야생마는 숲에서만 살다가 난생 처음으로 광장에 왔기 때문에 자기 그림자를 보고 놀랐을 것입니다. 그런데 말의 머리를 태양 쪽으로 돌리면 그림자가 말의 뒤로 가기 때문에 말은 자신의 그림자를 볼 수 없었을 겁니다. 그래서 말이 주춤한 사이에 제가 말을 타고 달릴 수 있었던 것입니다." 이 금발의 소년이 바로 유명한 알렉산더 대왕입니다. 필립포스 왕은 이 용감하고 지혜로운 알렉산더 왕자를 교육시키기 위해 아리스토텔레스를 마케도니아로 데려온 것이었습니다. 아리스토텔레스는 알렉산더를 7년 정도 열심히 가르쳤고, 알렉산더 왕자 또한 그를 매우 존경했습니다. 그럼에도 자존심이 강한 알렉산더는 때로 스승 아리스토텔레스와 격렬한 논쟁을 벌이기도 했습니다.

알렉산더는 기원전 336년 왕의 지위에 올랐고 인도 원정을 통해 대제국을 세우게 되었습니다. 아테네 또한 마케도니아의 지배를 받게 되었고, 아리스토텔레스는 알렉산더 대왕을 가르친 스승의 자격으로 아테네로 돌아오게 됩니다. 그렇지만 자신을 내쳤던 아카데미아에서는 더 이상 강의를 할 수 없었기 때문에 아리스토텔레스는 '리케이온(Lykeion)'이라는 새로운 학교를 세웠습니다. 그곳에서 아리스토텔레스는 많은 제자들과 함께 강의와 연구에 전념하게 됩니다.

3) 스승과 진리가 충돌하면 누구를 따라야 할까

플라톤은 스승 소크라테스에게서 배운 대로 대화를 통해 제자들과 보편적인 진리를 찾고자 노력했습니다. 특히 자연에 대한 관심이 많았던 아리스토텔레스는 강의실에서 제자들을 가르치지 않고, 제자들과 함께 산책하며 질문을 던지곤 하였습니다. 가령 아리스토텔레스가 바닥에 떨어진 낙엽을 보며 "저 낙엽이 왜 진다고 생각하는가?"라고 묻는다면, 이에 제자들이 "햇빛 때문에요!", "온도 때문에요!", "습도 때문에 그런 것은 아닐까요?"라는 대답을 이어갔던 것입니다. 그들은 이렇게 자연을 관찰하면서 철저히 연구해 나갔습니다.

[그림 2-2] 플라톤과 아리스토텔레스

앞의 그림은 라파엘로의 〈아테네 학당〉에 그려진 플라톤과 아리스토텔레스의 모습을 확대한 것입니다. 이 그림 속에서 주인공은 플라톤과 아리스토텔레스입니다. 그림을 가만히 살펴보시면 플라톤은 두 번째 손가락을 들어 하늘을 가리키고 있습니다. 이를 통해 라파엘로는 "저 영원불변한 이데아의 세계를 보라."라는 플라톤의 메시지를 담고자 했던 것 같습니다. 이번에는 아리스토텔레스의 손에 주목해 주십시오. 아리스토텔레스의 손은 펼쳐져 있으며, 그것은 또한 땅을 향하고 있는데 이를 통해 우리는 아리스토텔레스의 다음과 같은 목소리를 들을 수 있습니다. "저 영원하고 불변한 세계만 바라본다면, 이 아름다운 자연 세계는 누가 탐구합니까? 왜 여기에는 진리가 없습니까?"라며 아리스토텔레스는 스승 플라톤에게 질문을 던지는 것입니다.

아리스토텔레스는 스승 플라톤을 매우 존경했습니다. "나에게 가장 좋은 친구가 둘이 있는데 하나는 스승이자 친구인 플라톤이고, 또 하나는 진리라는 친구다." 그런데 두 친구가 다른 길로 가려 한다면 우리는 누구를 따라가야 할까요? 이 질문에 아리스토텔레스는 '진리'를 따라가야 한다고 이야기했습니다. 플라톤과 아리스토텔레스는 스승과 제자 관계였지만 아리스토텔레스는 플라톤의 이야기를 그냥 단순히 따른 것이 아니라, 자기가 올바르다고 생각하는 진리의 길을 스스로 찾아 나섰던 것입니다.

아리스토텔레스는 다양한 주제에 대해 방대한 저서를 남겼습니다. 의사였던 아버지의 영향으로 자연 세계에 관심이 많았고, 자연과학에 대해서도 많은 연구를 남겼습니다. 당시에는 자연과학을 피지카(physica)라고 불렀는데, 이 말에서 유래한 physics는 현재 물리학을 뜻하는 단어지만 당시에는 자연 전체를 다루는 학문의 이름이었습니다. 즉, 생물학, 물리학, 화학과 같은 모든 과학을 아우르는 의미를 지녔던 것입니다. 그리고 'meta-physica'는 형이상학이라는 뜻인데, 그것은 모든 형태적인 것을 넘어서 있는 원리 또는 분야를 뜻합니다. 아리스토텔레스는 이와 같이 각 분야를 연구하여 『논리학』, 『자연학』, 『형이상학』, 『윤리학』, 『정치학』, 『수사학』, 『시학』 등과 같은 다양한 저서를 남겼습니다.

오늘날 우리나라 대학에는 철학이나 문학 그리고 역사학을 포함하는 인문학 분야, 심리학이나 정치학과 사회학을 포함하는 사회과학 분야 그리고 물리학, 화학, 수학, 생물학 등을 포함하는 자연과학 분야가 있습니다. 아리스토텔레스는 이 모든 것을 혼자 다 공부한 사람이라고 할 수 있습니다. 아리스토텔레스는 엄청난 호기심을 가지고 있었고 매우 철저하게 공부했습니다. 그래서 모든 것들을 아우를 수 있는 가장 보편적이고 체계적인 지식을 갖출 수 있었습니다.

대표적으로 아리스토텔레스의 논리학은 학문에서 사용하는 정확한 언어 규칙을 발견하여, 이를 정리한 것입니다. 가령 "사람은 죽는다." "소크라테스는 사람이다."라는 두 전제가 있으면 어떠한 결론이 도출될까요? 우리는 삼단논법에 따라 너무나도 쉽게 "소크라테스는 죽는다."라는 결론을 도출할 수 있습니다. 이러한 삼단논법을 최초로 발견한 사람이 바로 아리스토텔레스입니다. 그런데 이 경우는 어떠한가요? "사람은 두 글자다." "소크라테스는 사람이다."라는 두 전제에 대한 결론은 "소크라테스는 두 글자다."입니다. 하지만 소크라테스는 다섯 글자이기 때문에 이 결론은 참이 될 수 없습니다. 아리스토텔레스는 이러한 문장 구조를 분석하여 어떠한 것에서 참된 논변이 나오고, 어떤 것은 거짓된 논변이 되는지까지 철저히 연구하였습니다.

4) 행복이란 무엇이고 어디에서 찾을 수 있을까

아리스토텔레스에게 가장 유명한 것은 『니코마코스 윤리학』에 나오는 '행복'에 대한 논의입니다. 우리 한번 생각해 봅시다. 우리는 과연 왜 공부를 하는 걸까요? 가장 쉽게 나오는 대답은 "시험을 잘 보려고요."일 것입니다. 대부분의 학생들은 시험을 잘 보기 위해서 공부를 할 것입니다. 그렇다면 시험을 왜 잘 보려고 할까요? 대학생들에게 물으면 하나같이 "학점을 잘 받으려고요."라고 대답합니다. 이후에도 다음과 같은 대화가 계속될 수 있겠지요.

Q: 학점을 잘 받아서 무엇을 하고 싶은가요?

A: 취직해서 돈을 잘 벌고 싶어요.

Q: 왜 돈을 잘 벌려고 하죠?

A: 요즘은 돈을 벌지 못하면 결혼도 하기 어렵고, 자식도 키우기 어려우니까요.

⋮

이어지는 답처럼 우리의 삶이 계속된다면, 세월이 지나 나이가 들고, 우리는 모두 죽음을 맞이하게 될 것입니다. 그럼 우리는 결국 죽기 위해서 이렇게 열심히 공부하고 있는 셈이 됩니다.

그런데 우리는 다른 방식으로 질문을 던질 수도 있습니다. "여러분, 정말로 왜 그렇게 열심히 공부하나요? 왜 자신들이 하고 싶은 일들을 제쳐두고 그렇게 공부를 열심히 하는 건가요?" 이에 대해 "잘 살기 위해서요."라고 답하는 사람이 있을 것이고, 혹은 "행복해지기 위해서요."라고 답하는 사람도 있을 것입니다. 아리스토텔레스는 이 지점에서 질문합니다. "그렇다면 왜 행복하려고 하나요?" 우리는 정말 왜 행복하려고 하는 걸까요? 이 질문에 대해서는 대답하기가 쉽지 않습니다. 아리스토텔레스는 바로 그 사실에 주목했습니다. 우리들은 모두 행복해지고 싶어 하고 또 그 행복을 위해 열심히 공부하고 있는데, 왜 우리가 행복을 추구하려 하는지에 대해서는 대답하기가 어렵다는 것입니다. 즉, 행복보다 상위의 목적을 밝히기는 것은 매우 어려운 일이라는 점입니다. 따라서 아리스토텔레스는 행복을 최종 목적이라 하였습니다. 앞에서 말한 것 중에서 성적, 취직, 돈 버는 것 등등은 보다 상위의 목적을 위한 수단으로 사용되는 중간 목적이라 볼 수 있습니다. 이와 달리 최종 목적은 더 이상 다른 것의 수단이 되지 않으며, 그 자체로서 추구되는 것을 의미합니다. 또한 이런 최종 목적은 다른 것이 이루어졌을 때에만 따라오는 것이 아니라 자기 안에 만족의 이유를 가지고 있어야 합니다. 그렇기 때문에 아리스토텔레스는 이것을 어려운 말로 자족적(自足的)이어야 한다고 말했습니다.

그런데 아리스토텔레스는 모든 사람이 행복해지려고 하는 점에서는 같지만, 각각 다른 것에서 행복을 찾으려 한다고 말했습니다. 그렇다면 이제 어떤 것이 우리를 진정으로 행복하게 하는 것인지에 대해 논의해 보도록 합시다. 많은 사람들은 '돈'을 많이 가지면 우리가 행복할 것이라 생각합니다. 그리하여 돈을 인생의 최종 목적에 두고 살아가는 사람들이 많습니다. 돈이 우리 삶을 살아가게 하는 데 중요한 것은 맞습니다. 돈을 통해 맛있는 음식을 사 먹을 수 있고, 입고 싶은 옷을 사서 입을 수 있기에 돈 그 자체가 나쁜 것은 아닙니다.

그럼 돈이 우리의 최종 목적이라는 행복의 조건을 만족시킬 수 있을까요? 여러분이 만약 로또에 당첨되었다고 가정해 봅시다. 로또에 당첨되어 돈이 아주 많이 생겼습니다. 돈이 너무 많아서 자가용 비행기를 하나 샀어요. 그래서 자가용 비행기 안에 교환한 달러를 가득 싣고 멋지게 비행을 하다가 그만 비행기가 고장이 나서 어딘가에 불시착하게 되었습니다. '나는 돈이 많으니까 걱정 없어.'라고 생각하며 밖으로 나왔는데, 알고 보니 그곳이 무인도였다면 어떻게 될까요? 가진 건 달러밖에 없을 정도로 돈이 많다 하더라도 그 달러는 기껏해야 불쏘시개와 화장지로 밖에 쓰일 수 없습니다. 즉, 돈은 교환가치만 지닌 수단일 뿐 그것 자체가 인간에게 진정한 의미를 주지는 못한다는 것입니다. 그래서 아리스토텔레스는 돈은 인간의 최종 목적이 아니라고 말합니다.

그렇다면 혹시 '쾌락'이야말로 인간에게 있어서 최종 목적인 것은 아닐까요? 아리스토텔레스는 만약 쾌락이 인간에게 진정한 행복을 준다면 인간보다 더 행복한 존재가 있다고 말합니다. 그것은 바로 돼지입니다. 즉, 아리스토텔레스는 쾌락을 극대화하는 삶은 짐승들에게나 알맞은 것이며, 쾌락을 궁극목적으로 삼는 것은 인간이 욕망의 노예가 되는 길이라 주장했던 것입니다. 또한 쾌락은 단기적이어서 궁극적이거나 자족적이지 않기 때문에 쾌락 역시 행복의 최종 목적이 되지 못합니다.

그렇다면 명예와 인기가 우리에게 진정한 행복을 가져다줄까요? 아리스토텔레스는 명예와 인기는 자기 스스로가 얻을 수 있는 것이 아니고, 타인에 의해 생기는 것이기 때문에 언제든지 사라질 수 있다고 보았습니다. 아리스토텔레스에 따르면 행복은 우리에게 고유한 것이며 쉽게 박탈될 수 없어야 하기 때문에 명예와 인기 역시 행복의 최종 목적이 되지 못합니다. 이처럼 아리스토텔레스는 행복에 대한 당대의 통념인 부, 쾌락, 명예를 하나하나 검토하면서 그것이 진정한 행복과 연결될 수 없음을 보여 주었습니다.

5) 이성의 활동을 통해 찾은 행복

아리스토텔레스에 따르면, 인간의 최종 목적은 인간 기능이 가장 잘 발휘되었을 때 실현될 수 있습니다. 인간의 행복, 즉 인간으로서의 기능을 가장 잘 발휘하게 하는 것은 인간이 생각하면서 공부하고 탐구하고 있을 때라는 것이지요. 인간을 '이성적 동물'이라고 정의한 아리스토텔레스는 인간이 본성적으로 끊임없이 질문을 하게 되어 있다고 말합니다. 사실 여러분 모두 철학자가 될 수 있는 소양을 가지고 있습니다. 여러분도 끊임없이 질문을 던질 수 있기 때문입니다. 어린아이들을 한번 보세요. "엄마, 저건 뭐야?" 분수를 보고 이렇게 질문하는 아이에게 어머니는 "저것은 분수야."라고 대답해 주지만, 아이들의 질문은 계속 이어집니다. "엄마, 그런데 왜 물이 위로 올라가?" "그건 물의 압력 때문에 위로 올라가는 거란다." 이렇게 어머니가 설명하면, 아이들은 또 이렇게 질문하지요. "그런데 물이 올라갔다가 왜 아래로 떨어져?" 그러면 어머니는 "중력 때문에 그래. 엄마가 너를 잡아당기는 것처럼…" 이렇게 계속 물어보면 언젠가는 어머니가 짜증을 내면서 말을 끊어 버립니다. 바로 이 순간, 여러분이 철학자가 될 수 있는 꿈이 날아가 버립니다. 그런데 아리스토텔레스는 그러한 질문을 계속하라고 말합니다. 아리스토텔레스는 이성적 삶이라는 인간의 고유한 기능이 잘 수행되었을 때, 즉 영혼의 '덕'에 따라 살아갈 때 인간이 행복해진다고 말합니다. 그렇지만 여러분들은 공부하느라 힘들기 때문에 아리스토텔레스의 행복에 관한 설명에는 공감하기 힘들 수 있습니다. 그렇다면 여러분들은 언제 어떻게 행복해질 수 있을까요?

"생각 사이-다" 프로그램에서는 이와 비슷한 질문들을 많이 토론하게 될 것입니다.

5. 길을 찾지 못해 방황하나요? -『꽃들에게 희망을』

여러분들은 모두 행복해지고 싶지만, 행복해지기 위해서 자신이 무엇을 해야 할지 몰라 사실은 막연할 것이라 생각합니다. 어디로 가야 할지 모르는 길 위에서 여러분들이 느꼈던 막막함은 참으로 클 것입니다. 그래서 여러분처럼 고통을 겪은 친구의 이야기를 하나 해 보려고 합니다.

한 줄무늬 애벌레는 먹는 걸 좋아해서 딴 친구들보다 몸이 2배가 커졌어요. 그런데 어느 날 먹는 것이 지루해졌습니다. 문득 "우리는 대체 왜 사는 걸까?" 생각이 들어서 동료에게 물어봐도 아는 애벌레들이 아무도 없었습니다. 너무나 지루해진 줄무늬 애벌레는 여행을 떠나게 됩니다. 그러다 어떤 애벌레들이 어딘가를 향해 열심히 올라가고 있는 모습을 보게 되었습니다. 심지어 그들은 서로 먼저 그곳에 올라가려 하고 있었습니다. 줄무늬 애벌레도 곧 그 줄에 뛰어들어 올라가기 시작했지만 점차 "과연 저 위에는 뭐가 있을까?"라는 질문에 빠져들었습니다. 하지만 친구들은 그저 "몰라, 사람들이 올라가는 걸 보면 좋은 게 있겠지."라고 답할 뿐이었습니다. 그러다 어느 날 그 줄 중간 즈음에서 말을 걸어오는 노랑 애벌레가 있었습니다. 노랑 애벌레는 "나도 너랑 똑같은 생각을 했었어. 저 위에 올라가면 과연 정말 행복해질까?" 물었습니다. 두 애벌레는 서로 많은 이야기를 했고, 노랑 애벌레는 "그래도 일단 올라가보자." 하며 각자의 길을 갔습니다.

이 애벌레 탑의 특징은 다른 애벌레의 머리를 밟아야만 더 높이 올라갈 수 있다는 것이었는데, 그러던 중 줄무늬 애벌레는 헤어졌던 노랑 애벌레와 다시 마주치게 됩니다. 더 이상 다른 애벌레를 밟으면서 올라가고 싶지 않다는 노랑 애벌레의 말에 줄무늬 애벌레와 노랑 애벌레는 탑에 오르는 것을 포기하고 내려와 행복하게 살았습니다. 그런데 시간이 지날수록 줄무늬 애벌레는 '탑 위에는 무언가 있었을 텐데…' 라는 생각을 떨쳐버릴 수 없었습니다. 줄무늬 애벌레는 노랑 애벌레에게 다시 한번 같이 올라가보자고 제안하지만 노랑 애벌레는 이를 거절하고, 결국 줄무늬 애벌레 혼자 탑을 향해 떠나게 됩니다. 혼자 남은 노랑 애벌레는 어떤 나이 많은 애벌레가 나뭇가지에 매달려 고치를 매고 있는 것을 보고 놀랐습니다. 나이 많은 애벌레는 나비가 되기 위해 고치를 만들고 있는 중이었던 것입니다. "나비는 아주 자유로운 존재야. 네 안에도 나비가 될 가능성이 충분히 있단다. 너도 한번 해 보렴, 그 실로 너를 꽁꽁 감싸 보렴. 일정한 시간이 지난 후에 네 안에서 날개가 나올 거야." 라는 말에 노랑 애벌레는 고치를 만들어 나비가 되고자 결심하게 됩니다.

한편 줄무늬 애벌레는 탑에서 이제 절대 말을 하지 않기로 했습니다. 모든 친구들의 머리를 짓밟았고, 위에 있던 친구들은 툭툭 떨어져 죽었습니다. 그러나 자신이 생각했던 것과 달리 온갖 힘을 다해 올라간 탑의 꼭대기에는 아무것도 없었습니다. 더욱 충격적이었던 것은 곳곳에 애벌레들의 탑이 쌓여 있었던 것입니다. 그때 줄무늬 애벌레 곁으로 노랑나비 한 마리가 날아왔습니다. 이 노랑나비를 보며 줄무늬 애벌레는 남들이 하는 것을 무조건 따라 했던 자신을 반성하게 되었습니다.

줄무늬 애벌레는 탑을 내려와서, 사랑했지만 남겨 놓고 떠났던 노랑 애벌레를 찾아갔습니다. 그러나 자신의 옛 친구는 그곳에 없었습니다. 사라져 버린 노랑 애벌레를 그리워하고 있을 때 갑자기 다시 노랑나비가 나타났습니다. 그는 이 노랑나비가 하는 말을 잘 이해할 수 없었지만 무엇인가 이 나비가 자신의 옛 친구인 노랑 애벌레와 비슷하다는 생각을 하게 되었습니다. 노랑나비가 이끄는 곳으로 따라가 보니 그곳에는 찢어진 고치가 있었고, 줄무늬 애벌레는 곧 노랑나비가 자신이 고치를 만들기를 원한다는 것을 알게 되었습니다. 자신의 몸에서 나온 실로 자신을 완전히 덮고 오랜 시간을 견딘 후, 어느 날 줄무늬 애벌레도 호랑나비가 되어 날아갔습니다.

아마 여러분들 모두 미래의 삶이 불확실하여 많이 불안할 것입니다. '과연 내가 나비처럼 날개를 가진 화려한 존재로 변할 수 있는 것일까' 하는 걱정이 들기도 하겠지요. 그러나 진정한 자유를 누리는 나비로 날아오르기 위해 애벌레가 고치를 짓는 것처럼 우리에게도 고통을 견디는 시간이 필요합니다. 한 가지 더 중요한 사실이 있습니다. 그것은 바로 여러분들 모두 고치를 만들 수 있는 가능성을 가지고 있으며, 그것을 통해 누구나 나비가 될 수 있다는 것입니다. 여러분들이 자신만의 질문을 던지고 용기와 확신을 가지고 꾸준히 답을 찾아서 넓은 세상을 훨훨 날아다니기를 소망합니다.

6. 체험을 함께 나누며

제가 독일에서 경험한 이야기를 들려드리며 강의를 마무리하겠습니다. 저는 한국에서 식품공학을 공부하다가 신학과 철학으로 분야를 옮긴 후 독일로 유학을 떠나게 되었습니다. 그리고 독일에 도착해서는 독일 학생들이 공부하는 방법을 보며 큰 충격을 받았어요. 나름대로 많은 공부를 했다고 자부했는데, 스스로 생각하는 훈련은 받지 못했다는 것을 뒤늦게 깨달은 것이지요. 저는 질문을 던지기보단 그 내용을 빨리 암기해서 활용하는 것을 잘했지만 이와 달리 독일 학생들은 너무나도 기초적이고 상식적인 것을 물어보곤 하였습니다. 가령 아우구스티누스에 대해 배우는 수업이라면 우리는 아우구스티누스나 토마스 아퀴나스가 누군지 모르면 질문을 던지지 않습니다. 거의 모든 한국 학생들은 알고 있는 척하고 가만히 앉아 있을 것입니다. 하지만 독일 학생들은 아주 용감하게 "아우구스티누스가 도대체 누구예요?"라고 질문합니다. 그런데 너무나 신기했던 것은 그렇게 6년 동안 끊임없이 질문을 던지고 나자 스스로 생각하는 힘이 훨씬 더 늘어나더라는 것입니다. 저도 유학 초기에는 수업시간에 매우 조용하게 독일 친구들의 이야기를 경청하곤 했지요. 그러던 중 너무 말을 안 하니까 바보 취급을 받는다는 사실을 알게 되었어요. 그런 후에는 정말 살아남기 위해서 더 적극적으로 말하는 성격으로 변화되었지요. 박사 과정에 들어갈 때는 이미 용감하게 질문을 던질 수 있게 되었어요.

제가 독일에서 클라우스 야코비 교수님의 지도 아래 '토마스 아퀴나스의 유비 개념'에 대해 박사 학위 논문을 쓸 때, 교수님과 면담하는 시간이 있었습니다. 나중에 대학에 가면 면담 시간이 있는데 안타깝게도 거의 90퍼센트의 대학생들은 그 시간을 활용할 줄 몰라요. 유학 기간 동안 적극적인 성격을 갖게 된 저는 야코비 교수님을 찾아가서 미리 메모해 둔 질문을 자주 던졌습니다. 교수님께서 설명해 주셔도 제가 다 알아듣지 못하는 경우도 있었어요. 그러면 저는 그 자리에서 다시 질문을 던졌습니다. 제가 교수가 된 다음에 독일을 방문해서 야코비 교수님을 다시 만났을 때, 그 얘기를 하시더군요. 박 군이 와서 질문을 하고 자기 얼굴을 바라보면서 필기하는 모습이 너무 인상적이었다고요. 저는 교수님이 해 주시는 설명을 다 써 와서 아리스토텔레스처럼 다시 되씹어 보고 생각하는 과정을 통해 굉장히 많은 것을 얻을 수 있었습니다. 정말 고맙게도 야코비 교수님은 단 한 번도 제가 질문할 때 싫은 내색을 보이지 않으셨어요. 사실 독일어로 논문을 쓰는데 한번 잘못 쓰면, 두세 달 고생해서 쓴 것이 휴지 조각이 됩니다. 그러면 두세 달의 시간을 버리게 되는 것이지요. 그래서 저는 논문을 쓰기 전에 교수님께 불분명한 부분들에 대해 많은 질문을 던졌습니다.

그러던 어느 날, 야코비 교수님이 충격적인 말씀을 하셨어요. "박 군, 이제 더 이상 내 뱃속에서부터 꺼내어 자네 질문에 답변할 수는 없네." 제 질문이 너무 전문화되니 이제 교수님 본인도 면담시간에 즉각적으로 답할 수는 없는 단계에 이르렀다는 뜻이었어요. 그렇지만 저는 포기하지 않고 다시 제안을 드렸지요. "그러면 혹시 제 생각을 말씀드리면, 교수님께서 의아한 부분에 대해 질문해 주실 수 있으시겠어요?" 교수님은 껄껄 웃으시더니 좋다고 하셨어요. 제가 공부한 내용을 교수님께 설명하고 교수님이 그중에서 이상한 부분에 대해 "왜 이렇게 생각해? 왜 이런 표현을 했지?"라고 거꾸로 저에게 질문해 주시더라고요.

이처럼 저는 '스스로 생각하기'와 '질문하기'를 통해 논문을 쓸 수 있는 힘과 자극을 얻을 수 있었습니다. 여러분도 끊임없이 질문하는 습관을 길렀으면 합니다. 이런 태도를 갖추면 언젠가는 자기에게 맡겨진 어려운 과제들도 잘 해결해 나갈 수 있으리라 기대합니다.

여러분들은 교과서나 자습서 등을 읽으면서 책을 많이 읽는다고 생각할 수도 있어요. 그러나 시험을 보기 위해서만 책을 읽는다면, 진짜 책을 읽어야 하는 이유를 알 수 없게 됩니다. 그렇기 때문에 저는 여러분들이 좀 더 적극적으로 책을 읽었으면 합니다. 자기가 원해서 책을 읽다 보면 그 속에서 여러분들이 자신의 삶을 변화시키는 많은 계기를 발견하게 될 것이라 확신합니다. 책 속의 멘토들은 우리에게 항상 말을 건네기 때문에 우리가 만나고 싶을 때 언제든 만날 수 있습니다. 멘토와의 소중한 만남이 여러분들의 성장에 밑거름이 되어 언젠가 여러분들도 많은 멘티들에게 도움을 줄 수 있는 훌륭한 멘토로 거듭나기 바랍니다.

여러분, 그냥 배우는 것을 달달 외우기만 해서는 발전이 없습니다. '스스로 생각하는 힘'을 키우는 것이 중요합니다. 사실 소크라테스와 플라톤, 그리고 아리스토텔레스가 가르쳤던 것은 생각하는 힘을 키우는 방법입니다. 서양 고대 철학의 두 기둥, 플라톤과 아리스토텔레스를 통해서 여러분에게 도전이 주어졌어요. 여러분은 '이성적 동물'이며, 바로 여러분이 서 있는 청소년기는 추론하고 생각하는 힘을 가장 잘 발전시킬 수 있는 시기이기도 합니다. 여러분은 같은 나이, 같은 장소에 있지만 똑같은 사람은 하나도 없습니다. 그러기에 여러분만이 고유하게 지니고 있는 소중한 능력을 찾아내기 위해 노력해야 합니다.

'과연 나는 누구인가?'라는 질문에 답할 수 있을 만큼 나의 정체성을 어느 정도 찾게 된다면 자신의 질문을 이웃과 사회로 좀 더 확장할 필요가 있습니다. 때로는 내가 처해 있는 현실이 내가 지닌 능력을 발휘하기에 방해가 되어 너무 답답하게 느껴질 수도 있습니다. 사실 아리스토텔레스도 마케도니아 출신이라고 멸시당하고 말더듬이었기 때문에 토론에서 한계를 느끼기도 했습니다. 그렇지만 그는 자신의 단점을 특유의 성실함으로 극복했기 때문에 처음으로 논리학을 발견해 낼 수 있었습니다. 이렇게 자신이 처해진 환경을 직시하고 최선을 다해 가능성에 도전한다면 자신도 생각하지 못했던 방식으로 기회가 다가올 것입니다. 여러분이 어느 분야에서 일하든지 스스로 생각하는 힘을 키워 소크라테스와 플라톤처럼 '자기 영혼에게 도움이 되는 길'을 찾겠다는 용기를 가지는 것이 중요합니다. 이런 용기를 가지고 꾸준히 노력한다면 행복도 찾아오지 않을까요? 마지막으로 한번 같이 크게 외쳐 봅시다.

질문할 수 있는 용기는, 소크라테스처럼

꿈은 원대하게, 플라톤처럼

그러나 실천은 구체적으로 한 발 한 발, 아리스토텔레스처럼

〈사진 2-3〉 1차시 공통 강의: 질문할 수 있는 용기 (3)

제2부

청소년을 위한 인문상담 프로그램의 실제

생각 사이-다

제3장 '생각 사이-다'의 구성 원리와 목표

노성숙

1. 주체적 자기이해를 위한 질문하기와 생각하기

청소년을 위한 인문상담 집단 프로그램인 '생각 사이-다'의 가장 근원적인 구성 원리는 청소년들로 하여금 '자기 스스로와 이웃에 대해 질문하고 생각하게 하는 것'이다. 이는 자신의 생각을 '사이다'처럼 속 시원하게 표현함으로써 주체적 자기이해를 이끌어 내려는 데에 그 일차적 목표가 있다. 청소년기는 자신의 정체성을 찾기 위한 방황의 시간이자 아동기에서 성인기로 넘어가는 인생의 전환기다. 이미 정해진 학교교육에서의 교과과정, 기존 교과목들에 대한 선행학습, 정답을 빨리 찾기 위한 과외지도에 익숙한 학생들에게 '질문하기'는 조금은 어려운 과제일 수 있다. 기존의 궤도 안에서 이루어지던 공부에서 벗어나 보는 경험은 학생들에게 '흔들림'과 '불안'을 안겨 줄 수 있기 때문이다. '질문하기'는 그저 맹목적으로 기존의 틀을 따라가거나 전폭적으로 수용하는 태도만으로 이루어지지 않는다. 예를 들어, 나 자신에 대해서, 자신과 관계 맺는 이웃에 대해 혹은 자신이 속한 사회에 대한 질문을 제기하기 위해서는 나 자신, 이웃, 사회공동체에게서 조금은 거리를 두고, 그것들을 새롭게 바라보기 시작해야 한다. 또한 이전에는 그저 당연하다고만 여겼던 것들에 대해서도 다시 한번 생각해야 할 것이다.

그렇다면 '생각 사이-다' 집단 프로그램은 청소년들이 '스스로 질문하는 것'을 왜 그렇게 중요시할까? 오늘날 새롭게 대두된 '철학실천으로서의 철학상담'에서 아헨바흐는 내담자의 주체성이 최대한 보장되어야 한다고 주장하며, 무엇보다 "이해가 철학실천의 핵심에 있다."(Achenbach, 2010, p. 276)고 말했다. '생각 사이-다'는 청소년의 주체적인 자기이해를 돕는 프로그램이며 이를 위해 '소크라테스 대화'를 적극 활용하고자 한다. 이미 많은 심리치료나 교육 장면에서 '소크라테스 대화'를 활용하고 있지만, 주로 '논박술'의 중요성만이 강조되었다. 반면에 인문상담의 일환으로 시도되는 '생각 사이-다'는 소크라테스의 대화가 지닌 논박술과 산파술의 긴밀한 상호연관성을 중요시할 뿐 아니라 소크라테스적 산파술에 더 큰 강조점을 두고 있다.[10] 그동안 논술교육이 강화되면서 청소년들로 하여금 찬반논쟁을 통한 경쟁을 부추기고 급기야 논쟁에서의 승자와 패자들을 판가름하는 논박술이 호응을 얻어 왔다.

그러나 '생각 사이-다' 집단 프로그램에서의 '소크라테스 대화'는 자기 스스로의 진리를 주체적으로 낳을 수 있는 산파술의 체험을 독려한다. 소크라테스는 대화를 통해서 대화자들의 삶을 비판적으로 검토하려 했다. 그런데 이 과정에서 논박술은 경쟁을 부추기는 논쟁 그 자체로서의 독립적인 의미를 지닌다고 보기는 어렵다. 오히려 논박술은 주체적 진리를 낳는 산파술과 연결될 때에야 그 진정한 의미를 찾을 수 있다. 이러한 맥락에서 인문상담에서 나누는 '소크라테스 대화'는 "철학적으로 이미 정해진, 하나의 궤도에로 데려오는 것이 아니라, 그로 하여금 그 자신의 길을 계속 가도록 하는 것"(Achenbach, 2010, p. 16)에 그 핵심이 있다.

10) 상담의 인지적 접근과 소크라테스 대화의 유사성 및 차이점에 대해서는 노성숙, 2012, pp. 218–226 참조.

2. 실존을 통한 청소년 각자의 고유한 정체성 찾기

청소년을 위한 집단 프로그램으로서 '생각 사이-다'는 '청소년의 정체성 확립'을 도모하며, 이를 통해 '실존'의 가능성을 일깨우고자 한다. 청소년기는 부모의 보호가 절대적으로 필요한 아동기와 독립적인 개인이 되는 성인기 사이에 놓여 있다. 따라서 청소년이라면 누구나 '정체성의 혼란'을 경험하게 된다. 이때 '생각 사이-다' 프로그램은 청소년들이 단순히 남과 유사하거나 동일한 정체성을 확립하는 데에 급급하는 것이 아니라 자신만의 고유한 존재로 '실존'하는 정체성을 확립하도록 돕고자 한다. 여기서 우리는 '실존'이 지닌 근원적인 의미를 되돌아볼 필요가 있다.

'실존(Existenz)'이라는 철학적인 개념은 핵심적 두 계기, 즉 실존의 제한성과 가능성을 지니고 있다. 하이데거는 전자를 '특정한 상황에 내던져 있음', 즉 '피투성(被投性, Geworfenheit)', 후자를 '기획하고 자신을 투신함', 즉 '기투(企投, Entwurf)'라고 개념화했다. 여기서 중요한 점은 실존하는 인간이 이러한 제한성과 가능성 중에서 하나만으로 환원될 수 없으며, 양자를 동시에 지니고 있다는 것이다. 따라서 하이데거는 실존을 "피투된 기투(geworfener Entwurf)"(Heidegger, 1972, p. 148)라고 집약적으로 명시했다.

이러한 '실존'의 의미를 한국 청소년들과 연관시켜 본다면, 먼저 우리는 청소년들이 지닌 '피투성'이라는 제한성에 주목하게 된다. 한국 청소년들이 직면하고 있는 '성적 위주의 공부'라는 현실은 그야말로 누구나 겪고 있는 사회문화적 제약과 이에 따른 청소년 각자의 '제한성'을 드러낸다. 그러나 '실존'으로서의 인간은 자신에게 고유한 삶의 과제를 스스로 짊어지고 계획하며 헌신해 갈 수 있는 '기투'라는 가능성도 지니고 있다.

에릭슨의 주장에 따르면, "청소년기의 정신은 본질적으로 모라토리엄의 성격을 띠고 있으며, 심리사회적으로 유년기와 성인기의 사이에, 그리고 아이의 도덕성과 성인의 윤리 사이에 놓여 있다"(Erikson, 2014, p. 321). 청소년기는 아직 자신이 이 사회공동체 속에서 어떤 사람이 되어야 할지가 결정되지 않았기 때문에 방황하고 있는 시기를 말한다. 그러나 이 시기의 긍정적 의미를 실존의 '가능성'과 연관시켜 본다면, 청소년들이 어떤 방향으로 자신을 '기투' 해나가야 할지가 확정되지 않았다는 것을 의미한다. 따라서 청소년들로 하여금 자신의 존재가 지닌 실존의 가능성, 즉 자신의 삶을 기획하고 새롭게 도전할 수 있는 '기투'의 다양한 가능성을 접해 보는 것은 이후의 삶을 바꿀 수 있는 엄청난 기회가 될 수 있다.

한국의 청소년들은 모두가 피할 수 없는 '숙명'의 진리인 양 '입시공부'에 매달려 있다. 그 가운데 청소년의 실존은 오로지 입시라는 필연적 제한성에만 집중되어 있다. 공교육과 사교육이 모두 동원되어 청소년의 '피투성'에 총력전을 펼치고 있는 것이다. 그러나 인간의 실존은 피투성만으로 환원될 수 없다. 아무리 이러한 피투적 현실이 청소년들의 삶을 압박해 온다고 하더라도 그들의 실존이 지닌 '기투'를 완전히 질식시켜 버려서는 안 될 것이다. 더욱이 청소년기에 경험하게 되는 정체성의 혼란은 '기투'의 가능성 속에서 정체성을 탐색하는 과정을 필수적으로 요구하고 있기 때문이다. 따라서 '입시공부'라는 피투성의 현실을 완전히 부인할 수는 없다고 하더라도, '실존적 기투'를 실천해 갈 수 있는 구체적인 장을 마련해야만 한다.

청소년을 위한 인문상담 집단 프로그램인 '생각 사이-다'는 청소년 개인의 실존이 처한 '입시'라는 피투성의 현실과 '미래 전망적 삶'의 기투 '사이' 지점에 개입하고자 한다. 그리하여 청소년 스스로가 많은 생각들을 '사이다'처럼 시원하게 열어서 표현하고, 이를 함께 경험하고 서로 나눌 수 있도록 할 것이다. 그리하여 피투성과 기투의 긴장 속에 있는 청소년 '실존'의 연결지점을 좀 더 폭넓고 유연하게 가져가고자 한다. 청소년들이 인문상담을 통해 폭넓은 전망을 얻고, 그 속에서 각자의 고유한 정체성을 찾기 위해 노력한다면, 또 그것을 발견하게 된다면 그들은 미래의 삶을 향해 '기투'하는 실존으로 거듭날 수 있게 될 것이다.

3. 생각의 다름과 다양성을 체험하는 집단적 놀이

'생각 사이-다' 집단 프로그램은 청소년들로 하여금 생각의 다(多), 즉 생각의 '다름'과 '다양성'을 집단적 '놀이'의 형태로 체험하도록 이끈다. 이로써 서로 배려하며 소통하는 '사이'의 관계성을 촉진시키고자 한다. '생각 사이-다' 집단 프로그램은 동일한 인문학 텍스트에 대해 친구들끼리 서로 다른 해석들이 가능하다는 사실을 자연스럽게 체험하도록 한다. 또는 하나의 주제에 대해서 딜레마적 상황 등을 제시하고 난 뒤, 각자 다양한 해결책을 생각하거나 팀 단위로 함께 해결책을 모색하도록 한다.

이러한 과정에서 '생각 사이-다' 집단 프로그램은 경쟁을 유도하기보다는 사유실험 등의 '놀이방식'을 선호한다. 일종의 '생각'들의 '사이'를 다양하게 경험하는 놀이로 구성될 경우, 청소년들은 각자가 지닌 생각의 고립감에서 벗어나기도 하고, 다른 생각들을 적대적이지 않게 수용할 수 있게 된다. 아울러 "어릴 적부터 학교와 학원교육을 통해 줄곧 '정답 찾기' 일변도의 훈련"(이범, 2015, p. 214)에서는 경험할 수 없었던 다양한 생각들의 창의성과 독창성을 맘껏 발휘하고 이를 나눌 수 있게 하려는 것이다.

이처럼 '생각 사이-다' 집단 프로그램은 생각의 다름뿐만이 아니라 서로 배려하며 소통하는 '사이'의 관계성을 경험하도록 독려한다. 그리하여 '입시공부'에 조준된 학교생활에서는 단순히 경쟁자에 불과했던 학우들이 자신과 같거나 때로는 다른 생각들을 지닌 또 다른 '인격체'라는 점을 새롭게 발견하도록 돕는다. '생각 사이-다' 집단 프로그램을 통해서 청소년들은 평소에 친한 친구와 일상적인 얘기만을 나누었을 뿐, 자신이 몰랐던 다른 생각을 하고 있다는 사실을 새롭게 알아차릴 수 있다. 또한 외모와 성적만으로 판단하여 전혀 다가가지도 않았을 친구가 나와 유사한 생각을 하고 있거나 또는 내가 미처 도달하지 못했던 깊은 차원의 생각을 하고 있었다는 사실도 새롭게 체험할 수 있다.

이와 같이 '생각 사이-다' 집단 프로그램은 '놀이'와 '게임'의 형식을 활용하여 집단의 역동이 활성화될 수 있도록 노력한다. 라포가 잘 형성된 뒤에는 개인적으로나 집단적으로 진지한 생각이나 의견의 다름을 전적으로 다르게 체험할 수 있는 정서적 여유 공간이 마련될 수 있기 때문이다. 그러나 이에 머물지 않고 '생각 사이-다' 집단 프로그램은 인문상담의 독특함도 살려내고자 한다. 즉, '따로 또 함께' 더 확장된 생각과 지성적 사유과정을 체험함으로써 '지적인 즐거움'을 맛볼 수 있도록 한다. 나아가 서로의 생각을 흔들고 상호적으로 터트리는 집단 활동을 통해 관계에서 오는 '소통의 즐거움' 또한 경험할 수 있을 것이다.

4. 발산하는 사고와 수렴하는 사고의 지속적인 순환

'생각 사이-다' 집단 프로그램의 주제는 '발산'하는 사고와 '수렴'하는 사고가 지속적으로 순환될 수 있도록 구성된다. 이러한 순환적 사고의 과정은 두 가지 의미를 지닌다. 먼저 내용 면에서 '생각 사이-다' 집단 프로그램의 주제는 '나와 너의 관계'에 대한 발산과 수렴의 사유과정을 동시에 담아야 한다. 각 주제들은 나에 대한 인식으로 시작되지만 생각을 거듭할수록 나와 이웃의 관계, 나와 사회적 공동체와의 관계로 확장될 수 있어야 한다. 또한 이에 그치지 않고 더 나아가 내 삶의 전체적인 관계를 조망한 이후에도 또다시 나에 대해 그리고 나와 이웃의 관계, 나와 사회적 공동체와의 관계에 대해 새롭게 재인식하고 지속해서 다시 이해할 수 있도록 한다. 즉, '나와 너의 관계'에 대한 발산과 수렴의 사유과정은 각 주제마다 매번 끊임없이 순환적으로 반복된다. 물론 '생각 사이-다' 집단 프로그램의 한 회기에 한 주제가 다루어질 때에도 매번 발산하는 사고와 수렴하는 사고의 유기적인 연결이 요구된다.

또한 '생각 사이-다' 집단 프로그램에서는 청소년 각자 다른 생각들을 자유롭게 표현하도록 한 뒤에, 그 생각의 '근거'를 묻고 답하는 과정이 필수적이다. 청소년들은 또래 친구들과 함께 질문과 답변이라는 역동적 사유 활동을 나누며, 자신이 미처 생각하지 못했던 흥미로운 의견들을 새롭게 접할 수 있다. 또한 근거를 생각하고 정리해 가는 추상적 사유와 추론과정을 간접적으로 함께 익히면서, 자연스럽게 상호적으로 배울 수 있는 계기가 마련될 수 있다.

이처럼 하나의 주제에 대한 '추상적 사고와 추론'의 과정도 중요하지만, 청소년 각자가 자신의 '삶과 연관시켜서 구체적으로 수렴'할 수 있도록 돕는 것도 중요하다. 예를 들어서, '사랑'이라는 주제를 다루면서 '프롬'이 쓴 『사랑의 기술』의 한 부분을 함께 읽었다고 치자. 이 텍스트에 대해 얼마든지 각자 다양한 생각들을 표현하고, 서로 자유롭게 토론해 볼 수 있다. 그런데 그러고 나서 그러한 다양한 생각들을 자신의 삶과 연관시켜 성찰해 볼 수 있는 구체적인 단서를 마련하는 것이 좋다. 그리하여 다양하게 발산되었던 사유의 경험을 자신의 삶과 구체적으로 연관해서 수렴할 수 있도록 한다.

이와 같이 '생각 사이-다'의 집단 프로그램이 진행될 때, 각 주제들은 '나와 너의 관계'에 대해서, 그리고 사유의 추상화와 자신의 삶에로의 구체화의 사이에서 '발산'과 '수렴'의 지속적인 순환 속에서 다루어진다. 새로운 생각이 뚫리고, 그 생각을 표현해서 펼치고 나누는 과정을 계속 해나가는 가운데 새로운 앎과 소통의 즐거움이 더해진다면 그야말로 금상첨화일 것이다. 이를 위한 '생각 사이-다'의 주제는 앞으로 계속 발굴되고 점차 다양하게 시도될 수 있을 것이다.

지금껏 시도된 '생각 사이-다'의 주제는 크게 다섯 가지, 즉 나, 사랑, 자유, 정의, 행복으로 나뉜다. 각 주제들은 독립적으로 다루어지고, 난이도를 달리하면서 기초 편과 심화 편으로 다시 구분된다. 기초 편에 의거하여 나, 사랑, 자유, 정의, 행복의 주제를 두루 거친 이후에, 심화 편에 따른 나, 사랑, 자유, 정의, 행복 등을 다룰 수 있을 것이다. 그러나 경우에 따라서는 하나의 주제를 가지고 예를 들어 '자유'라는 주제만으로 기초과정과 심화과정을 연속해서 진행해 볼 수도 있을 것이다.

〈사진 3-1〉 '생각 사이-다' 프로그램을 참관하는 노성숙 교수

참고문헌

노성숙(2012). 현대 상담이론 및 심리치료적 접근의 철학적 배경. 철학연구, 99, 209-243.

이범(2015). 우리교육 100문 100답. 경기: 다산북스.

Achenbach, G. B. (2010). *Zur Einführung in die Philosophische Praxis: Vorträge, Aufsätze, Gespräche, Essays*. Köln: Verlag für Philosophie Dinter.

Erikson, E. (2014). 유년기와 사회(송재훈 역). 경기: 연암서가.

Heidegger, M. (1972). *Sein und Zeit*. Tübingen: Max Niemeyer Verlag.

제4장
생각 사이-다의 기초 편

한국상담대학원대학교 인문상담학연구소

철학상담연구팀

노성숙

이종수

안주연

조 연

차지혜

한유림

○ 전체 프로그램 구성

구성	주제	제목	활동 내용	운영방법	시간
1차시* (공통)	철학함	'질문'할 수 있는 용기	철학함의 문을 두드려라!	강의	150분
2차시	나	질문으로 만나는 '너'와 '나'	– 너와 나의 벽 허물기 – 너는 누구니? 나는 누구야? –『레밍 딜레마』를 읽고, 스토리 이어 보기	인문상담 집단 프로그램	180분
3차시	사랑	사랑: [명사] 어떤 사람이나 존재를 몹시 아끼고, 귀중히 여기는 마음 또는 그런 일	– 사랑하면 떠오르는 것들 – 사랑의 맛 – 사랑일까? 사랑인가? – 나만의 사랑의 기술(art)	인문상담 집단 프로그램	180분
4차시	자유	처음 만나는 자유	– 자유롭게 적어 봐! – 자유는 가볍기만 할까? – 자유에로의 선택 –『자유의 감옥』 – 열려라! 자유의 문!	인문상담 집단 프로그램	180분
5차시	정의	Something more than Justice	– 유람선을 폭파하라 – 공리주의가 뭘까? – 칸트의 도덕 원칙을 만나다 – 정의의 여신 앞에서 – 정의 그 이상이 필요할 때	인문상담 집단 프로그램	180분
6차시	행복	파랑새를 보았니?	– 언제 행복할까? – 생각이 톡톡 터지는 철학 여행 – 행복에 대한 철학자의 한마디 – '나'의 행복을 찾아라	인문상담 집단 프로그램	180분

* '생각 사이-다' 프로그램의 공통 과정인 1차시 강의('질문'할 수 있는 용기)는 이 책의 1부 2장에 수록

1. 나

질문으로 만나는 '너'와 '나'

1) 개요

<table>
<tr><td>차시목표</td><td colspan="3">• 전 차시에 대한 안내로 프로그램에 참여하는 흥미와 동기를 유발한다.
• 첫 차시 집단 프로그램의 낯섦을 극복하기 위해 참여자들 간에 친밀감을 형성할 수 있도록 한다.
• 모둠별 활동으로 진행되므로 자신에 대해 안전하게 개방할 수 있도록 구조화하고 상호 신뢰감의 계기를 마련한다.
•『레밍 딜레마』의 이야기를 통해 질문하는 '나'를 만나고 일상적인 삶에서 내면의 변화를 도모함으로써 주체적인 삶으로의 발판을 마련한다.</td></tr>
<tr><td>과정</td><td>활동 내용</td><td>시간(분)</td><td>교보재</td></tr>
<tr><td rowspan="2">도입</td><td>• 전체 프로그램에 대한 소개 동영상 감상, 취지 및 목적 설명
• 차시 프로그램 내용 소개
• 활동 1: "너와 나의 첫 만남"
• 활동 1-1(워밍업 게임 1): "당신의 이웃을 사랑하십니까?" [전체]
• 활동 1-2(워밍업 게임 2): "나 이런 사람이야"</td><td>60</td><td>이름표
동영상 파일
스티커(게임 2)
포스트잇
폼보드(A3)
사인펜</td></tr>
<tr><td>• 활동 2: "너는 누구니? 나는 누구야?"
– 인터뷰를 통해 친구 소개하기
– 마음에 드는 질문 골라서 자기소개하기
– 활동 소감 나누기</td><td>60</td><td>활동지 2
필기구</td></tr>
<tr><td>전개</td><td>• 활동 3: "레밍 스토리"
• 활동 3-1: "『레밍 딜레마』"
• 활동 3-2: "나는 어떤 레밍일까?"
• 활동 3-3: "나의 레밍 스토리 이어 보기"</td><td>50</td><td>활동지 3-1
활동지 3-2
활동지 3-3
사인펜
필기구</td></tr>
<tr><td>마무리</td><td>• 활동 4: "지금 나에게 떠오른 질문은?"</td><td>10</td><td>활동지 4
필기구</td></tr>
</table>

2) 내용

(1) 도입

① 프로그램 소개

- 전체 프로그램 소개: 전체 프로그램에 대한 소개 동영상을 시청하고 프로그램의 취지와 목적을 설명한다.
- 1차시 프로그램 소개말: "이번 1차시부터 직접 참여하는 활동형 인문 상담 집단 프로그램이 시작되며 각 프로그램은 주로 모둠별로 진행됩니다. 이번 시간에 참여자들은 서로 인사를 나누며 친밀감을 형성하고, 자각의 시작이라 할 수 있는 '질문'을 통해 너와 나를 만나게 될 것입니다. 또한 타성에 젖어 살아가던 삶에 질문을 제기한 『레밍 딜레마』의 주인공 ○○과 그의 친구들의 삶을 자신의 삶과 연결지어 보고, 그것을 다시 내면으로 가져와 보도록 하겠습니다. 이러한 활동은 일상적인 삶에서 잠시 멈춰서 자신을 돌아볼 수 있는 성찰의 시간이 될 것입니다."

〈활동 1: "너와 나의 첫 만남"〉

- **활동 소개:** 〈활동 1〉은 1차시에 대한 워밍업 활동이며, 재미있는 두 개의 게임으로 구성된다. 〈활동 1-1〉은 전체가 참여하는 활동으로 다른 참여자들을 관찰해야만 게임을 풀어나갈 수 있는 방식을 취한다. 이를 통해 참여자들은 서로를 피상적으로나마 알게 될 것이며, 친밀감 또한 형성할 수 있을 것이다. 〈활동 1-1〉에서 외형적인 상호 관찰을 했다면, 〈활동 1-2〉은 이후 차시를 지속적으로 함께 활동하는 모둠 참여자들이 서로를 좀 더 잘 알 수 있도록 자신만의 독특한 내적 경험이나 개성 등을 말해야만 하는 방식으로 구성된다.

② 활동 1-1(워밍업 게임 1): "당신의 이웃을 사랑하십니까?" [전체 활동]

- **활동 소개:** 인문상담 집단 프로그램을 진행할 때 첫 만남은 참여자들 간의 서먹함을 덜어내고 친밀감 형성을 위해 마음을 여는 활동으로 구성되어야 한다. 본 활동은 참여자들이 서로에게 부담을 갖지 않도록 재미있는 놀이방식으로 진행되므로 자연스럽게 타인과 접촉할 수 있어 워밍업으로 적합하다.
- **진행방법:** 전체 인원보다 의자를 하나 적게 놓고 둥글게 앉는다. 처음에 리더가 술래 역할을 한다. 술래가 한 사람에게 "당신의 이웃을 사랑하십니까?"라고 말하면 "예" 또는 "아니요"로 답할 수 있다. "예"라고 답하면 질문을 받은 사람 양쪽에 앉은 사람이 서로 자리를 바꿔야 한다. 이때 술래가 끼어들어 앉을 수 있다. "아니요"라고 말하면 술래는 다시 묻는다. "그럼 어떤 이웃을 사랑하십니까?" 질문을 받은 참여자는 다른 참여자들의 특징을 살펴서 질문을 한다. 예를 들어, "안경 쓴 이웃을 사랑합니다."라고 말하면 참여자들 중에 안경 쓴 사람만 다른 의자로 이동하여 앉는 방식이다. 두 경우 모두 앉지 못한 사람이 술래가 된다. 새로 술래가 된 사람이 같은 방식으로 게임을 이어간다.
- **진행 tip:** 인문상담 집단 프로그램의 첫 번째 시간이므로 분위기를 화기애애하게 이끌어 참여자들 간에 친밀감이 형성되도록 돕는다.

③ 활동 1-2(워밍업 게임 2): "나 이런 사람이야"

- **활동 소개:** 〈활동 1-1〉에서 낯섦을 덜어내고 서로 마음을 열 준비를 했다면, 이번 활동을 통해 조금씩 자신을 개방하면서 서로를 알아가기 시작한다. 본 활동은 모둠활동으로 진행되며, 참여자들 사이에 비밀보장과 서로에 대한 존중 방식을 상호 협의하여 구조화함으로써 참여자들이 신뢰감을 가지고 활동에 임하도록 한다.

〈활동 1〉은 참여자들은 친밀감을 증진시키고, 신뢰감을 형성함으로써 이후 프로그램에 능동적으로 참여할 수 있는 발판이 되는 중요한 시작 활동이다.

• **진행방법:** 모둠 참여자들이 순서를 정해 한 명씩 돌아가면서 참여한다. 자신의 차례에서 자신의 고유함이나 개성을 드러내는 말을 하고 동일한 경험이 있는 사람은 엄지를 올린다. 예를 들어, 한 참여자가 "수학시험 0점 맞아 본 사람 엄지 올려"라고 말을 한다면, 그와 동일한 경험이 있는 다른 참여자는 엄지를 올려 스티커를 받는다. 만일 올린 사람이 없다면 그 말을 한 해당 참여자가 스티커를 받게 된다. 이때 스티커는 손이나 잘 보일 수 있는 신체 부분 중 원하는 곳에 붙여 준다. 스티커의 개수에 따라 순위가 정해지기 때문에 자신만이 가진 특별한 경험을 이야기해야 게임에서 이길 수 있다.

• **진행 tip:** 게임 시작 전 참여 동기를 강화하기 위해 스티커를 가장 많이 받은 사람에게는 상품이 주어짐을 알린다. 게임을 바로 시작하면 자신에 대해 이야기할 내용이 떠오르지 않으므로 잠시 생각할 시간을 주거나 생각하기 쉬운 주제(좋아하는 노래나 영화 등)를 질문으로 주고 연습게임을 진행하여 아이스브레이킹한다. 또한 개성을 드러내는 이야기가 나오도록 분위기를 이끌기 위해 리더가 먼저 진솔한 시범을 보여 줄 수 있다. 5차시까지 함께 할 모둠 참여자들을 알아가기 위한 시작 활동이므로 각자의 고유함이 드러나는 이야기를 서로 주고받도록 하는 것이 좋다.

④ 활동 2: "너는 누구니? 나는 누구야?"

• **활동 소개:** 직접 자기 자신을 소개하는 것이 일반적이지만, 이 활동에서 참여자는 타인에게 자신의 소개를 맡기고 자신도 타인을

소개하는 경험을 하게 된다. 이는 타인이 소개해 주는 자신에 대해 들음으로써 자신을 객관화할 수 있게 하기 위함이다. 또한 본 활동은 자신과 타인을 새롭게 만나고 재인식하는 반성의 계기를 마련한다.

- **진행방법:** 두 명씩 짝을 지어 자유롭게 질문을 구성하고, 인터뷰 형식으로 친구에게 질문한다. 그 내용을 바탕으로 면접하는 사람(interviewer)이 면접 받는 사람(interviewee)을 소개한다. 서로를 소개하는 활동이 종료되면 타인이 자신을 소개하고 자신이 타인을 소개해 본 느낌이 어땠는지를 나눈다. (활동지 2)

  앞서 인터뷰 형식으로 진행된 짝의 질문들 중에서(이때 서로의 활동지를 바꾸어서 어떤 질문을 했었는지 볼 수 있도록 한다.) 자신을 잘 드러내 주었다고 생각되거나 마음에 드는 질문을 두 개 뽑아서 포스트잇에 적는다. 작성한 질문지를 판에 붙여 모둠 참여자 모두가 볼 수 있도록 게시한다. 모여진 질문들 중 각자 마음에 드는 질문을 다시 한 개 선택하고 (활동지 2 하단) 해당 질문을 고른 이유를 돌아가면서 발표한다. 발표가 끝나면 활동을 마친 소감을 자유롭게 나눈다.

- **진행 tip:** 참여자들은 인터뷰할 때 자신이 던졌던 질문을 통해 자신이 다른 사람들과 관계 맺을 때 타인의 어떤 면을 가장 먼저 생각하는지를 알 수 있다. 또한 마음에 드는 질문을 골라 자신을 소개할 때 그 내용이 왜 마음에 들었는지 생각하고 나눔으로써 자신에 대한 이해를 촉진시킬 수 있다. 이를 위해 리더는 활동 소감 나누기에서 참여자들이 자기 이해와 성찰을 촉진할 수 있도록 적절하게 개입한다.

(활동지 2)

활동 2	너는 누구니? 나는 누구야?

질문	인터뷰 내용
예) 이름이 뭐야? 몇 반이야?	한아름, 1반

"내 친구를 소개합니다" (인터뷰 내용 요약)	자신이 고른 마음에 드는 질문을 붙이거나 받고 싶은 질문 적어 보기

(2) 전개

〈활동 3: "레밍 스토리"〉

• **활동 소개:** 〈활동 3-1〉은 프로그램의 의도에 맞게 내용과 상황이 각색된『레밍 딜레마』를 읽고 그 텍스트의 내용에 대한 자유로운 토론을 하는 것이다. 사회에서 강요하는 삶에 대해 등장인물들은 어떻게 살아가는지, 주인공이 경험하는 딜레마는 무엇인지 등, 각 등장인물들의 삶에 대해 참여자들은 자신의 생각을 자유롭게 이야기한다. 〈활동 3-2〉에서는『레밍 딜레마』의 등장인물과 자신을 연결지으며 현재의 삶에 대해 반성한다. 마지막으로 〈활동 3-3〉에서는 〈활동 3-2〉을 통해 인식한 자신의 모습에 대해 상상으로 스토리를 이어가는 활동을 진행한다. 참여자들은 이 활동을 통해 사고의 확장을 경험하고 현재의 삶을 더 주체적으로 살기 위한 힘과 용기를 내볼 수 있다.

① 활동 3-1: "『레밍 딜레마』"

• **활동 소개:** 본 활동은 문학 텍스트를 읽고 글 속의 주인공을 빌려 자신의 생각을 표현하고 성찰하기 위해 고안되었다. 또한 자신이 현재 살아가고 있는 이유와 목적에 대해 질문해 보게 하고 '남들처럼 사는 삶'과 '자신만의 고유한 삶'이 어떤 것일까에 대해 자유롭게 사유하도록 돕는다. 더 나아가 나의 고유함을 발견하여 진정한 '나'로 살아가는 주체적인 삶이란 무엇인가로 사고를 확장해 준다.

• **진행방법:** 모둠 참여자들은 역할을 정해 레밍이 절벽에서 고민하는 장면까지 각색한『레밍 딜레마』를 읽는다. 스토리를 읽고 내용의 이해를 돕기 위해 인상에 남는 등장인물이 있다면 누구이고, 그

이유가 무엇인지 자유롭게 이야기하는 시간을 갖는다. (활동지 3-1)

• **진행 tip:** 이 활동은 자신에게 질문을 던짐에 앞서 사고를 열어 주는 과정이다. 내용의 이해와 더불어 등장인물들의 생각과 행동에 대해 자신이 느낀 바를 자유롭게 이야기해 보도록 한다.

각색한 스토리의 등장인물은 프로그램의 대상에 따라 특색 있게 이름을 바꿔서 참여자들이 친근감 있게 느낄 수 있도록 구성한다.

(활동지 3-1)

활동 3-1	『레밍 딜레마』

레밍 딜레마

등장인물: ○○, 두서, 세서, 친구 1, 친구 2, 친구 3, 박사 아저씨, 해설자

장면 #1.

해설자: 나그네 쥐라고도 불리는 레밍(lemming)들은 절벽에서 뛰어내립니다. 그 이유에 대해서는 아무도 정확히 모릅니다. 레밍들 사이에서 이런 행동은 지극히 정상적입니다. 보통의 레밍들은 왜 자신들이 절벽에서 뛰어내리는지 생각하지 않습니다. 그냥 뛰어내릴 뿐입니다. 레밍들은 매년 '레밍 점프 축제'를 개최하는데 올해 축제도 얼마 남지 않았습니다. 여기 호기심이 많은 레밍인 ○○가 있습니다. ○○의 친구들 중 많은 수는 점프 대축제에 참가하려고 들떠 있습니다. 하지만 ○○은 고민이 생겼습니다.

○○: 우리는 왜 절벽에서 뛰어내리는 걸까?

친구 1, 친구 2, 친구 3: 무슨 말이야, 왜냐니? 우리는 레밍이야. 그건 우리가 당연히 해야 하는 일이라고. 바보 같은 질문이네.

○○: 그래. 근데 뛰어내리고 난 다음엔 어떻게 되는 건데?

친구 1: 뭔가 좋은 일이 생겨.

○○: 어떤 좋은 일?

친구 1: (머뭇거리며) 글쎄…… 그건 아직 모르지.

○○: 그럼 그게 좋은 일이라는 걸 어떻게 알아?

친구 1, 친구 2, 친구 3: (침묵)

친구 2: 좋은 게 틀림없어. 뛰어내린 레밍 중에서 아무도 다시 돌아오지 않잖아?

친구 3: 그래, 맞아. 그러니까 이제 이상한 질문은 그만해.

장면 #2.

해설자: ○○은 친구들의 대답에 만족할 수 없었습니다. 그래서 마을에서 가장 똑똑한 박사 아저씨를 찾아갑니다.

박사 아저씨: ○○야, 오랜만이다. 무슨 일 있니?

○○: 레밍들이 절벽에서 뛰어내리는 이유가 알고 싶어서 왔어요.

박사 아저씨: 이유라…… 너처럼 어린 레밍이 하기에는 엄청난 질문이구나. 혹시 절벽에서 뛰어내리는 데 무슨 문제라도 있는 거야?

○○: 그런 건 아니에요. 하지만 우리가 왜 그렇게 해야 하는지, 이유를 안다면 더 좋을 것 같아서요.

박사 아저씨: 그렇구나. 그 이유란 바로 절벽에서 뛰어내리는 게 레밍이 사는 목표이기 때문이야. 너의 질문에 대한 그 이상의 답은 없단다.

해설자: ○○은 박사 아저씨의 말을 들은 후, 전보다 더 큰 고민에 빠집니다. 그날 밤, ○○은 레밍들이 뛰어내리는 절벽 끝으로 가서 주저앉은 채 생각에 잠깁니다. 발밑으로는 끝없이 깊은 암흑이 펼쳐져 있습니다.

○○: 내가 뭔가 잘못된 걸까? 난 왜 다른 친구들처럼 모두가 하는 대로 절벽에서 뛰어내리지 않고 그 이유가 궁금한 걸까? 이유가 알고 싶어서 질문하는 내가 이상한 걸까? 내가 원하는 건 뭘까? 난 왜 여기에 있는 걸까?

해설자: ○○은 아주 오랫동안 절벽 아래를 바라보며 그곳에 앉아 있었습니다.

장면 #3.

해설자: 며칠이 지났습니다. ○○가 커다란 나무 그늘에서 쉬고 있을 때 뒤에서 부스럭거리는 소리가 들립니다.

○○: 누구세요?
두서: 안녕, 난 두서라고 해.
○○: 아, 안녕, 만나서 반가워.
두서: (소곤거리며) 쉿! 크게 말하면 안 돼. 네가 이상한 질문들을 하고 다닌다는 얘기를 들었어. 그리고 절벽에서 뛰어내리고 싶어 하지 않는다는 얘기도.
○○: 아직 잘 모르겠어. 난 내가 뭘 원하는지 알아내려고 노력 중이야.
두서: 너와 비슷한 생각을 하는 다른 레밍 친구들을 소개해 줄까?
○○: (깜짝 놀라며) 나와 비슷한 생각을 하고 있다고?

해설자: ○○은 두근대는 가슴을 안고 두서를 따라갑니다. 두서는 ○○를 작은 오두막으로 데리고 갔습니다. 그곳에는 세서를 포함한 5명의 레밍 친구들이 모여 있습니다.
세서: ○○야, 어서 와. 너도 '점프 반대 모임'에 참가하러 온 거야?
○○: 글쎄. 잘 모르겠어. 이 모임의 목표가 뭔데?
세서: 모임의 목표? 우리는 절벽에서 뛰어내리는 걸 반대해.
○○: 그래, 너희가 뭘 하고 싶어 하지 않는지는 알겠어. 그럼 너희가 하고 싶은 건 뭐야?
세서: (당황하며) 우리가 하고 싶은 건…… 절벽에서 뛰어내리지 않는 거지.
○○: (실망하며) 그렇구나.

해설자: ○○의 마음에 뭔가가 자꾸 걸립니다. 좋은 친구들을 만나서 기쁘기는 하지만, 여전히 혼란스럽고 울적합니다. ○○가 보기에, 레밍 대부분은 자신들이 왜 절벽에서 점프하는지, 삶에서 이루고 싶은 게 무엇인지 생각해 보지도 않은 채 그냥 뛰어내리는 것 같습니다. 그리고 이 모임의 친구들은 단지 '자기가 하고 싶어 하지 않는 것'만을 생각하는 것 같습니다. 그 순간 ○○은 결심합니다.

○○: 이제 내가 무엇이 되어야 하고, 어떤 일을 해야 하는지에 대해 다른 사람이 말해 주기를 바라며 찾아다니지 않을 거야. 내가 직접 생각하고 답을 찾아야지!

장면 #4.

해설자: '레밍 점프 축제' 전날, 다른 친구들은 함께 모여 점프 대회 이야기로 시끌벅적합니다. 하지만 ○○은 혼자서 절벽 끝에 걸터앉아 건너편을 바라보고 있습니다. 저 멀리 절벽 너머 언덕 위로 커다란 나무 한 그루가 보입니다. ○○가 지금까지 본 어떤 나무보다도 크고 울창했습니다.

○○: 절벽 너머 언덕에는 뭐가 있을까? 어떤 세계가 있을까? 그곳에는 우리가 지금까지 보지 못했던 새로운 가능성이 있지 않을까?'

해설자: 바로 그때 ○○은 자신이 무엇을 해야 하는지 깨달았습니다.

데이비드 허친스,『레밍 딜레마』, pp. 8–56.

※ 일부 내용을 프로그램의 의도에 맞게 각색함

※ 레밍 이야기를 읽어 보았습니다. 이야기 속에는 ○○, 세서, 두서, 친구들, 박사 아저씨 등이 등장합니다. 각자 다양한 생각과 질문을 하는데요. 여러분에게 인상적인 친구는 누구이고 그 이유는 무엇인가요? 자유롭게 이야기를 나누어 봅시다.

② 활동 3-2: "나는 어떤 레밍일까?"

• **활동 소개:** 『레밍 딜레마』를 읽고 자신과 연결지어 보는 활동이다. '나'에게 질문을 던져 보고 그 답에 대해 고민하고 생각하면서 자신에 대해 생각해 보는 시간을 갖는다. 본 활동은 청소년기의 진로

탐색 활동과 맞물려 자신에 대해 좀 더 근원적으로 생각해 보며 정체성을 찾아가도록 돕는다. 또한 이를 통해 모둠 참여자들의 다양한 생각을 들으며 사고의 지평을 넓히고, 현재 처해 있는 상황에 대한 불안과 두려움에 서로 공감하며 위로를 주고받는다.

- **진행방법:** 『레밍 딜레마』를 읽고, "그렇다면 나는 어떤 레밍에 가까울까?"라는 질문을 던진다. 자신과 비슷한 레밍은 어디에서 무엇을 하고 있는지 활동지에 그려 본다. 자신의 그림을 모둠 참여자들과 공유하고 나눈다. (활동지 3-2)
- **진행 tip:** 『레밍 딜레마』의 등장인물을 자기 자신과 연결지어 생각해 보도록 진행한다. 〈활동 3-1〉을 상기하면서 자신에 대해 성찰해 볼 수 있도록 진지한 분위기를 조성한다. 그림이 서툴다면 글을 첨부하거나 만화 등으로 자유롭게 표현하도록 안내한다.

활동 3-2: 나는 어떤 레밍일까?

(활동지 3-2)

활동 3-2	나는 어떤 레밍일까?

※ 내가 레밍이라면 절벽 위 어디쯤에서 어떤 생각을 하고 있을지 그림으로 그려 볼까요? 필요하다면, 말풍선을 달아도 좋습니다.

활동지 3-2 ①

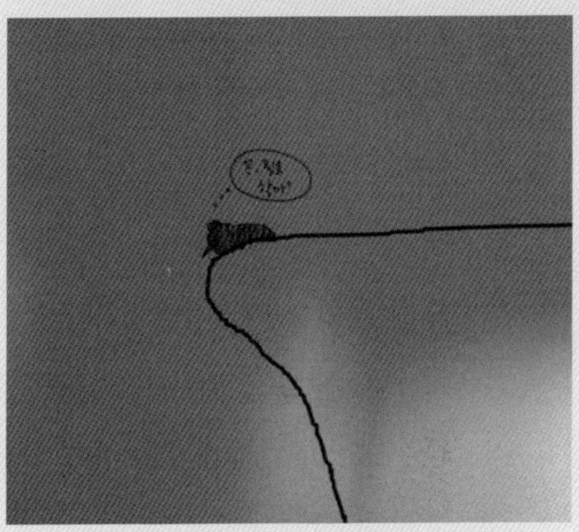

활동지 3-2 ②

③ 활동 3-3: "나의 레밍 스토리 이어 보기"

• **활동 소개:** 〈활동 3-2〉와 이어지는 내용으로 미래를 상상하며 자신에게 펼쳐질 삶에 대한 용기와 힘을 가져 보는 활동이다. 이 활동

은 현재의 모습에 대해 성찰한 이후 나름대로의 삶의 방향을 정하고 상상해 봄으로써 발전적이고 창의적으로 사고의 확장이 일어나도록 돕는다. 이러한 사고의 확장은 자신의 삶을 좀 더 주체적으로 생각하게 하고 현재의 삶을 살아가는 힘을 준다.

- **진행방법:** 〈활동 3-2〉에서 자신이 선택한 상황 이후의 스토리를 그림이나 글로 이어 본다. 각자 구성한 스토리를 모둠별로 나눈다. (활동지 3-3)
- **진행 tip:** 이 활동을 통해 처음 생각한 자신의 모습에서 어떻게 사고의 전환이나 성찰이 일어났는지 알 수 있다. 생각이 전환이 일어났다면 그 계기와 이유가 무엇인지 서로의 생각을 나눌 수 있도록 한다.

(활동지 3-3)

활동 3-3	나의 레밍 스토리 이어 보기

※ 절벽에서 뛰어내리기로 했든 않기로 했든 혹은 그 밖의 어떠한 결정을 했든, 자신의 입장으로 생각해 보았던 레밍에게는 그 이후 어떤 일들이 펼쳐졌을까요? 자유롭게 상상해 보고 그림이나 글로 표현해 봅시다.

(3) 마무리

① 활동 4: “지금 나에게 떠오른 질문은?”

- **활동 소개:** 본 활동의 마무리는 앞선 경험을 정리하는 글이 아닌 자신에게 질문을 던지는 열린 방식으로 구성된다. 그 이유는 철학함의 시작인 ‘질문하기’를 연습함으로써 주체적이고 성찰적인 삶을 시작하는 계기를 마련할 수 있기 때문이다. 텍스트를 읽고 여러 참여자들의 의견을 듣고 자신의 생각을 쓰고 말하며 다시 내 안에 떠오른 질문을 적어 보는 것은 협소적인 활동의 마무리가 아니라 이후의 삶에서 내면의 지각변동을 예고하는 사유의 힘을 장착하는 계기가 될 것이다.
- **진행방법:** 〈활동 3〉을 통해 자신에게 떠오른 질문이나 궁금한 것, 또는 떠오른 생각이나 말, 단어 등을 자유롭게 적어 본다. (활동지 4) 쓴 글을 모둠 참여자들 전체가 나누고 〈활동지 4〉 하단에 제시된 철학 텍스트를 읽고 ‘질문으로 시작하는 철학함’의 의미를 음미하며 정리한다.
- **진행 tip:** ‘자신에게 질문하기’가 참여자들에게 어떤 경험이 되었는지에 대하여 이야기한다. 리더는 촉진 질문을 통해 참여자가 자신의 경험을 토대로 질문의 의미, 철학함, 성찰적 삶 등에 대해 생각해 볼 수 있도록 돕는다.

(활동지 4)

활동 4	지금 나에게 떠오른 질문은?

※ 레밍 스토리를 읽고 각자가 스토리를 이어 보는 활동을 하였습니다. 활동을 마친 지금 나에게 떠오르는 궁금증이나 질문, 떠오르는 말이나 단어 또는 생각을 자유롭게 아래에 적어 봅시다.

Q1. ______________________________

____

____

Q2. ______________________________

____

____

'질문'으로 시작하는 철학함

삶에 대해 철학함은 최우선적으로 질문을 하는 과정이지 답을 발견하는 과정이 아니다. 삶의 질문이라고 할 수 있는 정체성, 목표, 관계 등과 같이 기본적으로 삶의 가장 깊은 곳에 놓인 질문에는 사람들의 문제와 곤경을 포함하여 그 삶의 방식이 반영된다. 이런 열린 질문들에는 사람들의 창조적인 힘과 생명의 힘이 있다. 당신이 근본적인 질문을 발견했다는 것은 당신의 창조적인 원천을 발견했다는 것과 이에 따라 삶에 대한 철학적 태도를 나타내는 개인적인 답들과 해결책을 발견했다는 것을 의미한다.

철학상담자 Prins-Bakker, 『철학상담의 이해와 실천』, p. 191.

② 차시 마무리 활동: 소감 나누기 및 다음 차시 안내

- **진행방법:** 1차시 전체에 대해 자유롭게 소감을 나눈다. 다음 차시에 대해 안내한다.
- **진행 tip:** 마지막 순서라 자칫 어수선하기 쉽다. 차시별 마무리 활동인 소감 나누기에서는 프로그램을 경험하면서 참여자들에게 일어난 생각이나 느낌을 자유롭게 이야기한다. 본 활동은 다른 참여자들의 다양한 의견을 듣고, 나의 생각을 말하며 다시 자기 안으로 생각을 들여오는 성찰적 시간으로 그 의미가 크다. 이번 차시에서 '레밍 스토리'의 등장인물들과 자신의 삶을 연결지어 보며 어떠한 반성적인 생각을 했는지 차시 나누기를 통해 정리해 볼 수 있도록 돕는다. 또한 본 활동은 이후 차시에서 어떤 점(방법이나 내용 면)을 보완해야 하는지 참여자의 피드백을 받을 수 있는 시간이므로 참여자가 진솔한 이야기를 할 수 있도록 독려한다.

참고문헌

Hutchens, D. (2008). 레밍 딜레마(김철인 역). 서울: 바다출판사.

Lahav Ran, Tillmanns Maria da Venza (2013). 철학상담의 이해와 실천(정재원 역, 노성숙 감수). 서울: 시그마프레스.

2. 사랑

사랑: [명사] 어떤 사람이나 존재를 몹시 아끼고 귀중히 여기는 마음 또는 그런 일

1) 개요

차시목표	• 1차시의 주제인 '나'에서 '타자'와의 관계로 확장되는 '사랑'에 대해 생각해 본다. • '사랑'이라고 불리는 여러 모습들을 살펴보면서 내가 타자를 어떻게 바라보고, 어떤 관계를 맺고 있는지 성찰해 본다. • '사랑'을 '나' 중심이 아닌 '타자'와의 관계로 바라볼 때, 진정한 사랑이란 무엇이며, 진정한 사랑을 위해 무엇이 필요한지에 대해 생각해 본다.		
과정	**활동 내용**	**시간(분)**	**교보재**
도입	• 차시 프로그램 내용 소개 • 활동 1: "사랑의 맛" • 활동 1-1: "'사랑' 하면 떠오르는 것들" • 활동 1-2: "사랑의 맛, 사랑의 느낌"	60	동영상 파일 활동지 1-1 활동지 1-2 포스트잇 폼보드(A3) 사인펜 다양한 맛의 간식
전개	• 활동 2: "사랑일까? 사랑인가!" • '사랑'을 주제로 한 드라마 편집 영상 감상 • 활동 2-1: "What is 'some'?" • 활동 2-2: "나에게 '사랑'이란?" • 활동 2-3: "'사랑'에 대한 공동 시 작업"	60	동영상 파일 활동지 2-1 활동지 2-2 포스트잇 폼보드 필기구
	• 활동 3: "에리히 프롬의 『사랑의 기술』 읽기" • '연인 관계의 변화'를 다룬 드라마 편집 영상 감상 • 활동 3: "텍스트 읽고, 영상과 관련한 생각 나누기"	50	동영상 파일 활동지 3 필기구 사인펜
마무리	• 활동 4: "내가 생각하는 '사랑의 기술(Art of Love)'" • 활동 4-1: "나만의 '사랑의 기술(Art of Love)'" • 활동 4-2: "철학자들의 '사랑 이야기'"	10	활동지 4-1 활동지 4-2 책갈피 필기구

2) 내용

(1) 도입

① 프로그램 소개

- **2차시 프로그램 소개말:** "이번 차시는 나에서 더 나아가 내가 '타자'와 어떻게 관계를 맺고 있는지에 대해 생각하는 시간입니다. '사랑'이라고 불리는 여러 모습들을 살펴보면서 내가 타자를 어떻게 바라보고, 어떤 관계를 맺고 있는지 성찰해 봅시다. 또한 '사랑'이 '타자와 맺는 관계'라고 할 때, 진정한 사랑이란 무엇이며, 그러한 사랑을 위해 무엇이 필요한지 생각해 봅시다. 이러한 성찰은 여러분이 삶 속에서 '나'를 넘어서 '타자'와 보다 풍요로운 '관계'를 맺을 수 있게 해 주는 출발점이 될 것입니다."

〈활동 1. "사랑의 맛"〉

- **활동 소개:** 〈활동 1〉은 참여자들이 2차시 주제인 '사랑'에 대한 자신의 생각을 부담 없이 열 수 있도록 도움을 주기 위한 활동 위주의 프로그램으로 구성하였다. 〈활동 1-1〉에서는 '사랑' 하면 떠오르는 것을 자유롭게 적어 보고, 다른 사람들과 함께 서로의 생각을 나누어 보는 시간을 갖는다. 〈활동 1-2〉에서는 '사랑'과 관련된 내용이 담긴 대중가요의 뮤직비디오 편집 영상을 감상하면서 이를 다양한 맛과 연결시켜 보는 활동을 진행한다. 이를 통해 사랑의 다양한 양태들을 생각해 볼 수 있는 계기를 제공한다.

② 활동 1-1: "'사랑' 하면 떠오르는 것들"

- **활동 소개:** 참여자들이 '사랑'이라는 주제에 대한 자신의 생각을 자유

롭게 꺼낼 수 있는 장을 펼쳐주기 위한 활동이다. 자신의 경험에 비추어 사랑에 대해 생각해 보는 것은 전개활동에 앞서 주제에 대한 관심과 동기를 높여 준다. 참여자들은 특별한 제약 없이 자유롭게 자신의 생각을 표현하고, 그 의견이 수용되는 과정을 통해 프로그램에 대한 안전감을 느끼게 될 것이다. 이러한 경험은 이후 활동에서도 참여자가 마음의 경계를 풀고 적극적으로 참여할 수 있도록 돕는다.

- **진행방법:** '사랑' 하면 떠오르는 것들을 포스트잇에 자유롭게 적어 보게 한다. 참여자들이 적은 내용을 폼보드에 붙인 후, 그 내용을 중심으로 '사랑'에 대한 이야기를 나눈다.
- **진행 tip:** 참여자들이 '사랑'에 대한 자신의 생각을 자유롭게 드러낼 수 있도록 표현 방식(예: 단어, 문장, 숫자, 그림 등), 개수 등에 특별한 제한을 두지 않는다.

활동 1-1: '사랑' 하면 떠오르는 것들

③ 활동 1-2: "사랑의 맛, 사랑의 느낌"

- **활동 소개:** 이 활동의 의도는 참여자들이 다소 진부하게 느낄 수 있는 '사랑'이라는 주제에 대한 새로운 흥미를 유발하고, 여러 가지 맛과 사랑의 느낌을 연결시켜 보면서 사랑의 다양한 감정 양상들을 생각해 보도록 하는 데 있다.
- **진행방법:** 영상 시청 전에 미리 준비해 둔 '사랑의 맛' 상자를 고르게 한다. '사랑'을 주제(예: 설렘, 짝사랑, 이별, 권태 등)로 한 대중가요의 뮤직비디오 편집 영상을 감상하면서 각자 자신이 고른 상자 안에 들어 있는 맛(사탕, 초콜릿, 젤리류 등)을 보게 한다. 앞에서 본 작품들 중 자신이 맛본 느낌과 가장 어울린다고 생각하는 작품을 선택하고, 그 이유를 간단히 적어 본 후, 그에 대한 이야기를 나눈다. 또한 맛과 관계없이 노래가사 중 특히 마음에 와 닿았던 부분이 있었는지, 그 이유는 무엇인지도 자유롭게 적어 보고 이야기하는 시간을 갖는다.
- **진행 tip:** '사랑의 맛'은 다양한 맛(예: 단맛, 쓴맛, 매운맛, 신맛, 짠맛 등)의 초콜릿이나 젤리류로 준비한 후, 내용물이 보이지 않는 상자에 넣어 호기심을 유발한다. 활동을 시작하기 전에 각자 상자를 고르게 하고, 음악 감상 중에는 자신이 고른 맛에만 집중할 수 있도록 지도한다. 〈활동 1-2〉에 활용하는 음악은 참여 대상의 선호를 고려하여 선정하되, 가급적 참여자들에게 익숙한 가요 등을 활용하는 것이 효과적이다.

(활동지 1-2)

활동 1-2	사랑의 맛, 사랑의 느낌

※ 여러 가지 맛 중에서 여러분은 어떤 맛을 고르셨나요? 여러분이 고른 맛과 어울린다고 생각하는 노래가사를 선택하고, 그 옆에 선택한 이유를 간단히 써 봅시다.

(예: '사랑을 시작하는 연인의 설렘'을 주제로 하는 노래 중 가사 일부)	(참여자들이 자신의 생각이나 느낌을 적을 수 있도록 빈칸으로 남겨둔다.)
(예: '질투'를 주제로 하는 노래 중 가사 일부)	
(예: '이별'을 주제로 하는 노래 중 가사 일부)	
(예: '짝사랑'을 주제로 하는 노래 중 가사 일부)	
(예: '사랑'인지 '우정'인지 헷갈려 혼란스러워하는 마음을 주제로 하는 노래 중 가사 일부)	

(2) 전개

〈활동 2. "사랑일까? 사랑인가!"〉

• **활동 소개:** 〈활동 2〉는 청소년들이 자유롭게 이야기하는 과정을 통해 자신이 가진 '사랑'에 대한 생각과 가치관을 스스로 점검하고 정리할 수 있도록 돕는 활동으로 구성하였다. 〈활동 2〉의 도입부에서 젊은이들의 사랑 이야기를 주제로 다룬 드라마 편집 영상을 함께 감상한 후, 〈활동 2-1〉로 들어간다. 〈활동 2-1〉은 '연인 간의 사랑'에 초점을 두는데, 청소년들이 사랑의 한 단계로 인식하고 있는 '썸'을 주제로 자유롭게 이야기하면서 사랑을 다양한 측면에서 바라볼 수 있게 한다. 〈활동 2-2〉에서는 '연인 간의 사랑'을 넘어 보다 넓은 의미에서 사랑이란 무엇인지 생각해 보고, 사랑에 대한 자신의 가치관을 정립해 나아갈 수 있도록 돕는다.

① 활동 2-1: "What is 'SOME'?"

• **활동 소개:** 요즘 청소년들이 사랑의 한 단계로 인식하고 있는 '썸'을 주제로 자유롭게 이야기 나누는 과정을 통해 '사랑'에 대한 생각을 스스로 정리해 볼 수 있는 기회를 갖는다. 또한 그룹 토의를 진행하면서 다른 참여자들과 생각을 나누고 사고를 확장할 수 있는 계기를 마련한다.

• **진행방법:** 연인 간의 사랑에 대한 요즘 젊은 세대의 생각을 엿볼 수 있는 드라마의 일부분을 편집한 짧은 영상을 함께 감상한다. 참여자들을 두 팀으로 나누고, 각 팀별로 '썸'에 대해 토의한 후, 활동지에 제시된 질문을 중심으로 〈썸에 대한 보고서〉를 작성하며 토의 내용을 정리한다. 팀별로 토의를 통해 정리한 내용을 발표하고 의견을 나눈다. (활동지 2-1)

- **진행 tip:** 도입부에서 청소년들에게 익숙한 매체인 영상자료를 통해 생각을 열어 주는 작업이 원활한 토의 진행에 도움이 된다. 본 활동에서는 드라마의 일부를 편집한 영상을 활용하였으나, 주제와 관련된 가요의 뮤직비디오 등을 활용하는 것도 가능하다. 팀별 토의시간에는 참여자들이 '사랑'에 대한 자신의 생각을 솔직하고 자유롭게 나눌 수 있도록 리더가 개입하지 않는 것이 좋다.

[참고 영상자료] 젊은이들의 사랑 이야기를 다룬 드라마의 내용 중 일부 상황 요약

셰어하우스에 모여 사는 여대생들이 이야기를 나누는 장면

이제 막 선배와 연애를 시작한 신입생이 함께 살고 있는 여자 선배들에게 '왜 그 선배와 사귀게 되었냐'는 질문을 받는다. '상대방이 자신을 좋다고 했기 때문'이라고 답하는 주인공에게 여자 선배들은 '상대방이 아닌 너 자신이 왜 그 사람을 선택했는지'를 다시 질문한다. 그리고 그 후배에게 '사랑을 오래 유지하기 위해서는 무조건 상대방보다 덜 좋아해야 하고, 더 좋아하더라도 절대 그 마음을 들키면 안 된다'며 진지하게 충고한다.

(활동지 2-1)

활동 2-1	What is 'SOME'?

※ 여러분은 '썸'이 무엇이라 생각하나요? 서로의 생각을 나눈 후, 〈썸에 대한 보고서〉를 작성해 봅시다.

〈썸에 대한 보고서〉

1. '썸'이란?	
2. '썸'인지 아닌지는 어떻게 알 수 있나요?	
3. '썸'을 탈 때 하는 행동과 해서는 안 될 행동은 무엇인가요?	
4. '썸'의 기간은 어느 정도가 적절하다고 생각하나요?	
5. '썸'에서 '연애'로 관계가 발전하게 되는 결정적 기준(계기)은 무엇인가요?	
6. 동시에 '몇 썸'까지 가능하다고 생각하나요?	
7. '썸'의 좋은 점과 나쁜 점은 무엇인가요?	
8. '썸'은 꼭 필요할까요?	

② 활동 2-2: "나에게 '사랑'이란?"

- **활동 소개:** 지금까지는 '썸'을 주제로 그룹별로 토의를 진행하며 '사랑'에 대한 자신의 생각을 '꺼내어' 타인 앞에서 표현해 보는 시간을 가졌다. 〈활동 2-2〉에서는 연인간의 사랑을 보편적인 사랑으로 확대하여 생각해 본다.
- **진행방법:** '썸'에 대한 생각을 정리하는 동시에 각자 자신이 가진 사랑에 대한 생각을 점검해 보는 시간을 갖게 한다. 자신이 일상에서 언제 사랑받고 있다고 느끼는지, 사랑의 표현은 어떻게 하고 있는지, 사랑에서 가장 중요하게 생각하는 것은 무엇인지 등을 구체적으로 생각해 볼 수 있도록 한다. (활동지 2-2)
- **진행 tip:** 막연한 환상이나 동경으로서의 사랑이 아닌, 일상적인 삶 속에서의 사랑, 우리가 맺고 있는 관계 속에서의 사랑에 대해 구체적으로 생각해 볼 수 있도록 돕는다. 특히 앞의 〈썸 보고서〉 활동이 연인관계에서의 '사랑'에 초점을 맞추고 있었다면, 본 활동에서는 이를 보다 '보편적인 사랑'으로 확장해 본다.

(활동지 2-2)

활동 2-2	나에게 '사랑'이란?

※ 다음의 질문에 대한 여러분의 생각을 적어 보세요.

Q1. 여러분은 언제 '내가 사랑받고 있구나'라고 느끼나요?

Q2. 여러분은 상대방에게 어떻게 사랑을 표현하나요?

Q3. 내가 생각하는 사랑에서 가장 중요한 것은 무엇인지 풍부한 '은유와 상징'을 활용하여 짧은 문장으로 적어 봅시다. (3개 문장)

③ 활동 2-3: "'사랑'에 대한 공동 시 작업"

- **활동 소개:** '사랑' 혹은 '사랑에서 중요하다고 여기는 것' 등에 대한 생각은 개인마다 다를 수 있다. 그러나 그러면서도 서로 간에 상당 부분 유사점이 있고, 서로 연결되는 지점도 있다. '사랑에 대한 공동 시' 작업을 통해 이를 직접 체험해 보고, 참여자들이 가진 '사랑'에 대한 생각을 하나의 작품으로 완성해 보는 시간을 갖는다.
- **진행방법:** 〈활동지 2-2〉의 마지막 질문('사랑에서 가장 중요한 것')에 대한 답변으로 작성한 3개의 문장 안에서 마음에 와 닿는 단어나 구절 4개를 골라 포스트잇에 각각 적는다. 참여자들이 돌아가며 자신이 고른 단어 중 하나를 선택하여 앞 사람이 붙인 내용과 연결되게 폼보드에 붙이도록 한다. 즉, 참여자들 각자의 단어들을 연결하여 공동 시를 완성하는 것이다. 완성된 시에 제목을 붙여 보고, 소감을 나눈다.
- **진행 tip:** 공동 시 작업을 진행할 때 문학적 완성도를 높여야 하는 '작품으로서의 시'를 생각하며 부담 갖지 않도록 참여자를 이해시키는 것이 중요하다. 처음부터 '말 안 되는 시 짓기', '막무가내 이어 보기' 등으로 안내하는 것도 한 방법이 될 수 있다. 그럼에도 불

구하고 참여자들이 여전히 시 작업을 어려워하거나 이들이 사용하는 용어가 지극히 제한적일 경우를 대비하여 리더가 사전에 '사랑에 관한 시'를 몇 편 준비한 후, 활동에 활용해도 좋다.

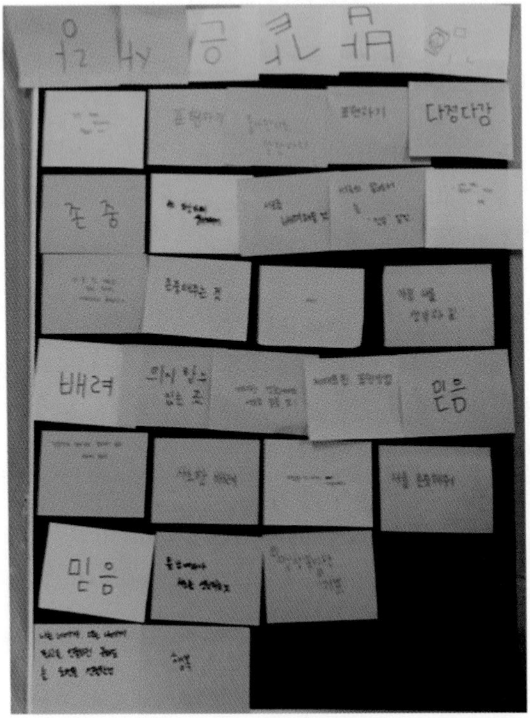

활동 2-3: 사랑에 대한 공동 시 작업

④ 활동 3: "에리히 프롬의 『사랑의 기술』 읽기"

- **활동 소개:** 자신의 직접적인 경험을 다루는 것이 아닌, 드라마나 영화, 소설 속 등장인물들의 사랑 이야기를 통해 '관계'를 객관적으로 바라보고, 사랑의 본질에 대해 깊이 생각해 볼 수 있는 계기를 마련한다.
- **진행방법:** 도입부에서 청춘남녀의 연애를 소재로 한 드라마의 편집영상을 시청한다. 영상에 대한 소감을 간단히 나눈 후, 에리히 프롬

(Erich Fromm, 1900~1980)의 『사랑의 기술』에서 발췌한 텍스트를 읽고, 영상의 내용과 연결하여 이야기를 나눈다. (활동지 3)

• **진행 tip:** 참여자들이 자칫 텍스트를 딱딱하고 어렵게 느낄 수 있는데, 영상을 시청한 후, 인상적인 장면을 묻고, 내용에 대한 이해도 및 느낌을 확인하면서 이야기를 나누다 보면 텍스트와 자연스럽게 연결시킬 수 있다.

[참고 영상자료] 커플의 사랑과 이별 이야기를 다룬 드라마의 내용 중 일부 상황 요약

상대방에게 무조건 맞춰 주는 것이 사랑이라 믿는 여자 주인공이 자신에 대한 배려가 전혀 없는 남자친구 때문에 힘들어 하다가 결국 이별을 선택하게 된 상황. 여자 주인공은 남자친구에게 맞추기 위해 부단히 노력하지만, 이를 당연하게 여기면서 점점 더 이기적으로 행동하는 남자친구 때문에 상처를 받는다. 하지만 남자친구 앞에서는 자신의 속상하고 서운한 마음을 드러내지 않은 채 밝은 모습만 보여 주려 애쓴다. 시간이 지날수록 상처받고 지쳐가던 여자 주인공은 결국 남자친구에게 이별을 고한다.

(활동지 3)

활동 3	에리히 프롬의 『사랑의 기술』 읽기

※ 함께 읽고 생각해 봅시다.

대부분의 사람들은 사랑은 능력에 의해서가 아니라 대상에 의해서 성립된다고 믿고 있다. 사실상 그들은 심지어 그들의 '사랑을 받는' 사람을 제외하고는 어느 누구도 사랑하지 않는 것이 그들의 사랑의 강렬함을 입증하는 길이라고 믿고 있다. (중략) 사랑은 활동이며 영혼의 힘임을 알지 못하기 때문에 사람들은 필요한 것은 단지 올바른 대상을 찾아내는 것이라고 믿고 있으며 따라서 그 밖의 일은 모두 저절로 뒤로 물러난다. 이 태도는 그림을 그리고 싶어 하면서도 기술은 배우지 않고, 올바른 대상만을 고르면서 이 대상을 찾아내면 아름답게 그릴 것이라고 주장하는 사람의 태도와 비교할 수 있다.	**"사랑은 대상이 아니라 능력에 의해서 성립되는 활동이며 영혼의 힘이다."**

Q1. 앞서 본 영상 속의 커플은 결국 헤어졌습니다. 여자 주인공이 다른 남자를 만난다면, 행복한 사랑을 할 수 있을까요?

Q2. 에리히 프롬은 '사랑은 능력에 의한 활동이며, 영혼의 힘'이라고 말합니다. 여자 주인공이 지닌 사랑의 능력은 무엇이며, 영혼의 힘을 키우려면 어떻게 해야 할까요?

만일 내가 참으로 한 사람을 사랑한다면 나는 모든 사람을 사랑하고 세계를 사랑하고 삶을 사랑하게 된다. 만일 내가 어떤 사람에게 '나는 당신을 사랑한다'고 말할 수 있다면, '나는 당신을 통해 모든 사람을 사랑하고 당신을 통해 세계를 사랑하고 당신을 통해 나 자신도 사랑한다'고 말할 수 있어야 한다.	**"누군가를 사랑한다는 것은 그 사람을 통해 모든 사람을 사랑하고, 세계를 사랑하고, 나 자신도 사랑할 수 있어야 한다."**

에리히 프롬, 『사랑의 기술』, p. 69. (일부 수정함)

Q3. 에리히 프롬은 자기 자신을 사랑해야 한다고 말하고 있습니다. 여자 주인공은 자기 자신을 제대로 사랑하고 있는 것일까요? 왜 그렇게 생각하나요?

Q4. 상대에 대한 사랑을 통해 나 자신을 사랑하고, 세상을 사랑할 수 있어야 한다는 말은 어떤 의미일까요?

(3) 마무리

〈활동 4. "내가 생각하는 '사랑의 기술(Art of Love)'"〉

- **활동 소개:** 〈활동 4〉는 2차시 활동을 마무리하면서 사랑에 대해 새롭게 발견하거나 생각해 보게 된 점, 사랑에 대한 자신의 가치관 등에 대해 정리해 보는 시간이다. 〈활동 4-1〉에서는 '사랑에 대한' 자신의 생각이나, 가치관, 사랑의 표현 등을 정리해 볼 수 있게 한다. 또한 〈활동 4-2〉에서는 각 철학자들의 사랑에 관한 짧은 명언들을 살펴보면서 사랑의 다양한 면면을 바라볼 수 있도록 시야를 넓히고 사고를 확장해 갈 수 있도록 돕는다.

① 활동 4-1: "나만의 '사랑의 기술(Art of Love)'"

- **활동 소개:** '사랑'에 대한 자신의 생각을 구체화시켜 정리해 본다. 아울러 관계적 측면에서 '진정한 사랑'을 위해 자신이 할 수 있는 노력은 무엇이며, 사랑을 어떻게 표현할 것인가에 대해서도 생각해 볼 수 있는 기회를 제공한다.
- **진행방법:** 2차시 활동을 하면서 '사랑'에 대해 새롭게 생각하게 된 점이나 '내가 하고 싶은 사랑', 자신만의 고유한 사랑법 등을 자유롭게 적어 보도록 한다. (활동지 4-1)
- **진행 tip:** '사랑의 기술(art)'이 단순히 'Skill'을 의미하는 것이 아님을 이해하고, 자신과 타자와의 관계에서 확장된 '사랑'의 의미를 되새겨 볼 수 있도록 돕는다. 〈활동지 4-1〉은 예쁜 편지지 형태로 디자인하여 활용하는 것이 좋다.

(활동지 4-1)

활동 4-1	나만의 '사랑의 기술(Art of Love)'

Art of Love…

② 활동 4-2: "철학자들의 사랑 이야기"

- **활동 소개:** 에리히 프롬의 텍스트 외에도 여러 철학자, 사상가들이 남긴 '사랑'에 대한 다양한 명언들을 접해 보면서 '사랑'에 대해 각기 다른 관점들이 있을 수 있음을 알 수 있다. 보다 확장된 개념으로서의 '사랑'을 이해하도록 돕는 데 본 활동의 의의가 있다.
- **진행방법:** '철학자들의 사랑이야기' 명언을 읽어 보면서 '사랑'에 대한 다양한 면면을 다시 한번 생각해 본다. (활동지 4-2) 특별히 더 자

신의 마음에 와 닿는 명언을 찾아보고, 그 이유를 말할 수 있도록 한다. 또한 자신의 입장과 같거나 혹은 다른 철학자를 찾아보는 것이 좋다.

- **진행 tip:** 철학자들의 '사랑 이야기'는 철학자가 남긴 짧은 글 혹은 철학자의 사랑에 관한 사유 등에서 발췌하여 참여자들에게 제공하는데, 가급적 다양한 입장을 볼 수 있도록 구성하는 것이 좋다. 〈활동지 4-2〉의 각 문장들을 별도의 책갈피 형태로 만들어 참여자들에게 직접 마음에 와 닿는 글을 뽑아 보도록 하는 활동으로 진행할 수도 있다.

(활동지 4-2)

활동 4-2	철학자들의 '사랑 이야기'

사랑의 최고의 유형은 서로 생명을 주는 사랑이다.
서로 기쁨으로 사랑을 받아들이고, 아무런 대가 없이 사랑을 주며,
서로가 행복을 느낌으로써 세상이 더욱 흥미롭다고 생각하게 되는 것이다.

버트런드 러셀, 『행복의 정복』, p. 177.

승리는 사랑의 열매다.
오직 사랑만이 당당하고 정당한 것을 알아본다.
사랑만이 우리를 그곳으로 이끌어 준다.
인간의 이성을 뛰어넘는 삶이 신비로운 힘은 바로 사랑에서 나온다.

생텍쥐페리, 『우리가 사랑해야 하는 이유』, p. 43.

사랑이란, 자기 자신이나 혹은 타인의 정신적 성장을 도와줄 목적으로
자기 자신을 확대시켜 나가려는 의지다.

M. 스콧 펙, 『아직도 가야 할 길』, p. 113.

참사랑은 사랑으로 인해 우리가 압도되는 그런 느낌이 아니다.
그것은 책임감 있게 심사숙고한 끝에 내리는 결정인 것이다.

M. 스콧 펙, 『아직도 가야 할 길』, p. 170.

③ 차시 마무리 활동: 소감 나누기 및 다음 차시 안내

- **진행방법:** 2차시 전체에 대해 자유롭게 소감을 나누고, 3차시에 대해 안내한다.
- **진행 tip:** 2차시는 '나'에서 '타자와의 관계'로 확장되는 '사랑'에 관해 생각해 보는 시간이었다. 다양한 모습의 사랑 중에서도 참여자들의 관심이 가장 높은 연인 간의 사랑을 중심축으로 두고 활동을 진행했는데, 리더는 연애경험이 없거나 연애에 대한 관심도가 상대적으로 낮은 참여자들이 있을 경우 이들이 소외되지 않도록 주의를 기울여야 한다. 또한 주제를 심화시켜 가는 과정에서 참여자들이 타자와의 관계방식에 대해 스스로 검토하고, 보다 보편적인 사랑에 대한 자신의 생각을 정리할 수 있도록 돕는다.

참고문헌

박승찬, 노성숙(2013). 철학의 멘토, 멘토의 철학. 서울: 가톨릭대학교 출판부.
한병철(2015). 에로스의 종말(김태환 역). 서울: 문학과 지성사.

Fromm, E. (2006). 사랑의 기술(황문수 역). 서울: 문예출판사.
Russell, B. (2009). 행복의 정복(황문수 역). 서울: 문예출판사.
Saint-Exupery, A. (2015). 우리가 사랑해야 하는 이유. 서울: 생각 속의 집.
Scott Peck, M. (2005). 스캇 펙의 아직도 가야 할 길(신승철, 이종만 역). 서울: 열음사.

3. 자유

처음 만나는 자유

1) 개요

차시목표	• 기존에 알고 있던 '자유'를 여러 가지 관점에서 바라본다. • 자유에 따르는 책임에 대해 이야기해 본다. • 자유로운 선택을 할 수 있는 힘이 무엇인지 생각해 본다.		
과정	**활동 내용**	**시간(분)**	**교보재**
도입	• 차시 프로그램 내용 소개 • 도입을 위해 '자유'와 관련된 편집 영상 감상 • 활동 1: "3가지 관점으로 살펴본 자유" • 활동 1–1: "자유롭게 적어 봐!" • 활동 1–2: "자유의 종류" 자유를 3가지로 구분하여 설명 • 활동 1–3: "자유롭게 붙여 봐!" 자신이 적은 자유에 3가지 자유를 적용하여 스티커 붙이기	60	동영상 파일 활동지 1–1 활동지 1–2 활동지 1–3 필기구 스티커
전개	• '의지의 자유'와 관련된 편집 영상 감상 • 활동 2: "자유의 무게" • 활동 2–1: "재희와 우빈이의 자유" • 활동 2–2: "자유는 가볍기만 할까?" 소설 『갈매기의 꿈』의 한 구절을 읽고 자유롭게 표현해 보기	60	동영상 파일 활동지 2–1 활동지 2–2 필기구 색연필
	• 활동 3: "자유를 선택하는 힘" • 활동 3–1: "자유에로의 선택" 선택과 책임에 관해 토론 • 활동 3–2: "자유의 문" 미하엘 엔데 『자유의 감옥』	40	활동지 3–1 활동지 3–2 필기구
마무리	• 활동 4: "열려라! 자유의 문!" 문 앞에 선 나에게 하고 싶은 말	20	활동지 4 필기구

2) 내용

(1) 도입

① 프로그램 소개

- **3차시 프로그램 소개말:** 이번 차시의 주제는 '자유'입니다. 여러분이 평소에 알고 있던 '자유'의 의미에서 출발해서 '자유'를 여러 가지 관점으로 바라보고 이야기를 나누어 보려고 해요. 이번 시간을 통해 자유, 그 무게의 가벼움과 무거움을 함께 만나며 자유로운 선택을 할 수 있는 힘이 무엇인지 생각해 봅시다."

〈활동 1. "3가지 관점으로 살펴본 자유"〉

- **활동 소개:** 〈활동 1-1〉을 통해 참여자가 일상에서 경험하는 자유에 대해 생각하고 적어 보고 이야기해 본다. 〈활동 1-2〉에서는 자유를 3가지 관점으로 나누어 좀 더 구체적으로 살펴본다. 사회나 국가와 같은 집단에서 경험할 수 있는 자유에 대해서도 생각해 볼 수 있다. 〈활동 1-3〉은 〈활동 1-2〉에서 살펴본 3가지 자유를, 참여자 개개인이 〈활동 1-1〉에서 적었던 자유들에 적용해 보는 활동이다. 평소에 생각했던 자유를 다양한 관점에서 살펴보며 사고를 확장할 수 있다.

② 활동 1-1: "자유롭게 적어 봐!"

- **활동 소개:** 삶 속에서 개인이 경험하는 자유를 통해 '자유'라는 주제를 성찰할 수 있도록 생각의 문을 연다.
- **진행방법:** 3차시의 주제인 자유와 관련된 편집 영상을 시청하면서 시작한다. '자유롭다는 생각이 들 때'와 '자유롭지 않다는 생각이

들 때'를 활동지에 적는다. (활동지 1-1) 모든 참여자가 돌아가며 적은 내용에 관해서 이야기를 나눈다.

- **진행 tip:** 참여자들은 대부분의 시간을 학교에서 보내기에 자신이 누리는 자유가 제한적이라고 여기는 경향이 있다. 따라서 '자유'에 대해 이야기하며 예상하지 못한 어려움을 겪을 수 있다. 이에 대비하여 리더는 학생들이 공감할 수 있는 실질적인 예시를 미리 준비하고, 이를 적절히 제시함으로써 활발한 나눔을 이끌도록 한다.

[참고 영상자료] '자유'와 관련된 편집 영상

'자유'라는 메시지를 담고 있는 영화, 뮤직비디오, 애니메이션 등의 동영상 자료를 편집해서 보여 준다. 직접적으로 자유라는 말이 나오지 않아도 그 의미를 생각할 수 있는 영상이면 좋다. 참여자들이 호기심을 가지고 주제에 접근할 수 있도록 돕는 영상을 선택한다.

(활동지 1-1)

활동 1-1	자유롭게 적어 봐!

자유롭다는 생각이 들 때	자유롭지 않다는 생각이 들 때

③ 활동 1-2: "자유의 종류"

• **활동 소개:** 자유를 '행동의 자유', '사회적 자유', '의지의 자유'로 나누어 살펴본다. 자유를 좀 더 다양한 측면에서 생각해 볼 수 있게 한다.

• **진행방법:** 자유를 3가지로 구분하고 각각의 개념을 예를 들어 설명한다. 자유가 있는 경우와 그렇지 않은 경우를 표현한 사진(그림)을 보여 주고, 그것을 통해 '행동의 자유', '사회적 자유', '의지의 자유'가 무엇인지 생각해 보게 한다. (활동지 1-2-1) 그러고 나서 참여자들과 3가지 자유를 설명한 텍스트를 함께 읽으며 더 명확하게 내용을 이해한다. (활동지 1-2-2)

• **진행 tip:** 3가지 자유를 설명하는 텍스트를 읽기 전에 3가지 자유가 있는 경우와 그렇지 않은 경우를 대비한 사진(그림)을 본다. 참여자들 스스로 각 자유에 대해 먼저 생각해 볼 수 있도록 돕는다.

(활동지 1-2-1)

활동 1-2	자유의 종류

※ 행동의 자유가 있다. vs 없다.

행동의 자유가 있는 사진(그림)	행동의 자유가 없는 사진(그림)

※ 사회적 자유가 있다. vs 없다.

사회적 자유가 있는
사진(그림)

사회적 자유가 없는
사진(그림)

※ 의지의 자유가 있다. vs 없다.

의지의 자유가 있는
사진(그림)

의지의 자유가 없는
사진(그림)

(활동지 1-2-2)

활동 1-2	자유의 종류

〈행동의 자유〉

'자유'나 '자유롭다'는 단어가 사용되는 예 중에서 가장 쉽게 접할 수 있는 것은, 바로 '행동의 자유'다. 행동의 자유는 누구도 외적으로 자신의 행동을 방해하지 않을 때 누리는 자유를 말한다. 이런 자유는 권력, 명예, 재화 등의 가치를 많이 가지면 가질수록 더 마음껏 누릴 수 있다. 한 사람이 자신이 원하는 바를 실제로 실행에 옮겼을 때, '그는 자유롭게 행동했다.'고 말한다.

〈사회적 자유〉

두 번째로 자주 사용되는 표현은 모든 인간이 차별 없이 누려야 할 인간 본연의 천부적 권리, 즉 '자유권'으로 부르는 사회적 자유다. 자유 민주주의의 헌법에서 인정되는 거주 이전의 자유, 직업 선택의 자유, 언론의 자유, 종교의 자유 등은 바로 사회적 자유에 해당한다. 여기서 자유란 '국민 각자가 보람 있는 삶을 영위하기 위하여 자신의 욕구에 따라 삶의 조건들을 스스로 선택하는 것'을 뜻한다. 사회적 자유가 보장된 사회에서 개인과 집단은 더욱 풍요롭고 다양한 삶을 누릴 수 있지만, 이 자유가 제한된 획일화 · 규격화된 사회에서 인간은 강한 억압과 부자유스러움을 느끼게 된다.

〈의지의 자유〉

마지막으로 철학이나 신학에서 인간을 고찰할 때 중요하게 여기는 '의지의 자유'가 있다. 행동의 자유나 사회적 자유가 인간의 자유를 외부에서 고찰하는 것이라면 의지의 자유는 이를 내부에서 고찰하는 것이다. 인간이 어떤 구체적 상황에서 선택하여 결정하는 것은 외부 조건이나 상황이 아니라 인간의 내부에서 오는데, 이를 역사적으로 '자유의지'라고 불러 왔다. 즉, 인간이 많은 선택지 가운데 외부의 강요에 의해서가 아니라 자발적으로 선택하고 결정할 때 '의지의 자유'가 있다고 할 수 있다.

가톨릭대학교 인간학교육원, 『사람과 사람』, pp. 107-108. (일부 수정)

④ 활동 1-3: "자유롭게 붙여 봐!"

- **활동 소개:** 참여자들이 경험했던 자유를 3가지 자유의 관점에서 살펴보며, 단편적으로 생각했던 자유를 입체적으로 바라볼 수 있는 기회를 제공한다.
- **진행방법:** 〈활동 1-1〉에서 적었던 '자유롭다는 생각이 들 때'와 '자유롭지 않다는 생각이 들 때'가 3가지 자유 중 어디에 해당하는지 생각해 보고, 각각에 다른 색의 스티커를 붙여 구분한다. (활동지 1-1, 활동지 1-2-2)
- **진행 tip:** 스티커를 붙인 후에 3가지 자유 중, 어떤 자유에 해당하는 스티커가 많이 붙었는지 혹은 적게 붙었는지를 직접 눈으로 확인하면서 그 이유를 찾아보는 것도 좋다.

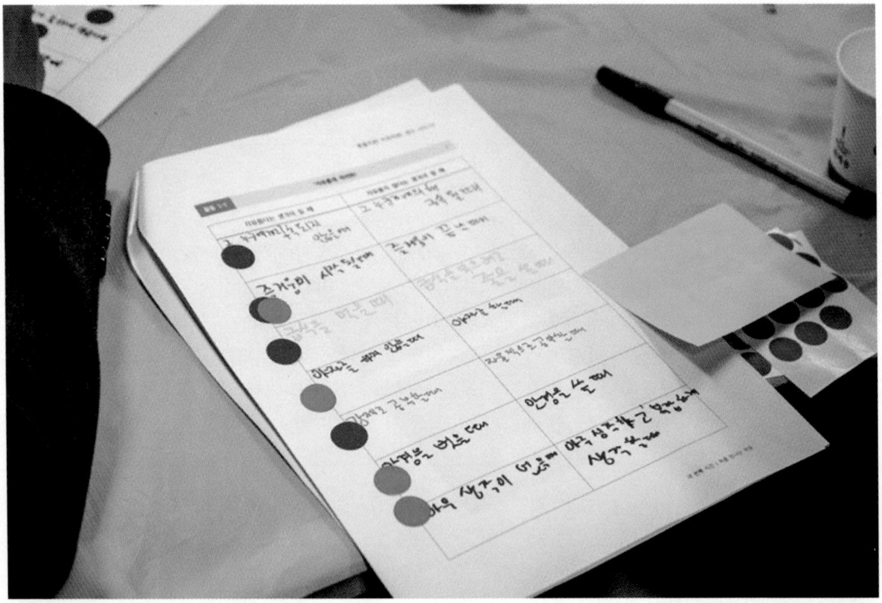

활동 1: 3가지 관점으로 살펴본 자유

(2) 전개

〈활동 2. "자유의 무게"〉

- **활동 소개:** 일반적으로 자유를 생각할 때 느껴지는 무게는 그렇게 무겁지 않다. 하지만 실제로 자유를 '선택'할 때 그 무게는 달라진다. 그 이유를 생각하며 3가지 자유 중 '의지의 자유'에 집중해서 "자유의 무게"를 다루어 본다.

① 활동 2-1: "재희와 우빈이의 자유"

- **활동 소개:** 2개의 편집 영상을 통해 앞 시간에 했던 3가지 자유 중에서 '의지의 자유'에 초점을 맞춘다. 참여자들이 자신의 '의지'로 선택했던 경험에 관해 이야기하고, 그러한 선택의 경험이 주는 의미에 대해 깊이 생각해 보는 기회를 제공한다.
- **진행방법:** '의지의 자유'와 관련된 〈편집 영상 A〉와 〈편집 영상 B〉를 시청한다. 활동지에 나온 질문을 토대로 이야기를 나눈다. (활동지 2-1)
- **진행 tip:** 원하는 것을 스스로 결정했던 경험을 나눌 때, 그 결정에 대해 현재 자신이 어떤 감정을 느꼈는지를 물으며, 그것을 5차시 주제인 '행복'과 연관 지어 이야기할 수 있다.

[참고 영상자료] '의지의 자유'와 관련된 〈편집 영상 A〉의 내용 요약

재희는 학원에 다니지 않는다. 공부가 싫어서가 아니라 좋아하는 공부를 마음껏 할 수 있기 때문이다. 팟캐스트로 좋아하는 인문학 강의도 듣고 항공기 관련 공부도 한다. 그래도 초등학교 때는 학원에 다니는 친구들보다 좋은 성적을 유지했다. 하지만 중학교에 들어가서 영어시험을 처음 봤을 때, 배우지 않은 내용이 나와서 재희는 충격에 빠졌다. 친구에게 물어보니 학원에서 배운다고 했다. 재희는 학교에서 배우지 않은 것이 시험에 나온다면 왜 학교에 다닐까에 대해 의문이 생겼다. 이런 학교가 비정상인 것 같다. 재희의 친구들은 모두 학원에 다닌다. 아이돌처럼 학원 일정을 맞추기 위해 부모님 차로 이동하며 이 학원 저 학원 다닌다. 재희가 생각하는 열네 살은 자기가 좋아하는 것을 찾아야 하는 나이이다. 친구들은 이런 재희가 쓸데없는 짓을 한다고 말한다. 하지만 재희는 쓸데없는 시간이 모여야 튼튼한 어른이 될 수 있다고 생각한다. 재희는 영어 시험을 보고 학원에 다닐까 고민도 했지만, 학원에 다니지 않기로 선택했다. 학교에서 배우지 않은 문제가 나온다고 불안해서 모두 학원에 다닌다면 이 상황은 절대 바뀌지 않을 거라고 믿기 때문이다.

[참고 영상자료] '의지의 자유'와 관련된 〈편집 영상 B〉의 내용 요약

우빈이는 얼마 전에 고등학교를 졸업했다. 대학을 갈 생각도 없고 일할 생각도 없이 밤마다 클럽을 전전하며 놀고 있다. 부모님께서 넉넉하게 용돈을 주시기 때문에 미래에 대한 고민이 없다. 보다 못한 아버지가 더는 용돈을 주지 않겠다고 선언한다. 우빈이는 어떻게 그럴 수 있냐며 아버지께 대든다. 우빈이는 용돈이 없는 삶을 상상할 수 없다. 이렇게 일 안 하고 평생 잘 먹고 잘 놀고 잘 사는 게 우빈이의 목표이기 때문이다.

(활동지 2-1)

활동 2-1	재희와 우빈이의 자유

※ 우리는 〈편집 영상 A〉와 〈편집 영상 B〉를 봤습니다. 각 영상에 나오는 재희와 우빈이에 대해 생각하며 다음의 질문에 자유롭게 대답해 봅시다.

Q1. 영상에 나온 재희와 우빈이는 자유로워 보이나요? 그렇다면 어느 장면에서 왜 그런 생각이 드나요?

Q2. 영상에 나온 재희와 우빈이는 자유롭지 않아 보이나요? 그렇다면 어느 장면에서 왜 그런 생각이 드나요?

Q3. 여러분은 재희와 우빈이처럼 원하는 것을 스스로 결정해 본 적이 있나요? 있다면 어떤 결정이었나요?

② 활동 2-2: "자유는 가볍기만 할까?"

- **활동 소개:** 짧은 텍스트를 활용하여 '의지의 자유'를 가지고 선택하는 일이 왜 쉽지 않은지에 대해 스스로 생각해 볼 수 있다.
- **진행방법:** 소설 『갈매기의 꿈』의 한 구절을 읽고 떠오르는 생각을 그림이나 단어 등으로 자유롭게 표현한다. (활동지 2-2)

• **진행 tip:** 글로 쓰는 것보다 그림을 그리는 것을 더 편하게 생각하는 참여자들이 많다. 머릿속에 떠오르는 생각을 색연필을 활용하여 다양한 색과 형태로 표현할 수 있도록 도와준다.

(활동지 2-2)

활동 2-2	자유는 가볍기만 할까?

※ 다음은 소설 『갈매기의 꿈』의 한 부분입니다. 이 구절을 토대로 떠오르는 생각을 그림이나 단어 등으로 자유롭게 표현해 보세요.

세상에서 가장 어려운 일은
하나의 새가 스스로 자유롭다고
인식하게 만드는 일이야.

그가 조금만 시간을 할애하여 연습에 열중하면
그 자유로움을 입증할 수 있을 텐데.

그 일이 왜 그렇게 힘든 일일까?

〈활동 3. "자유를 선택하는 힘"〉

- **활동 소개:** 〈활동 3-1〉에서는 사르트르(Jean-Paul Sartre, 1905~1980)의 텍스트를 통해 사르트르가 말하는 자유를 자세하게 살펴본다. '원하는 것을 스스로 결정한다'는 의미에 대해 참여자들이 생각하는 자유와 비교해서 이야기를 나눈다. 〈활동 3-2〉에서 미하엘 엔데의 소설 『자유의 감옥』을 함께 읽으며, 주인공이 자유를 선택할 때 경험하는 망설임을 개인의 경험에 비추어 생각해 본다. 이를 통해 참여자들이 자신의 의지로 자유를 선택할 수 있는 힘이 무엇인지 사유할 수 있다.

③ 활동 3-1: "자유에로의 선택"

- **활동 소개:** '원하는 것을 스스로 결정한다'가 어떤 의미인지 그리고 자유에 따르는 책임이 무엇인지에 대해 생각해 본다.
- 진행방법: 사르트르의 글을 읽고 사르트르가 생각하는 자유와 참여자들이 생각하는 자유가 같은지, 다르다면 어떻게 다른지에 대해 자유롭게 토론한다. (활동지 3-1)
- **진행 tip:** 참여자들이 개념을 충분히 이해했는지 확인하는 시간이 필요하다.

(활동지 3-1)

활동 3-1	자유에로의 선택

※ 철학자 사르트르는 자유에 대해 어떻게 말했는지 살펴봅시다.

사르트르는 자유를 '자기 삶의 의미와 방식을 선택할 수 있는 능력'으로 이해합니다. 동물과는 달리 인간은 자기 삶의 방식을 선택할 수 있습니다. 물론 각자 태어나는 환경을 스스로 결정할 수는 없습니다. 하지만 같은 환경에서 자랐다고 해도 자신이 어떤 삶을 선택하느냐에 따라서 미래는 달라집니다. 사르트르는 『존재와 무』라는 저서에서 다음과 같이 설명하고 있습니다. "'자유롭다'는 말은 '자기가 원하는 것을 획득했다'는 의미가 아니라, 오히려 그 반대로 '원하는 것을 스스로 결정한다'는 의미다." 그에 따르면 인간의 자유는 단순히 제약에서 벗어나는 것이 아니라 우리가 추구하고자 하는 가치를 결정할 수 있는 능력입니다. 그것은 자신의 결정이 지금까지와는 다른 삶을 실현한다는 사실을 자각하고, 어떤 가치를 실현할지에 대한 고민을 통해서 자신의 행위를 결정할 수 있는 자유가 인간에게 있다는 것을 뜻합니다.

장 폴 사르트르, 『존재와 무』, pp. 715-725. (일부 수정)

인간은 자유로우며 바로 자유 그 자체입니다. 그러나 인간은 그 자유 때문에 고독하기도 합니다. 왜냐하면 그 자신이 세계 속에 던져진 이상 인간은 자신이 하는 모든 것에 대해서 책임이 있기 때문입니다. 하지만 우리가 느끼는 고독은 우리의 가능성을 말해 주기도 합니다. 사르트르는 인간이란 어떠한 존재이며 어떠해야 하는지 미리 정해지지 않은 존재라고 말합니다. 그러므로 우리는 스스로 선택하고 행위를 함으로써 우리 자신을 창조하고 발명할 수 있는 것입니다.

장 폴 사르트르, 『실존주의는 휴머니즘이다』, pp. 43-45. (일부 수정)

Q. 평소 생각한 자유에 대해 떠올려보고 사르트르가 말하는 자유는 무엇이고 내 생각과 어떻게 다른지 혹은 같은지 자유롭게 토론해 봅시다.

④ 활동 3-2: "자유의 문"

- **활동 소개:** 사르트르가 주장한 선택과 책임의 문제를 소설 속 인물을 매개로 나에게 적용한다. 이러한 활동을 통해 자유를 선택할 때 따르는 어려움이 무엇인지 구체적으로 생각해 볼 수 있다.
- **진행방법:** 미하엘 엔데의 소설 『자유의 감옥』을 읽고 주인공이 문 앞에서 망설이는 이유와 나라면 어떻게 할지를 활동지에 적는다. 모든 참여자가 돌아가며 자신의 의견을 나눈다. (활동지 3-2)
- **진행 tip:** 소설을 대본 형식으로 재구성했기 때문에, 읽을 때 각 모둠에서 대표를 한 명씩 뽑아 읽게 한다. 개별적으로 읽는 것보다 집중력을 높일 수 있다.

(활동지 3-2)

활동 3-2	자유의 문

※ 다음은 미하엘 엔데의 소설 『자유의 감옥』입니다. 함께 읽고 생각해 봅시다.

등장인물: 자유의 정령 1, 자유의 정령 2, 나, 해설자

해설자: 어느 날, 그는 아주 커다랗고 둥근 돔형 건물 중앙의 둥근 침대에 누워 있는 자신을 발견했습니다. 둥근 지붕 아래 벽들은 대리석 바닥처럼 희고 번들번들했는데, 이 넓은 원형 공간을 구분하는 벽 어디에도 창은 없고 문들만이 열을 지어 늘어서 있었습니다. 그 문들은 모두 닫혀 있었습니다. 잠시 후, 아무 형체도 나타나지 않고, 뱀이 쉭쉭 기어가는 듯한 스산한 음성만 사방에서 동시에 들려 왔습니다.

자유의 정령 1: 여보게, 잘난 친구, 이제부터 자네가 머물러야 할 이곳은 영원의 전지전능함으로부터 완전히 차단된 그런 공간이라네. 완전한 자유의 신령인 내가 반항과 독재의 성전으로 만든 곳이지. 이 기회를 잘 이용하여 나의 초대가 헛되지 않음을 증명해 보이게나.

해설자: 재앙은 이렇게 시작되었습니다. 이곳에 문은 많았지만, 그런 상황이 오히려 그를 혼란스럽게 했습니다. 아마도 문이 하나만 있었다면 그는 당연히 그 문을 열어 보려 했을 겁니다. 하지만 이렇게 문들이 많은 데에는 결국 그가 알지 못하는 그 어떤 이유가 있음이 분명했습니다. 그에게 선택할 수 있는 권한은 있었지만, 거기에는 함정이 숨겨져 있을지 모르는 일이어서 극도로 조심스러울 수밖에는 없었지요.

자유의 정령 2: 망설이고 있구먼.

해설자: 그의 생각을 읽기라도 한 것처럼 형체 없는 목소리가 다시 들려 왔습니다.

자유의 정령 2: 하긴 문 뒤에 자네를 갈기갈기 찢어 버릴 굶주린 사자가 으르렁거리며 도사리고 있을지도 모르지. 하지만 또 다른 문 뒤엔 자네에게 사랑의 황홀경을 안겨 줄 요정들의 정원이 기다릴 수도 있고, 세 번째 문 뒤에는 번쩍이는 칼을 든 노예가 자네 목을 칠 준비를 하고 있을지도 모르지. 네 번째 문은 천 길 낭떠러지일 수도 있겠고, 다섯 번째 문은 자네에게 금은보화를 안겨 줄 수도 있겠지. 다른 문들도 계속 이런 식이라네. 그 문들이 꼭 그렇다는 게 아니라 그럴 수도 있다는 말일세. 어쨌든 자네는 자신의 운명을 스스로 선택하게 될 거야. 한번 잘 골라 보게나.

… (중략) …

나: (기운 없는 목소리로) 수많은 가능성 중에 하나를 골라내는 일이든, 두 가지 중에 하나를 선택하는 일이든 결국은 마찬가지로군. 어느 경우이든 선택은 불가능해.

해설자: 마침내, 단 하나의 문만이 남게 되었을 때 그는 또다시 깨달았습니다.

나: 내가 원하든, 원하지 않든 간에 이제는 머물 것인가, 아니면 떠날 것인가를 결정해야 해…….

미하엘 엔데, 『자유의 감옥』, pp. 251–283. (일부 수정)

Q1. 주인공인 '나'는 문 앞에서 왜 망설이기만 하는 걸까요?

Q2. 여러분이라면 어떻게 할까요?

활동 3-2: 자유의 문

(3) 마무리

① 활동 4: "열려라! 자유의 문!"

• **활동 소개:** 여러 가지 선택의 문 앞에 서게 될 때, 자신의 의지로 '결정'할 수 있는 힘을 얻는다.

• **진행방법:** 앞으로 만날 수많은 문 앞에 선 나에게 무슨 말을 해 주고 싶은지 적는다. (활동지 4)

• **진행 tip:** 3차시를 시작하기 전보다 참여자들이 생각하는 자유의 무게가 조금 더 무거워졌을 것이다. 리더는 참여자가 자유의 선택과 책임이 주는 의미를 생각하며 스스로 '자유의 문'을 열 수 있도록 독려하고, 그러한 자신에게 힘을 줄 수 있는 글을 쓸 수 있도록 도움을 준다.

(활동지 4)

활동 4	열려라! 자유의 문!

Q. 앞으로 여러분은 수많은 문을 만나게 됩니다. 그 문 앞에 선 나에게 무슨 말을 해 주고 싶은가요?

② 차시 마무리 활동: 소감 나누기 및 다음 차시 안내

• **진행방법:** 3차시 전체에 대한 소감을 자유롭게 나눈다. 4차시에 대해 안내한다.

• **진행 tip:** 참여자들은 하루 중 대부분의 시간을 학교에서 보내기 때문에, '자유'를 주제로 위와 같은 프로그램을 진행할 때 현실과 동떨어진 기분을 느낄 수 있다. 따라서 자유를 다양한 시각에서 바라보는 활동을 통해 자유에 대해 닫혀 있던 생각의 문을 열어 주는 것이 중요하다. 리더는 참여자가 자신의 의지로 선택했던 경험을 이야기할 수 있도록 이끌어 준다. 그러한 경험의 의미를 되새기고 이야기하는 것은 앞으로 만날 선택 앞에서 힘이 된다.

참고문헌

가톨릭대학교 인간학교육원(2002). 사람과 사람. 서울: 가톨릭대학교 출판부.

Bach, R. (2015). 갈매기의 꿈(공경희 역). 서울: 현문미디어.

Ende, M. (2005). 자유의 감옥(이병철 역). 서울: 보물창고.

Sartre, J, P. (2009). 존재와 무(정소성 역). 서울: 동서문화사.

Sartre, J, P. (2011). 실존주의는 휴머니즘이다(박정태 역). 서울: 이학사.

4. 정의

Something more than Justice

1) 개요

차시목표	• 공리주의와 공리주의를 비판하는 칸트의 도덕원칙을 비교 · 이해한다. • '정의의 윤리'와 '배려(보살핌)의 윤리'에 대해 익히고, 정의에 대한 이해를 확장한다. • '정의'에 대해 생각해 보고, 자신의 입장을 정리한다.		
과정	**활동 내용**	**시간(분)**	**교보재**
도입	• 차시 프로그램 내용 소개 • 활동 1: "도덕적 딜레마 상황에서 나의 선택은?" • 영화 〈다크 나이트〉 편집영상 (1) 감상 • 활동 1-1: "조커의 실험: 유람선을 폭파하라!" [전체] • 활동 1-2: "집단의 의견과 개인의 의견"	60	동영상 파일 폼보드(A2) 사인펜 활동지 1-1 활동지 1-2
전개	• 활동 2: "공리주의와 칸트를 통해 본 정의" • 활동 2-1: "무엇이 가장 정의로운 길일까?" 〈다크 나이트〉 편집영상 (2) 감상 및 논의 • 활동 2-2: "공리주의와 정의" • 활동 2-3: "테러리스트 고문에 대한 찬반 논쟁" • 활동 2-4: "칸트의 도덕 원칙"	60	동영상 파일 활동지 2-1 활동지 2-2 활동지 2-3 활동지 2-4 필기구
	• 활동 3: "정의 그 이상이 필요할 때" • 활동 3-1: "정의의 여신과 무지의 베일" • 활동 3-2: "정의의 딜레마" • 활동 3-3: "배려의 윤리"	50	활동지 3-1 활동지 3-2 활동지 3-3 필기구
마무리	• 활동 4: "내가 생각하는 '정의로운 사회'란"	10	활동지 4

2) 내용

(1) 도입

① 프로그램 소개

- **4차시 프로그램 소개말:** "우리는 악당을 응징하는 영웅이 나오는 만화나 영화를 보며 열광하고는 합니다. 하지만 우리가 실제로 살아가는 사회에서 정의를 구현하는 것은 쉽지 않지요. 이번 시간에는 바로 그 '정의'란 무엇이며, 무엇이어야 할지에 대해 생각해 보려고 합니다."

〈활동 1. "도덕적 딜레마 상황에서 나의 선택은?"〉

- **활동 소개:** 본 활동은 4차시의 주제인 '정의'에 대해 생각해 볼 수 있는 전체 활동과 모둠 활동으로 구성되었다. 전체 활동(활동 1-1)으로는 영화 속 도덕적 딜레마 상황을 제시하고, 실제로 자신이 그 상황에 처했다고 가정하여 집단의 의견을 도출하는 경험을 해 본다. 모둠 활동(활동 1-2)에서는 전체 활동에서 도출된 집단의 의견과 참여자 개개인이 가졌던 개인의 의견을 비교하고, 집단적 의사결정 방법에 대해 성찰해 본다. 이를 통해 참여자들은 평소 자신이 지니고 있던 정의에 대한 생각들을 스스로 확인할 수 있다. 자신과 타인의 생명이 위험에 처한 상황에서 생명의 가치를 중시하는 의무론적 의견과 다수의 이익을 추구하는 공리주의적 의견이 대립하게 되면 집단의 의사결정 과정에서는 다수결이라는 공리주의적 방식에 따라 최종 의견이 채택될 확률이 높다. 〈활동 2〉에서는 참여자들이 꺼내놓은 의견과 그것의 사상적 배경이 되는 철학을 연결하는 활동이 진행되므로 참여자들의 논의를 잘 기억해 둘 필요가 있다.

② 활동 1-1: "조커의 실험: 유람선을 폭파하라!" [전체 활동]

- **활동 소개:** 나와 타인의 생명이 엇갈리는 가상의 상황 속에서 참여자들은 개인적 가치판단과 집단적 의사결정의 과정을 체험한다. 이 활동을 통해 '정의'의 의미를 구체적으로 사유할 수 있다.
- **진행방법:** 영화 〈다크 나이트(Dark Knight)〉(2008)의 편집영상 (1)을 감상하고 제비뽑기를 통해 참여자들을 '시민팀'과 '죄수팀'으로 나눈다. 그 후 자신이 영화 속 상황에 처한다면 상대의 배를 폭파할 것인지 폭파하지 않을 것인지 결정하도록 한다. 자율적으로 서기와 발표자를 정해 준비된 폼보드에 최종 의견과 그 이유를 쓰고 발표하도록 한다. (활동지 1-1)
- **진행 tip:** 참여자들이 상황에 몰입하고 적극적으로 의견을 개진할 수 있도록 리더는 질문을 던지거나 촉진발언을 한다.

〈논의 시 기본 전제〉

* 상대의 배를 폭파하거나 폭파하지 않는 것 외의 다른 결정은 있을 수 없음

* 영화를 봤더라도 영화 내용과 상관없이 나에게 일어난 상황이라는 가정하에 참여할 것

[참고 영상자료] 영화 〈다크 나이트(Dark Knight)〉(2008) 편집영상 (1)의 줄거리

고담시는 악당 조커의 테러를 피해 시민들과 죄수들을 선박을 이용해 대피를 시키려 한다. 시민들이 탄 배와 죄수들이 탄 배, 이렇게 두 척의 배가 강의 한 복판에 이르렀을 때, 조커가 방송을 통해 다음과 같이 협박한다. 두 배에는 폭탄을 설치해놓았고, 각 배의 기폭장치는 다른 배에 있다. 12시가 되기 전까지 둘 중 한쪽의 배가 터지지 않는다면, 내가 두 배 모두 터트리겠다.

(활동지 1-1)

활동 1-1	조커의 실험: 유람선을 폭파하라!

팀 명:

우리 팀의 최종 결정은 ___________이다.

※ 다음 질문에 대해 팀의 입장을 정리해 답해 봅시다.

Q1. 위와 같은 최종 결정을 내린 이유는 무엇인가요?

Q2. 최종적으로 팀의 의견을 종합한 기준은 무엇인가요?

활동 1–1: 조커의 실험 - 유람선을 폭파하라! ①

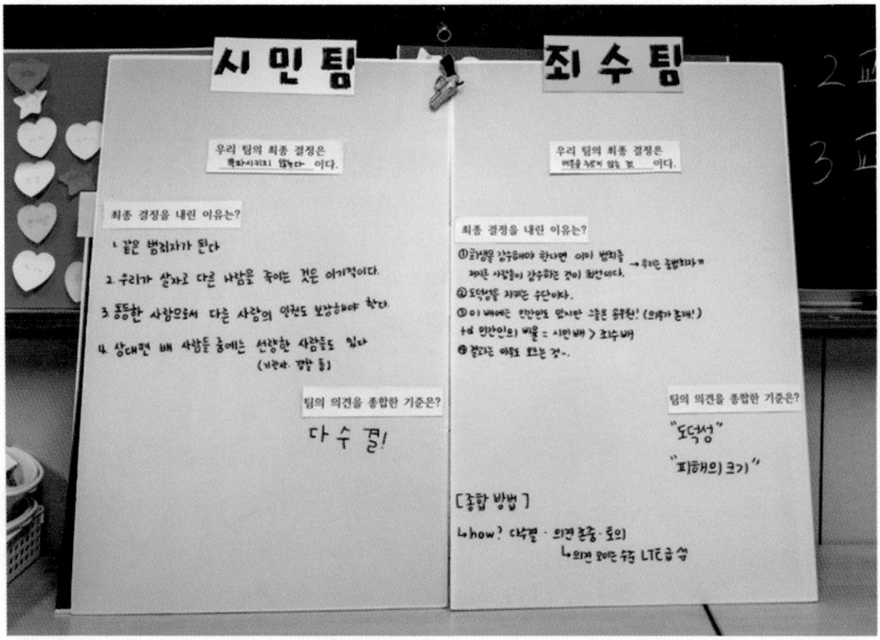

활동 1–1: 조커의 실험 - 유람선을 폭파하라! ②

③ 활동 1-2: "집단의 의견과 개인의 의견"

- **활동 소개:** 집단적 의사결정에 참여한 뒤, 정의의 관점에서 그 의사결정 방식에 대해 성찰해 본다.
- **진행방법:** 원래 모둠으로 돌아온 뒤, 나의 의견이 팀의 최종 결정과 같았는지 혹은 달랐는지, 의사결정 방법에 대한 나의 생각 등에 대해 이야기 나눈다. (활동지 1-2)
- **진행 tip:** 팀 발표에서는 한 사람의 발표자가 대표로 이야기했지만 원래 모둠으로 돌아와서 본 활동을 진행할 때에는 참여자 모두가 자신의 의견을 이야기할 수 있는 기회를 준다.

(활동지 1-2)

활동 1-2	집단의 의견과 개인의 의견

※ 다음 질문에 대해 팀의 입장과는 별개로 나의 입장을 정리해 답해 봅시다.

Q1. 나의 의견이 팀의 최종 결정과 일치했나요?

Q2. 팀이 최종 결정을 내린 방식은 적절했다고 생각하나요?
그 이유는 무엇인가요?

(2) 전개

〈활동 2. "공리주의와 칸트를 통해 본 정의"〉

• **활동 소개:** 본 활동은 〈활동 1〉을 통해 대두된 공리주의적 정의관을 칸트(Immanuel Kant, 1724~1804)의 도덕원칙의 관점에서 비판적으로 성찰하는 것을 목적으로 한다. 〈활동 2-1〉은 〈활동 1〉에서 본 영상자료의 뒷부분을 감상하는 것으로 시작된다. 그 후 공리주의 혹은 의무론적인 입장에서 각자 자신의 의견을 피력한 영화 속 등장인물들에 주목하여 이야기를 나눈다. 다음으로 〈활동 2-2〉에서는 공리주의의 핵심 내용을 정리한 텍스트를 함께 읽으며 공리주의에 대한 이해를 돕는다. 이어지는 〈활동 2-3〉은 마이클 샌델(Michael J. Sandel, 1953~)의 텍스트를 통해 공리주의 안의 차이와 공리주의가 가질 수 있는 한계를 성찰한다. 마지막으로 〈활동 2-4〉에서는 칸트가 제시한 도덕원칙을 살펴봄으로써 공리주의에 대한 가장 강력한 비판이라고 할 수 있는 의무론의 핵심 내용을 확인한다.

① 활동 2-1: "무엇이 가장 정의로운 길일까?"

• **활동 소개:** 영화 속 등장인물들이 제시한 서로 다른 의견에 대해 살펴보고, 그것의 전제가 되는 가치를 추론해 본다. 이를 통해 하나의 사안에서 부딪칠 수 있는 서로 다른 가치들의 존재를 확인한다.

• **진행방법:** 편집영상 (2)를 감상한 뒤, 제시된 인물들의 입장에서 그들이 왜 그렇게 판단하고 행동했을지에 대해 생각해 보고 이야기를 나누도록 한다. (활동지 2-1)

• **진행 tip:** 각 인물의 특징 및 의견을 충분히 고려할 수 있도록 주요

장면과 대사를 활동지를 통해 제시하고, 참여자들이 놓치는 부분은 리더가 짚어 준다.

[참고 영상자료] 영화 〈다크 나이트(Dark Knight)〉(2008) 편집영상 (2)의 줄거리

시민들이 타고 있는 배에서는 아들과 함께 배에 탄 어머니와 한 중년 남성이 기폭장치를 누르자고 주장한다. 죄수들 대신 우리가 죽을 수는 없다는 것이다. 한편, 죄수들이 탄 배에서는 한 흑인 죄수가 경찰 책임자에게 기폭장치를 자신에게 건네 달라고 요구한다. 당신이 하지 못한 행동을 해 주겠다고 말이다. 시민들이 탄 배에서는 투표를 통해 기폭장치를 누르자는 결정이 내려진다. 그러나 아무도 선뜻 나서서 기폭장치를 누르지 못하고, 아까 그 중년 남성이 자신이 누르겠다고 나서지만 결국 포기한다. 죄수들이 탄 배에서는 기폭장치를 건네받은 흑인 죄수가 기폭 장치를 창문 밖으로 던져 버린다.

(활동지 2-1)

활동 2-1	무엇이 가장 정의로운 길일까?

※ 영화에서는 각기 다른 입장에 놓인 등장인물을 내세워 서로 같거나 다른 목소리들을 들려주었습니다. 아래 제시된 인물들은 어떤 생각에서 그렇게 말하거나 행동했을까요? 그들의 입장이 되어 생각해 봅시다.

Q1. 아이의 어머니가 죄수들이 탄 배를 폭파하자는 주장을 한 근거는 무엇인가요?

Q2. 아이의 어머니가 판단을 내리는 과정에서 가장 중요하게 생각한 가치는 무엇일까요?

Q3. 이 남성은 폭파 버튼을 누르겠다고 나섰지만, 결국 누르지 못했습니다. 처음에는 왜 자신이 버튼을 누르겠다고 했을까요? 그리고 결국에는 왜 누르지 못했을까요?

Q4. 이 남성이 판단을 내리는 과정에서 가장 중요하게 생각한 가치는 무엇일까요?

Q5. 이 죄수는 왜 폭파 버튼을 배 밖으로 던져 버렸을까요?

Q6. 이 죄수가 판단을 내리는 과정에서 가장 중요하게 생각한 가치는 무엇일까요?

② 활동 2-2: "공리주의와 정의"

• **활동 소개:** 대표적인 정의론 중 하나인 공리주의의 핵심 내용을 텍스트를 통해 확인하고, 이전 활동에서 논의된 내용과 연결 짓는다.

• **진행방법:** 먼저, 활동지에 제시된 공리주의에 대한 텍스트를 읽고, 공리주의적 입장을 이해하는 시간을 갖는다. 다음으로 이전 활동에서 논의된 부분 중 공리주의적 입장과 관련된 부분을 찾아 이야기 나눈다. (활동지 2-2)

• **진행 tip:** 공리주의에 대한 내용은 이미 정규 교과과정에서 다루어진 경우가 많으므로, 참여자의 이해도가 예상보다 높을 수 있다. 현장에서 참여자들의 이해도를 확인하면서 필요하면 보충 설명을 하는 방식을 취하는 것이 좋다.

(활동지 2-2)

활동 2-2	공리주의와 정의

※ 공리주의에 대해 간단히 알아볼까요?

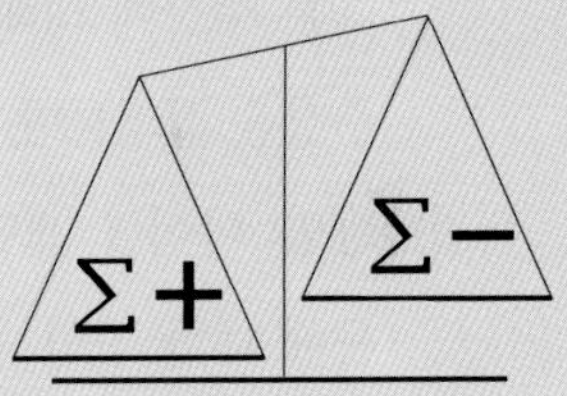

"인간은 모두 행복을 추구한다는 점에서 동일하다."
"행복은 쾌락이 클수록 고통이 적을수록 증가한다."

'고통과 쾌락의 크기'를 수치화한 제러미 벤담(Jeremy Bentham, 1748~1832)

"인간 행위의 기초는 개인의 행복 추구에 있으며, 도덕은 최대다수의 최대행복을 목적으로 해야 한다."

• '공리(功利, utility, 효용성)'란? 쾌락이나 행복을 가져오고, 고통을 막는 일체의 것

• 공리주의적 의사결정 방법: 다수결

Q1. 공리주의라는 철학사상에 대해 간단히 살펴보았습니다. 공리주의에 대한 설명에서 이해가 되지 않거나 질문하고 싶은 것이 있나요?

Q2. 앞서 본 영화와 우리가 체험한 '조커의 실험'에서 공리주의적인 의견이나 행동이 있었다면 어떤 것일까요?

③ 활동 2-3: "테러리스트 고문에 대한 찬반 논쟁"

- **활동 소개:** 구체적인 예시를 통해 공리주의의 내부에 존재하는 서로 다른 주장에 대해 살펴본다. 또한 공리주의를 비판하는 의무론의 주장을 살펴본다.
- **진행방법:** 마이클 샌델의 『정의란 무엇인가』에 소개된 '테러리스트 고문에 대한 찬반 논쟁'을 읽고, 공리주의자들 안에서 찬반이 나뉘는 이유를 생각해 본다. 같은 반대 의견임에도 그 근거를 '공리'에 두는 경우와 '인간의 존엄성'에 두는 경우가 존재하는데, 두 입장의 차이 또한 살펴본다. (활동지 2-3)
- **진행 tip:** 샌델의 텍스트 마지막 단락에 제시된 '인간의 존엄성'에 대한 이야기를 칸트의 도덕철학과 연결하며, 다음 활동으로 넘어간다.

(활동지 2-3)

활동 2-3	테러리스트 고문에 대한 찬반 논쟁

※ 다음은 공리주의와 관련된 실제 사례입니다. 함께 읽고 생각해 볼까요?

리처드 체니 전 미국 부통령은 알카에다 테러리스트 용의자들에게 강력한 고문 기술을 사용한다면 이후 미국을 겨냥한 테러 공격을 막는 데 도움이 되리라고 주장했는데, 이 역시 공리주의 논리에 근거한 것이다.

어떤 공리주의자는 실용적인 이유로 고문에 반대한다. 극심한 고통에서 나온 자백은 믿을 만한 정보가 못 되기에, 고문이 그다지 효과가 없다는 주장이다. 용의자에게 고통을 주어도 공동체가 더 안전해지지 않는다면 전체 공리는 더 늘어나지 않는다. 또한, 우리가 고문에 의존한다면, 우리 군인이 포로로 잡혔을 때 더 혹독한 처우를 각오해야 한다. 고문과 관계된 모든 상황을 고려할 때, 이 역시 전체 공리를 줄일 수 있다. 이들은 인간을 고문하는 행위가 근본적으로 잘못이라고 주장하지 않는다. 다만 전체적으로 이익보다는 해가 많아서 부정적 결과를 낳으리라고 주장할 뿐이다.

어떤 이는 고문을 원칙적으로 반대한다. 고문이 인권을 침해하고 인간의 타고난 존엄성을 짓밟는다는 이유에서다. 이는 공리주의에 근거하지 않는다. 인권과 인간의 존엄성은 공리를 넘어서는 도덕에 기초한다고 이들은 주장한다.

마이클 샌델, 『정의란 무엇인가』, pp. 58-59.

Q1. 테러리스트 용의자들에게 고문을 사용하자는 주장에 대해 같은 공리주의자들 안에서도 찬성과 반대로 입장이 나뉘고 있습니다. 그렇지만 이들은 모두 공리주의에 근거하여 판단하고 있는데요. 이들의 4판단 근거는 어떻게 다를까요?

Q2. 테러리스트 용의자들에 대한 고문에 반대한다는 점에서는 같은 입장이지만, 반대하는 이유는 같지 않은 경우도 있었습니다. 이들의 이유는 어떻게 다를까요?

④ 활동 2-4: "칸트의 도덕 원칙"

- **활동 소개:** 공리주의를 비판하는 의무론의 핵심 사상을 의무론의 뿌리인 칸트의 정언명령을 통해 이해해 본다.
- **진행방법:** 샌델의 텍스트 마지막 단락에 제시된 인간의 존엄성 자체를 중시하는 입장이 바로 칸트의 도덕 원칙에 입각한 것임을 알려 주며 텍스트 읽기를 제안한다. 박승찬, 노성숙의 『철학의 멘토, 멘토의 철학』에서 발췌한 칸트의 정언명령 제1형식과 제2형식을 읽고, 이를 이해하는 시간을 갖는다. (활동지 2-4)
- **진행 tip:** 참여자들이 칸트의 도덕 원칙에서 제시된 개념들을 어렵게 생각할 수 있다. 앞선 활동인 '조커의 실험'에서 '상대의 배를 터트리지 않는다.'는 입장을 선택한 참여자가 칸트의 도덕 원칙에 부합하는 이유를 이야기할 가능성이 크다. 리더는 그러한 부분들을 짚어주면서 참여자의 이해를 돕도록 한다.

(활동지 2-4)

활동 2-4	칸트의 도덕 원칙

※ 도덕과 정의에서 '보편성'과 '인간의 존엄성'을 강조한 철학자 칸트를 만나 봅시다.

칸트의 도덕 원칙 제1형식과 제2형식

제1형식: "너의 의지와 원칙이 언제나 동시에 보편적인 입법의 원리로서 타당하도록 행위하라." 이는 각 개인이 자신들의 감성적인 좋음과 싫음에 의해서 어떤 행위를 할 것을 결정하는 것이 아니라, 타인들이 자신이 하는 행동과 똑같이 행동하더라도 받아들일 수 있는 것만을 규칙으로 정해서 행위하라는 것이다.

제2형식: "너는 너의 인격에서도 또 다른 사람의 인격에서도, 인류를 언제나 동시에 목적으로서 간주하지, 절대로 단순한 수단으로써 사용하지 않도록 행위하라." 이를 통해 칸트는 보편적인 '인간의 존엄성'을 주장하며 인격을 항상 목적으로서 취급하고 다만 수단으로서 취급하지 않도록 행동해야 함을 분명히 했다.

박승찬, 노성숙, 『철학의 멘토, 멘토의 철학』, pp. 294–295. (일부 수정)

Q. 칸트의 도덕 원칙에 대해 이해가 되지 않거나 인상적인 내용이 있나요?

〈활동 3. "정의 그 이상이 필요할 때"〉

• **활동 소개:** 본 활동은 〈활동 2〉에서 공리주의의 한계를 지적한 의무론적 정의관 또한 한계가 있음을 확인하고, 그것을 보완할 수 있는 새로운 철학을 살펴볼 수 있도록 구성되었다. 먼저, 〈활동 3-1〉은 '정의의 여신' 그림과 의무론을 계승한 롤스(John Rawls, 1921~2002)의 '무지의 베일'을 소개하여 의무론적 정의관에 의문을 던진다. 다음으로 〈활동 3-2〉에서는 콜버그(Lawrence Kohlberg, 1927~1987)의 '하인즈 딜레마'를 각색한 이야기를 통해 의무론적 정의관의 한계를 확인하고, 그 한계를 극복할 수 있는 방안에 대해 생각해 본다. 마지막으로 〈활동 3-3〉에서는 '배려의 윤리'에 대한 텍스트를 읽으며, 의무론의 한계를 보완할 수 있는 새로운 철학의 가능성을 살펴본다.

⑤ 활동 3-1: "'정의의 여신'과 '무지의 베일'"

• **활동 소개:** 의무론을 계승한 롤스의 사상에서 '무지의 베일' 개념을 소개하여, 참여자가 의무론의 한계에 대해 생각할 수 있게 한다.

• 진행방법: 리더의 주도하에 참여자들은 '정의의 여신'이 상징하는 바를 짚어 보고, 칸트의 철학사상을 계승한 롤스의 '무지의 베일'에 대해 살핀다. 그다음, '무지의 베일에 입각한 법과 정의에는 문제가 없을까?'라는 질문을 던지며 다음 활동으로 넘어간다. (활동지 3-1)

• **진행 tip:** '정의의 여신' 동상이 우리나라 법원 앞에도 세워져 있다는 점을 언급하며 관심을 유도한다. 한편, 쉬는 시간에 간식으로 피자나 빵을 먹는다면, 미리 간단한 실험을 해 볼 수 있다. 한 사람에게 피자를 자를 수 있는 권한을 주되, 그 사람은 맨 마지막에 먹는다는 조건을 준다면, 그 사람은 피자를 어떻게 자를까? 이러한 실험을 통해 '무지의 베일'을 설명할 수 있다.

(활동지 3-1)

활동 3-1	'정의의 여신'과 '무지의 베일'

※ '정의의 여신'은 왜 눈을 가리고 있을까요? 정치철학자 존 롤스는 왜 정의를 위해 '무지의 베일'이 필요하다고 했을까요? 함께 생각해 봅시다.

그리스 신화 속 '정의의 여신'인 '디케(Dike)'. 로마에서는 유스티티아(Justitia)라고 불린다. 정의의 여신이 들고 있는 '칼'은 법 집행의 준엄함을, '저울'은 공평무사함을, '눈가리개'는 선입견의 배제를 상징한다고 한다.

칸트의 철학사상을 계승한 정치철학자 존 롤스(John Rawls, 1921~2002)는 자신의 저서 『정의론』에서 '무지의 베일'이라는 개념을 정의의 원칙으로 제시하였습니다. 이에 따르면, 우리는 마치 무지의 베일 속에 있는 것처럼 나 자신을 포함하여 합의 당사자들의 특수한 사정을 모를 때, 특정인에게만 유리하지 않은 가장 공정한 선택을 할 수 있습니다.

⑥ 활동 3-2: "정의의 딜레마"

- **활동 소개:** 콜버그의 '하인즈 딜레마'를 활용하여 의무론에 입각한 법적 정의의 한계를 생각해 보고, 보다 정의로운 법에 대한 상상을 펼쳐 보는 활동이다.
- **진행방법:** 심리학자 콜버그가 만든 '하인즈 딜레마'를 한국 청소년을 주인공으로 각색한 텍스트를 함께 읽고, '○○'와 '약사', '○○의 어머니'와 '판사'의 입장에서 '○○'의 행동이 올바른 것이었을지 이야기를 나눈다. 그 다음, 내가 국회의원이라면 이런 상황을 해결하기 위해 어떤 법을 만들지 자유롭게 적어 보고, 발표하도록 한다. (활동지 3-2)
- **진행 tip:** 하인즈 딜레마와 유사한 상황이 실제로 발생할 경우, 법적

처벌을 피할 수 없다는 점과 관련하여 '법의 공정성'이 갖는 한계를 성찰해 볼 수 있도록 한다. (참고로 '하인즈 딜레마'를 각색할 때, 주인공의 이름을 참여자들과 관련된 것으로 하여 관심과 몰입도를 높일 수 있다.)

(활동지 3-2)

활동 3-2	정의의 딜레마

※ 다음의 이야기를 읽고, 함께 이야기 나누어 봅시다.

서울 ㅇㅇ동에 특이한 종류의 암으로 죽음을 눈앞에 둔 한 어머니가 있었습니다. 의사들이 생각하기에 그녀의 목숨을 살릴 수 있을지도 모르는 약은 하나뿐이었습니다. 그 약은 최근에 같은 마을의 어느 약사가 개발한 약이었습니다. 약을 만드는 데 큰 비용이 들긴 했지만, 약사는 아주 소량의 약에 대하여 제조비용의 10배나 달하는 2,000만 원이라는 엄청난 가격을 매겨 놓았습니다. 그 어머니의 자식인 ㅇㅇ는 그가 할 수 있는 최선을 다하여 친척들에게 돈을 빌리고, 여러 개의 아르바이트를 하여 돈을 모았으나, 겨우 1,000만 원밖에 준비하지 못했습니다.

ㅇㅇ는 약사를 찾아가 지금 우리 어머니가 죽어가고 있으니 약을 좀 싼 값에 팔든지 혹은 나머지 모자라는 금액은 나중에 갚게 해 달라고 부탁했습니다. 그러나 약사는 안 된다고 거절하면서 그 약은 자신이 개발한 것이고, 앞으로 그 약을 통해 돈을 벌 것이라는 말을 덧붙였습니다. 절망에 빠진 ㅇㅇ는 어머니를 살리기 위해 약을 훔치러 약국에 몰래 들어갔다가 경찰에 붙잡히고 말았습니다. ㅇㅇ가 약을 훔친 행위는 대한민국 현행 형법상 절도죄 329조에 근거하여 유죄가 성립하는 상황입니다.

[참고] 형법 제329조(절도)
타인의 재물을 절취한 자는 6년 이하의 징역 또는 1천만 원 이하의 벌금에 처한다.

Q1. 위의 이야기 속에는 다양한 인물들이 등장합니다. 각 인물에게 이 상황에서 가장 올바른 선택은 무엇일까요? 그리고 그 이유는 무엇일까요?

Q2. 만약 내가 법을 만들 수 있는 국회의원이라면, 위와 같은 상황에서 '정의 이상의 정의'를 구현하기 위해 어떤 법을 만들고 싶나요? 창의력을 발휘하여 자유롭게 상상해 봅시다.

⑦ 활동 3-3: "배려의 윤리"

- **활동 소개:** 공리주의와 의무론의 한계를 성찰해 본 것에 이어 그 한계를 보완할 수 있는 새로운 철학사상으로 '배려의 윤리'를 제시하고, 이전 활동과 연결하여 생각해 본다.
- **진행방법:** '배려(보살핌)의 윤리'에 대한 텍스트를 참여자와 함께 읽고, 그 내용을 이해할 수 있도록 리더가 보충 설명한다. (활동지 3-3)
- **진행 tip:** 이전 활동에서 참여자들에게 만들고 싶은 법을 물었을 때, '배려의 윤리'에 입각한 경우가 많으므로(특히, '복지 제도'와 관련) 이를 충분히 활용할 수 있도록 한다. "여러분이 생각한 아이디어가 실제 철학적 근거에 기초하고 있다"고 짚어 주며, 그 철학적 근거 중 하나인 '배려의 윤리'에 대해 살펴볼 것을 제안하는 것도 좋다.

이때 주의할 점은 '배려의 윤리'만을 정답으로 제시해서는 안 되며, '정의의 윤리'와 서로 보완될 수 있음을 밝혀야 한다는 것이다. 또한 '진정한 정의'를 위한 학문적 논의가 다양한 사상 안에서 계속 진행되고 있음을 알려 준다.

(활동지 3-3)

활동 3-3	배려의 윤리

※ 정의 그 이상이 필요할 때, 우리는 어떤 가치를 생각해 볼 수 있을까요?

일반적으로 정의는 공적 영역, 보살핌은 사적 영역으로 분류하는 전통이 있어 왔다. 하지만 공적 영역에서도 보살핌의 중요성이 커지면서 현대 사회에서는 많은 국가들이 복지 국가를 지향하고 있다. 즉, 보살핌을 사적 관계, 사적 공간에 국한시키지 않고 공적 공간으로 확장시켜서 보살핌을 공공화하는 가운데 복지 제도를 실현하고 있는 것이다.
사적인 것과 공적인 것의 구분틀을 깨는 것은 정의와 보살핌의 이분법을 깨는 것이기도 하다. 사적 영역으로 축소되는 보살핌을 공적 역으로 확장시켜 보면 가족, 복지 국가와 시장, 이 모두는 보살핌을 제공하는 제도들인 것이다. 정치철학자 J. C. Tronto는 노동 윤리를 예로 들어 정의 윤리와 보살핌 윤리를 구분하면서 보살핌 윤리의 중요성을 강조한다.
'공정성으로서 정의 관념'에 따르면, 어떤 재화 내지 임금을 사람들이 지닐 만한 권리가 있다고 할 수 있는 '노동 윤리'는 그 노동에 투여한 그 사람의 공헌도에 의해 판단된다. 그러나 이에 반해 '보살핌에 기초'하여 '노동 윤리'에 접근하면, 재화권은 공헌도가 아니라 개인의 필요에 따라 달라진다. "사람들은, 그들이 그것을 필요로 하기 때문에, 그들이 필요로 하는 것에 권리가 주어진다. 사람들은, 그들이 보살핌의 지속적인 관계의 일부분이기 때문에 보살핌의 권리가 주어진다." 권리를 공정성으로서 정의에 기초하는 것이 아니라 필요에 따른 분배로 규정하기 때문에, 노동 공헌도와 관계없이 보살핌을 받을 권리가 확립되며, 정의와 보살핌이 공존하는 구조, 더 나아가 보살핌의 보편성이 실현되는 구조가 가능해진다.

이정은, 『현대 여성주의 철학에서 보살핌 윤리』, pp. 143–171.

사전적 정의에 따르면, 배려란 무엇을 보살피려는 태도와 마음 또는 보살피려는 성향이라고 할 수 있다. Noddings는 우리가 배려의 행동을 할 수 없는 경우일지라도, 진심으로 상대에게 관심을 갖고 고통을 함께 느끼고, 의무감과 사랑을 가지고, 상대에게 진실한 마음으로 헌신할 경우 이를 배려로 규정하고 있다. 이러한 규정에 따르면 강자가 약자를 동정하고 보호하는 것뿐만 아니라 부모가 아이의 정상적인 성장을 위하여 음식과 안식처를 마련해 주는 일, 다른 사람의 자아실현을 위하여 도와주는 일, 심지어 나라를 관리하는 일도 깊은 애정을 갖고 진심으로 한다면 배려가 될 수가 있다.

김진권, 「정의윤리와 배려윤리의 통합교육론」, pp. 40-42.

배려의 윤리에서는 타인에 대한 사랑과 배려, 애착과 책임감, 희생과 봉사, 인간관계 등을 도덕성의 요소로 중시한다. 정의의 도덕성과 배려의 도덕성의 이론이 어떤 하나의 관점으로 쉽게 통합될 수는 없다. 배려의 도덕성이 인간관계를 근원적인 것으로 하고, 정의의 도덕성이 개인의 독립성을 근원적인 것으로 상정한다는 점에서 분명히 다른 전제들로부터 출발하는 상이한 도덕 체계들이며 그 근본 원리에 관한 한 서로 양립 불가능해 보인다. 그러나 이 두 입장은 각각 상대방의 원리로 보완되어야 한다. 정의의 입장에서는 개인적 이기심과 다른 사람에 대한 무관심이 정당화될 수 있고, 배려의 입장에서는 지나친 자기희생이 요구되거나 친밀관계 위주의 집단적 이기주의가 조장될 수 있기 때문이다.

정인덕, 「정의윤리와 배려윤리의 통합적 접근」, p. 54, p. 63.

(3) 마무리

① 활동 4: "내가 생각하는 '정의로운 사회'란"

- **활동 소개:** 이번 시간을 통해 배우고 생각한 바를 토대로 내가 생각하는 정의로운 사회를 규정해 본다. 이러한 활동을 통해 자신의 정의관을 정리할 수 있다.
- **진행방법:** 우선 이번 시간에 '정의'와 관련하여 논의된 키워드 중에 세 가지를 선택하게 한다. 참여자가 선택한 세 단어를 활용하여 "내

가 생각하는 '정의로운 사회'"를 정의하고, 발표를 통해 각자의 생각을 이야기한다. (활동지 4)

(활동지 4)

활동 4	내가 생각하는 '정의로운 사회'란

※ 다음의 단어들은 이번 시간에 '정의'와 관련하여 이야기된 핵심 개념들입니다.

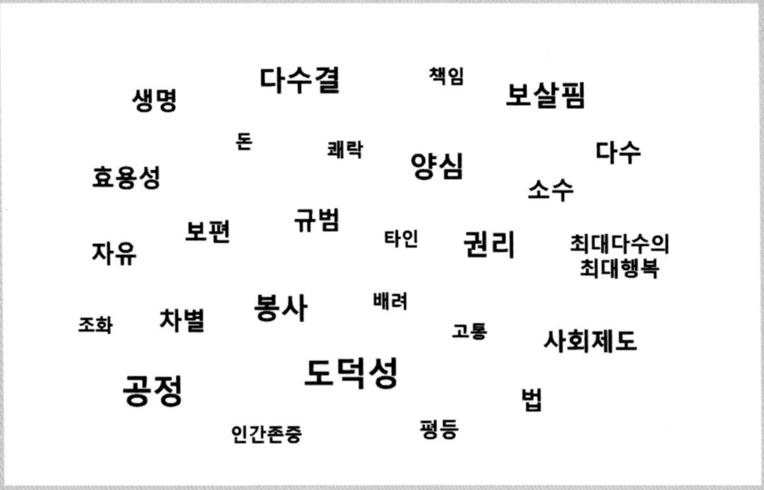

Q1. 이 중 나에게 가장 와 닿은 단어 세 개를 골라 볼까요?

Q2. 위에서 고른 세 단어를 이용하여 내가 생각하는 '정의로운 사회'를 정의해 봅시다.

내가 생각하는 정의로운 사회란 ______________________ 이다.

② 차시 마무리 활동: 소감 나누기 및 다음 차시 안내

• **진행방법:** 4차시 전체에 대해 자유롭게 소감을 나눈다. 5차시에 대해 안내한다.

• **진행 tip:** 4차시에는 공리주의와 칸트의 의무론, '정의의 윤리'와 '배려(보살핌)의 윤리'까지 다양한 철학 사상이 소개되었기에 참여자에 따라 어려움을 느꼈을 수 있다. 따라서 리더는 참여자가 각각의 내용을 완전히 이해하는 것보다 자기 식으로 소화할 수 있게 독려할 필요가 있다. 또한, 4차시에서 중요한 것은 다양한 철학 사상을 접하면서 정의에 대한 자신의 생각을 정리하고 심화하는 것임을 분명히 알려 주어야 한다. 한편, 5차시가 마지막 시간이라는 것을 알려 주면서 참석을 당부한다. (수료식이 있는 경우, 수료식에 대해서도 안내하도록 한다.)

참고문헌

박승찬, 노성숙(2013). 철학의 멘토, 멘토의 철학. 서울: 가톨릭대학교 출판부.

김진권(2001). 정의윤리와 배려윤리의 통합교육론-상담이론을 통한 배려윤리의 도덕교육론 모색. 연세대학교 대학원 석사학위논문.

이정은(2009). 현대 여성주의 철학에서 보살핌 윤리. 한국여성철학, 11, 143-171.

정인덕(2008). 정의윤리와 배려윤리의 통합적 접근. 성균관대학교 대학원 석사학위논문.

Sandel, M. (2010). 정의란 무엇인가(이창신 역). 서울: 김영사.

5. 행복

파랑새를 보았니?

1) 개요

차시목표	• 행복에 대한 자신의 생각을 표현하고 나누는 기회를 갖는다. • 행복에 관한 철학에 대해서 알아보고 행복에 대한 자신의 생각을 구체화 한다. • 행복해지기 위해 자신은 어떤 삶을 살아야 할 것인지에 대해서 생각해 보고 다른 참여자들과 자신의 의견을 나눈다.		
과정	활동 내용	시간(분)	교보재
도입	• 차시 프로그램 내용 소개 • 행복에 관한 간단한 도입 영상 시청	10	동영상 파일
	• 활동 1: "이 행복은 영원할까?" 활동 1–1 "여러분은 언제 행복하십니까?" 활동 1–2 "이 행복은 영원할까?"	40	활동지 1–1 활동지 1–2 필기구 포스트잇
전개	• 활동 2: "생각이 톡톡 터지는 철학 여행" '왜?'라는 질문에 답하고 다시 질문 이어가기	40	활동지 2 폼보드 매직
	• 활동 3: "행복 탐험대" 지속적이고 궁극적인 행복 찾기 • 활동 4: "아리스토텔레스의 행복 이야기"	50	책갈피 종이 펜 활동지 3 활동지 4
	• 활동 5: "철학자들의 행복 이야기"	20	활동지 5
마무리	• 활동 6: "내가 생각하는 행복이란?"	20	활동지 6 수료증 활동지 모음책

2) 내용

(1) 도입

① 프로그램 소개

- **5차시 프로그램 소개말:** "학교에 오고, 학원을 가고, 가족들과 지내는 일상을 살다가 문득 삶이 무의미하고 지루하다는 생각을 하게 되는 날이 있습니다. 그런 날이면 '뭐 신나는 일 없나?' 하고 두리번거려 보지만 일상은 별다를 것이 없습니다. '나는 누구?', '여긴 어디?'라는 유행어가 새로운 의미로 다가 오는 순간, 우리는 '나는 무엇을 위해 살아가고 있는가?', '난 어떤 것을 행복이라고 생각하는가?'라는 질문을 하고 있는 것인지도 모릅니다. 여러분은 행복이 무엇이라고 생각하십니까? 많은 철학자들이 우리와 같은 질문을 던졌고, 그것을 깊이 사유했으며 각자의 생각을 자신들의 철학이라는 이름으로 남겼습니다. 이번 차시에 우리는 행복이라는 주제에 대해서 고민한 철학자들의 사유의 여정을 함께 걸으며, 그들의 이야기를 듣고 자신의 생각도 자유롭게 펼쳐보는 행복 철학자가 되어 볼 것입니다."

② 행복에 관한 동영상 시청

- **진행방법:** 행복을 형상화한 동영상을 감상한다.
- **진행 tip:** 행복에 대한 생각을 촉발할 수 있는 영상이면 충분하다. 도입 영상이므로 동영상은 5분을 넘지 않도록 하는 것이 좋다.

③ 활동 1: "이 행복은 영원할까?"

- **활동 소개:** 자신들이 지니고 있는 행복에 대한 생각을 점검하기 위해,

각자 어떤 것을 행복이라고 생각하는지, 그 행복은 영원한 행복인지에 대하여 알아보는 시간을 갖는다.

- **진행방법:** 리더는 참여자들에게 "여러분은 언제 행복하십니까?"라는 질문을 던진다. 자신이 행복이라고 생각하는 내용, 자신이 행복했다고 느꼈던 과거의 경험 등을 이야기할 수 있다. 5가지 정도의 행복을 적도록 안내한다. 이 작업이 끝나면 리더는 '미래에 누리고 싶은 행복에는 어떤 것이 있나요?'라는 두 번째 질문을 한다. 이번에도 5가지 정도의 행복을 적도록 안내한다. 이후 참여자 스스로가 자신이 적은 행복이 얼마나 지속 가능한 것인지를 예측하여 각 행복 옆에 '행복의 지속 시간'을 적도록 한다. 자신이 적은 행복 중에서 유효기간이 가장 짧은 행복부터 긴 행복까지 순위를 정한 뒤, 순서대로 배열해 붙인다. 자신이 적은 행복 중 유효기간이 가장 짧은 행복과 가장 긴 행복을 선정하여 발표하고 참여자들과 이야기를 나눈다. (활동지 1-1, 활동지 1-2)
- **진행 tip:** 비록 경험한 시간은 짧지만 길게 지속되는 행복이 있을 수 있고, 길게 경험하였음에도 불구하고 지속시간이 짧은 행복도 있음을 구별해 보게 한다.

(활동지 1-1)

활동 1-1	여러분은 언제 행복하십니까?

※ 우리는 파랑새를 찾듯 행복을 꿈꾸고 행복을 위해 삶을 내달립니다. 그러나 그 행복이라는 것이 무엇인지에 대한 생각을 진지하게 해 본 적이 있을까요? 생각하는 것을 도와주는 좋은 도구인 철학함을 통해 "행복이란 무엇일까?", "어떻게 살아야 행복한 인생을 살 수 있을까"에 대한 생각을 시작해 보기로 해요.

Q1. 여러분은 언제, 무엇을 할 때 가장 행복합니까? 행복했던 경험이 있다면 그 경험을 적어도 좋습니다. (5개 이하) (포스트잇에 적어 색 도화지에 붙입니다.)

Q2. 앞으로 어떤 행복을 더 얻기를 원하나요? 어떤 것을 얻으면 지금보다 더 행복해질 수 있다고 생각하나요? (5개 이하) (포스트잇에 적어 색 도화지에 붙입니다.)

활동 1-1: 여러분은 언제 행복하십니까?

(활동지 1-2)

활동 1-2	이 행복은 영원할까?

※ 우리가 행복이라고 생각하는 것에 관한 이야기를 나누어 보았습니다. 그리고 더 얻고 싶은 행복에 관해서도 이야기 나누었습니다. 지금부터는 자신이 행복이라고 생각한 것이 순간적인 행복감을 주는 것인지 영원한 행복감을 주는 것인지로 나누어 이야기해 보려고 합니다.

Q1. 자신이 쓴 행복에 유효기간을 적어 봅니다.

Q2. 유효기간이 가장 짧은 행복부터 가장 긴 행복까지 순위를 정해 봅니다.

Q3. 자신이 적은 행복 중에서 유효기간이 가장 짧은 행복과 가장 긴 행복은 무엇인가요? 친구들과 나누어 보세요.

Q4. 자신이 현재 누리고 있는 행복과 앞으로 누리고 싶은 행복의 순위를 정한 것 중에서 1번과 5번을 선택하여 폼보드에 붙입니다.

활동 1-2: 이 행복은 영원할까?

(2) 전개

① 활동 2: "생각이 톡톡 터지는 철학 여행"

- **활동 소개:** 철학함의 시작인 '질문하기'와 질문에 대해 '사유하기'를 거쳐 자신의 사유를 언어로 정리하여 '답하기'를 게임의 형식으로 구성한 활동이다. 질문하는 힘과 더불어 질문에 답하고자 성실히 사유하는 활동을 통해 생각의 힘을 경험할 수 있다. "왜?"라는 질문에 끝까지 답하고, 자신의 답에 다시 "왜?"라는 질문을 던지는 활동을 통해 사유의 힘을 키울 수 있다.
- **진행방법:** 리더는 활동지에 있는 질문들 중에서 참여자들이 가장 궁금해하는 내용 한 가지를 정하여 질문을 시작한다. 리더의 질문을 받은 참여자는 그 질문에 대한 자신의 답을 말하고 그 답에 "왜?"라는 의문사를 붙여 옆 사람에게 질문한다. 예를 들어, '공부

는 왜 하니?'라는 질문 받은 A가 '공부를 해야 대학에 갈 수 있으니까'라는 답을 했다면, A는 '왜 대학을 가야 하는데?'라는 의문문을 만들어 옆 사람에게 질문하는 방식이다. (활동지 2)

- **진행 tip:** 리더는 답하기 어려운 지점에서도 포기하지 않고 솔직하게 자신만의 답을 찾기 위해 노력하는 참여자를 격려한다. 다른 사람의 평가에 연연하지 않고 자유롭게 질문하고 답하도록 이끄는 것이 중요하다. 본 활동을 통해 참여자가 사유의 지평을 넓힐 수 있게 돕는다.

(활동지 2)

활동 2	생각이 톡톡 터지는 철학 여행

※ 학생인 우리는 매일을 정해진 일과 속에서 움직이고 있습니다. 지치기도 하고 매일의 똑같은 일상이 지루하기도 하지만 학생으로서의 본분을 지켜야 한다는 생각에 참고 자신의 꿈을 향해 하루하루를 정진하고 있습니다. 그렇게 지내던 어느 날, 문득 이런 질문들이 떠오릅니다. "공부는 왜 하는 거지?", "나는 왜 사는 거지?", "행복이란 무엇일까?"
진지한 질문도 잠깐뿐, 어느새 우리는 눈앞에 놓여진 '학업'이라는 짐을 지고 바쁜 걸음을 하는 대열 속으로 들어가 정신없이 어딘가를 향해 허겁지겁 걸어가고 있는 자신을 발견하게 됩니다. 우리는 어디를 향해 걷고 있는 것일까요?
이 시간, 우리는 친구들과 함께 일상의 문제에 대해 "왜"라는 질문을 던지고 자신 만의 답을 찾아본 뒤, 다시 "왜?"라는 질문을 하는 방식으로 질문 속으로 파고들어 가는 활동을 해보는 것을 통해 철학자가 되어 볼 것입니다.

〈게임 질문〉

Q. 공부를 왜 하니?
Q. 돈은 왜 많이 벌어야 해?

Q. 왜 사니?
Q. 학교는 왜 다녀야 해?
Q. 행복이 뭘까?

〈게임 규칙〉

(1) 앞 사람에게 받은 질문에 대해서 답을 하고 자기가 한 답에 '왜?'를 붙여 다음 사람에게 질문한다.

(2) 순서대로 질문과 답을 반복한다.

활동 2: 생각이 톡톡 터지는 철학 여행

② 활동 3 "행복 탐험대"

• **활동 소개:** 게임을 통해 '어떤 행복이 최고의 행복일까'에 대해 생각해 보는 시간이다. 자신이 그 행복을 최고의 행복이라 생각하는 이유를 주장하고, 다른 참여자가 그에 대해 반박할 경우 논거를 들어 재반박하는 방식으로 토론을 진행한다. 논박이 진행됨에 따라 최고의 행복이 갖추어야 할 요건들이 구체화될 것이다. 아리스토텔레스의 행복론을 이해하기 위한 도입활동이다.

• **진행방법:** 리더는 참여자들과 함께 최고의 행복을 찾아보기로 한다. 앞선 활동을 통해 각자가 쓴 행복들 중에서 지속시간이 가장 길다고 생각되는 행복을 하나 선택한다. 참여자 각각은 자신이 정한 행복이 '최고의 행복'이라는 것을 증명하고, 논박을 통해 다른 참여자의 행복보다 자신의 행복이 더 좋은 '최고의 행복'임을 주장한다. 주장, 반박, 수용을 거듭하여 '최고의 행복'으로 선정된 행복 한 가지를 모둠별로 발표하고 의견을 나눈다. (활동지 3)

• **진행 tip:** 토론에 익숙하지 않은 참여자가 있다면 리더가 간단하게 토론의 방식을 설명하는 것도 좋다. 본 활동을 통해 참여자는 자신의 의견에 근거를 제시하는 토론을 연습해 볼 수 있고, 상대방의 견해에 동의하고 수용하는 태도 또한 배울 수 있을 것이다.

(활동지 3)

활동 3	행복 탐험대

※ 우리는 지금부터 행복 탐험대가 될 거예요. 탐험대가 되어 최고의 행복을 찾아봅시다. 규칙은 자신의 행복이 다른 행복의 수단이 되면 안 된다는 것입니다. 어떤 것의 수단이 되지 않고 그 자체가 최고의 행복인 것이 최종 승리를 하게 됩니다.

〈규칙〉

1. 지속시간이 가장 긴 것을 찾아라.
2. 다른 것을 위한 수단이 아닌 것을 찾아라. (예: 돈)
3. 행복 자체는 답이 될 수 없다.

〈방법〉

1. 각자가 쓴 행복 중 지속시간이 가장 길다고 생각하는 행복에 대해서 그것이 위의 게임규칙에 비추어 적합한지에 대해서 토론하여 최고의 행복이 될 하나를 결정합니다.

2. 각 팀에서 최고의 행복으로 결정한 하나의 행복을 발표합니다.

3. 각 팀에서 최고의 행복으로 결정한 내용들에 대해서 토론해 봅시다.

④ 활동 4: "아리스토텔레스의 행복 이야기"

• **활동 소개:** 아리스토텔레스(Aristoteles, B.C. 384~322)의 행복 철학에 관한 텍스트를 음미하고 이해하도록 한다. 아리스토텔레스의 사유의 여정을 따라 걸으며 자연스레 발생한 질문이 어떻게 한 철학자의 고유한 철학이 되는지 알아본다.

• **진행방법:** 아리스토텔레스의 행복에 대한 지문을 읽고 그 내용을 리더와 참여자가 함께 이야기한다. 텍스트를 함께 읽고 음미한 뒤, 떠오른 자신의 생각을 참여자들과 함께 나누는 과정을 통해 아리스토텔레스의 행복관에 대해 이해하도록 진행한다. (활동지 4)

• **진행 tip:** 이 활동은 철학 내용을 이해하기 위한 목적으로 진행된다. 철학 내용의 효과적인 이해를 위해서는 리더의 설명이 필수적으로 요구된다. 〈활동 2〉 "생각이 톡톡 터지는 철학 여행"과 연결하여 지문의 내용을 시연해 보는 것도 도움이 될 수 있다.

(활동지 4)

활동 4	아리스토텔레스의 행복 이야기

※ 왜 공부를 하는 걸까요? 어른들은 우리에게 왜 바르게 자라라고 하시는 걸까요? 매일 반복되는 등교, 하교, 수업은 왜 하는 것일까요? 인간은 왜 사는 것일까요? 이런 질문들이 문득 떠오를 때가 있지요? 우리에게처럼 철학자들에게도 인간은 '왜 사는가?'라는 질문이 떠올랐나 봐요. 공자는 어진 사람이 되기 위해 사는 것이라고 했고, 예수는 사랑하기 위해 산다고 했고 석가모니는 세상의 모든 고통에서 벗어나 해탈하기 위해 산다고 했어요.

어느 날 아리스토텔레스에게도 그와 같은 질문이 찾아들었습니다. 아리스토텔레스는 인간이 무엇을 위해 산다고 생각했을까요?

아리스토텔레스(Aristoteles, B.C. 384~322)는 자신의 『니코마코스 윤리학』을 인간적 행위가 지니고 있는 목적 지향성에 대한 탐구로부터 출발한다. 이 내용을 이해하기 위해, 학생들을 상대로 다음과 같은 질문을 던져 볼 수 있다. "여러분들을 왜 이렇게 어려운 철학을 공부하고 있나요?" 어떤 학생들은 쉽게 "시험을 잘 보려고요."라고 대답할 수도 있다. 그렇다면 그 학생들에게 "왜 시험을 잘 보려고 할까요?"라고 물을 수 있다. 그러면 학생들은 "학점 잘 따려고요."라고 대답할 수도 있다.

그러면 다시 "학점은 잘 따서 무엇을 하려고 할까요?"라고 물어볼 수 있다. 실상 요즈음은 대학교 1학년인 학생들까지도 취직 걱정을 하고 있기 때문에 이렇게 말할 것이다. "스펙을 잘 쌓아야 되거든요. 학점은 4.0을 넘어야 되고 영어 토플 점수도 아주 높아야 합니다." 과연 이렇게 생각한다면, 학생들은 취직을 잘 하려고 지금 공부를 하고 있는 셈이다. 그러면 그들은 왜 취직을 잘하려고 할까? 학생들은 "돈을 벌어야죠."라고 대답할 수도 있다. 그러면 그들은 왜 돈을 벌려고 할까? 학생들은 당연한 듯 말한다. "자식도 낳고 …(중략)…"

이렇게 꼬리에 꼬리를 무는 질문을 계속 하게 되면 결국 돈 벌고 자식 낳고 또 그 자식을 결혼시키고 그러다 보면 나이가 점점 들어 죽을 것이라는 답이 나올 법도 하다. 그렇다고 한다면 우리는 죽으려고 이렇게 열심히 공부하고 있는 셈이 되는 것이다.

그런데 이와는 다른 방식의 문답도 추측해 볼 수 있다. 앞에서와 같이 "여러분, 왜 그렇게 열심히 공부해요? 왜 친구들과 놀지 않고 이 시간에 여기서 강의를 듣고 있나요?"와 같은 질문에 어떤 학생은 "잘 살기 위해서요." 또 다른 학생은 "인간답게 또는 보람되게 살기 위해서요."라고 대답할 수 있다. 그 학생들에게 "왜 잘 살고 싶나요? 혹은 왜 인간답게 살고 싶나요?"라고 다시 묻는다면 아마도 그에 답하기는 쉽지 않을 것이다.

아리스토텔레스는 이와 유사한 질문들을 통해 하나의 행위를 설명하는 목적에 대해 다시 그 목적을 정당화하는 상위의 목표를 물을 수 있다는 사실을 발견했다. 공부하는 행위를 '좋은 학점의 취득'이라는 목적을 가지고 설명했다면, 다시 '학점의 취득'은 '취직'이나 '돈을 버는 것'이라는 보다 상위의 목적을 가지고 설명될 수 있기 때문이다. 보통 목적을 가지고 행위를 설명할 경우, 행위 자체는 그 목적을 위한 수단으로 이해되는데, 예를 들어 공부하는 행위는 '학점 취득'이라는 목적을 달성하기 위한 수단이다. 이렇게 인간 행위를 '수단과 목적'의 관점에서 분석하는 사람에게는 어떤 행위의 목적은 동시에 다른 보다 상위의 목적을 위한 수단일 수 있다.

아리스토텔레스는 이렇게 인간의 모든 행위는 그 목표가 어떤 좋음, 곧 선을 달성하려는 데 있다고 주장한다. 그런데 그는 이러한 질문과 대답이 무한히 간다면 우리가 무엇인가를 선택하는 일, 우리의 욕구 자체가 공허하고 쓸데없는 것이 된다고 하면서 어디선가는 더 이상 상위의 목적을 얘기할 수 없는 지점에 이른다고 말한다. 앞에서 제시했던 예를 보자면, 무엇 때문에, 즉 무슨 상위의 목적 때문에 잘 살거나 인간답게 살아야 하는지에 대해서는 답하기가 어려웠다. 만약 그렇다면 '잘 사는 삶'이나 '인간다운 삶'은 더 이상 다른 것의 수단이 되지 않으면서 오직 그 자체로 자족적(自足的)인 것이자, 궁극적인 목적이라고도 할 수 있을 것이다.

아리스토텔레스는 이러한 목적을 '궁극목적', 곧 '최고선'이라 부른다. 아리스토텔레스에 따르면, 이 궁극목적을 대부분의 사람은 하나같이 '행복'이라고 부른다.

박승찬, 노성숙 ,『철학의 멘토, 멘토의 철학』, pp .155-157.

'잘 사는 삶'이나 '인간다운 삶'은 더 이상 다른 것의 수단이 되지 않으면서 오직 그 자체로 자족적인 것이자 궁극적인 목적이라고도 할 수 있다.

⑤ 활동 5: "철학자들의 행복 이야기"

- **활동 소개:** 행복에 관한 여러 철학자들의 문장을 읽어 보고 이를 행복에 대한 자신의 생각과 비교해 본다.
- **진행방법:** 행복에 대한 여러 철학자들의 생각을 함께 읽으면서 특별히 마음에 와 닿는 문장에 표시할 수 있게 한다. 이 과정에서 철학자들과 자신의 행복의 같은 점, 다른 점 등에 대해서 생각해 볼 수 있다. 참여자 각자가 선택한 문장을 나누어 준 책갈피 종이에 자필로 정성껏 적도록 한다. (활동지 5)
- **진행 tip:** 자신에게 떠오른 생각들도 구체화하면 철학이 될 수 있다고 격려하면서 참여자가 사유하는 즐거움을 느끼도록 돕는다.

(활동지 5)

활동 5	철학자들의 행복 이야기

행복은 즐거움과 다르다. 즐거움은 순간적인 것이지만,
행복은 지속적인 것이기 때문이다.

토마스 아퀴나스, 이명곤, 『철학, 인간을 사유하다』, p. 36.

한 마리의 제비가 봄을 만드는 것도 아니며 하루가 봄을 만드는 것도 아니다. 그렇듯 하루나 짧은 시간이 지극히 복되고 행복한 사람을 만드는 것도 아니다.

아리스토텔레스, 『니코마코스윤리학』, p. 30.

행복은 인간이 추구하고자 하는 것의 목표가 아니라 하나의 결과로서 얻어지는 것이며, 또 그래야만 한다. 목표를 이루는 과정에서 행복할 만한 이유가 있다면 자동적으로 자연스럽게 그렇게 된다는 것이다. 이것은 인간이 왜 행복을 추구할 필요가 없는가를 말해 준다.

빅터 프랭클, 『삶의 의미를 찾아서』, 이시형 옮김, p. 58.

우리는 가지고 있지 않은 것을 바라다가 지금 가지고 있는 것마저 망쳐서는 안 된다. 우리가 가지고 있는 것들도 행운의 선물이었다는 점을 기억하라.

에피쿠로스, 『쾌락』, p. 29.

친구들의 도움이 우리를 돕는 것이 아니라 '친구들이 도와줄 것이다'라는 믿음이 우리를 돕는다.

에픽테토스, 『엥케리디온』, p. 29.

자기만족(autarkeia)의 가장 큰 열매는 자유다.

에피쿠로스,『쾌락』, p. 35.

우리는 기쁨을 향해 노력한다. 하지만 이 노력 안에서 기쁨을 발견하는 것, 이것이 행복의 비밀이다.

앙드레 지드, 이명곤, 『철학, 인간을 사유하다』, p. 41.

일생 동안의 축복을 만들기 위해서 지혜가 필요로 하는 것들 중에서 가장 위대한 것은 우정의 소유다.

에피쿠로스, 『쾌락』, p. 20.

인간의 목적은 그것에 적합한 목적을 지향해야 한다. 인간이 지향해야 하는 선, 즉 궁극적인 목적이 되기 위해서 행위는 '자족적'이며 '최종적'이어야 한다. 그러한 행위는 항상 그 밖의 다른 것을 위해서가 아니라 그 자체로 바람직한 것이며 그것은 또한 인간에 의해 달성될 수 있는 것이어야 한다. 행위를 통해 성취할 수 있는 모든 좋음들 중 최상의 것은 행복이다.

아리스토텔레스, 『니코마코스 윤리학』, p. 17.

사려 깊고 아름답고 정직하게 살지 않고서는 즐겁게 살 수 없다. 반대로 즐겁게 살지 않으면서 사려 깊고 아름답고 정직하게 살 수는 없다.

에피쿠로스, 『쾌락』, p. 14.

각자는 혼자서 행복으로 향하는 길을 발견하여야 한다.

세네카, 이명곤, 『철학, 인간을 사유하다』, p. 33.

※ 여러 철학자들의 행복에 대한 생각을 알아보았습니다. 그중 내가 생각하는 행복과 비슷한 행복에 관한 생각이나, 내 마음에 드는 행복에 대한 생각을 하나 골라서 나누어 준 책갈피에 적어 보세요.

(3) 마무리

① 활동 6: "내가 생각하는 행복이란?"

• **활동 소개:** 행복에 대해 사유했던 철학자들의 철학에 대해 알아본다.
행복에 대한 자신의 생각을 구체화할 수 있는 다양한 활동을 통해 자신의 행복관을 정리한다. 자신의 삶을 행복하게 가꾸기 위해 구체적으로 실천할 내용이 무엇인지 진지하게 고민할 수 있도록 안내한다.

- **진행방법:** 자신의 행복을 실현하기 위해 삶에서 실천해야 할 구체적인 내용은 무엇인지 생각해 보고, 자신이 실천해야 할 덕목을 구체적으로 써 본다. (활동지 4)
- **진행 tip:** 본 활동이 추상적인 개념에 대한 사유에만 머물지 않도록 유의한다. 삶에서 자신의 사유가 구체적으로 실천될 수 있는 힘을 지니고 있음을 경험하게 한다. 추상적이고 막연한 학문이라 생각했던 철학이 철학함을 통해 삶의 자리에서 실천으로 이어질 수 있음을 보여 준다.

(활동지 6)

활동 6	내가 생각하는 행복이란?

내가 생각하는 행복이란……

Q1. 자신이 선택한 행복에 대한 철학을 다시 읽어 보고 그 행복을 이루기 위해 자신은 무엇을 어떻게 하고 싶은지를 적어 보세요.

Q2. 적은 내용을 친구들과 나누어 보세요.

※ 자기가 쓴 글 중 가장 마음에 드는 구절을 찾아 책갈피의 뒷면에 적어 넣어 주세요.

② 전체 차시 마무리 활동: 소감 나누기

- **활동 소개:** 5차시까지 전체 프로그램을 경험하면서 자신과 삶에 대한 생각의 변화가 있었던 부분이 있는지, 정리하고 확인해 보는 시간이다. '나-사랑-자유-정의-행복'으로 이어지는 생각 사이-다 프로그램이 주체성 회복과 관계성 증진에 그 목표를 두고 있음을 상기한다.
- **진행방법:** 생각 사이-다 프로그램 각 차시별 주제를 회상하며 각각의 주제와 주제 간의 연관성에 대한 생각을 나누어 본다. 생각 사이-다 프로그램을 통해 깨닫게 된 것이 있으면 나눈다.
- **진행 tip:** 생각 사이-다 프로그램을 이수한 참여자들을 위한 수료식을 진행해 보는 것도 좋은 마무리가 될 수 있다. 수료식에서는 수료증, 각 차시 참여자들의 활동지를 모아 만든 책, 리더의 편지, 활동 사진 등을 참여자에게 수여한다. 참여자들은 자신의 활동지를 다시 읽으며 나, 사랑, 자유, 정의, 행복에 대한 자신의 생각을 수렴하는 기회를 가질 수 있을 것이다.

참고문헌

박승찬, 노성숙(2013). 철학의 멘토, 멘토의 철학. 서울: 가톨릭대학교 출판부.

안광복(2005). 열일곱 살의 인생론. 경기: 사계절.

이명곤(2008). 철학, 인간을 사유하다. 서울: 세창출판사.

Aristoteles (2005). 니코마코스 윤리학(홍석영 풀어씀). 서울: 풀빛.

Aristoteles (2006). 니코마코스 윤리학(이창우 외 2명 역). 서울: 이제이북스.

Epictetos (2003). 엥케이리디온(김재홍 역). 서울: 까치.

Epikuros (2007). 쾌락(오유석 역). 서울: 문학과 지성사.

Frankl, V. E. (2005). 삶의 의미를 찾아서(이시형 역). 경기: 청아출판사.

제5장
생각 사이-다의 심화 편

가톨릭대학교 철학과
철학교육실천팀
박승찬
김하나
김지희
문효진
신상희

○ 전체 프로그램 구성

구성	주제	제목	활동 내용	운영방법	시간
1차시* (공통)	철학함	'질문'할 수 있는 용기	철학함의 문을 두드려라!	강의	150분
2차시	나	니캉? 내캉?	– 나의 별명 짓기 – 너를 보여 줘 – 드루와! 드루와! – 그대 안의 나	인문상담 집단 프로그램	180분
3차시	사랑	괜찮아? 사랑이야?	– 사랑의 빈칸을 채워 봐! – 사랑일까? – 사랑은 뭐다? – 플라톤의 『향연』 읽기	인문상담 집단 프로그램	180분
4차시	자유	너는 자유롭냐?	– 내 눈에 흙이 들어가기 전까지 인정 못해! – 자유가 대체 뭔데? – 누구의 책임일까? – 나의 자유 그리고 선택	인문상담 집단 프로그램	180분
5차시	정의	정의, 뭣이 중헌디?	– 너라면 어떡할래? – 손다이크 씨의 설문조사 – 이 아이패드 2019를 어떻게 물어주지? – 나의 정의여! 정의를 위하여!	인문상담 집단 프로그램	180분
6차시	행복	삶이 이렇게 힘든데, 행복할 수 있을까?	– 무엇이 그리 힘들었을까? – 내 마음의 구급상자 – 행복 월드컵 – 행복은 호락호락하지 않아! – 행복 좌우명 만들기 & 철학자들의 행복 책갈피	인문상담 집단 프로그램	180분

* '생각 사이-다' 프로그램의 공통 과정인 1차시 강의('질문'할 수 있는 용기)는 이 책의 1부 2장에 수록

1. 나

니캉? 내캉?

1) 개요

<table>
<tr><td>차시목표</td><td colspan="3">• 프로그램의 첫 차시인 만큼 '아이스브레이킹'을 주목적으로 한다.
• 선생님을 비롯한 모둠 구성원들과 친밀감을 형성할 수 있는 계기를 마련한다.
• 다양한 질문을 바탕으로 내가 알고 있는 '나'와 타자가 바라보는 '나'를 인식하고 자아에 대해 보다 깊이 생각하는 시간을 갖는다.</td></tr>
<tr><th>과정</th><th>활동 내용</th><th>시간(분)</th><th>교보재</th></tr>
<tr><td rowspan="2">도입</td><td>• 차시 프로그램 소개
• 제비뽑기로 모둠 나누기 [전체]
• 모둠 참여자들과 인사하기
• 서약서 작성하기</td><td>40</td><td>제비뽑기
서약서</td></tr>
<tr><td>• 이름의 의미에 관한 애니메이션 편집영상 감상 [전체]
• 활동 1: "나의 별명 짓기"
이름의 의미 생각해 보기
나의 별명을 지어, 소개하기</td><td>55</td><td>동영상 파일
활동지 1
목걸이 이름표
사인펜</td></tr>
<tr><td rowspan="2">전개</td><td>• 활동 2: "너를 보여 줘"
질문을 통해 '나'에 대해 생각하고 답하기</td><td rowspan="2">60</td><td rowspan="2">활동지 2
활동지 3
필기구</td></tr>
<tr><td>• 활동 3: "드루와! 드루와!"<br>'나'에 대한 질문 만들어 보기
'친구들'에 대한 질문 맞춰 보기</td></tr>
<tr><td>마무리</td><td>• 활동 4: "그대 안의 나"
내가 생각하는 '나'와 타인이 바라보는 '나'</td><td>25</td><td>활동지 4</td></tr>
</table>

2) 내용

(1) 도입

① 프로그램 소개

- 첫 만남이기에 프로그램을 소개하고 수업 진행방식에 대하여 설명한다.
- **1차시 프로그램 소개말:** "인간은 누구나 자신을 둘러싼 세계에 의문을 가지고 질문을 던집니다. 끊임없이 '왜?'라고 묻는 어린아이들을 떠올려 보세요. '철학적인 생각하기'도 이와 다르지 않습니다. 놀라움에서 기인하는 여러 질문을 앞에 두고, 그에 대한 나름의 답을 제시해 보는 거지요. 이번 시간은 '나'에 대한 질문으로 출발해 볼까 합니다. '나'를 알아가는 일은 곧 '너'를 알아가는 일이기도 합니다. 우리 각자는 모두 '나'이지만 타인의 눈에 비친 '나'는 '너'이기 마련이니까요. 오늘 수업이 '나'에 대한 생각을 나누면서 서로를 알아가는 기회가 되었으면 합니다."

② 제비뽑기로 모둠 나누기

- **활동 소개:** 대부분의 활동이 모둠별로 진행되므로 제비뽑기를 통해 모둠을 구성하는 시간을 갖는다.
- **진행방법:** 전체 참여자들을 한 줄로 세우고 순서대로 미리 준비한 제비를 뽑게 한다.
- **진행 note:** 낯선 사람들과 처음 만난 자리이므로 참여자가 모둠 구성에 부담을 느끼지 않도록 주의한다. 제비뽑기를 활용하는 것도 그 때문인데 제비를 뽑는 과정에 재미 요소를 첨가하는 것도 추천할 만하다. 예를 들어, 리더 각각의 개성에 따라 모둠 이름을 미리 정해놓고 제비에는 모둠 이름을 적는다. 참여자가 제비를 뽑

으면 제비에 적힌 모둠 이름을 크게 호명하여 소속감과 흥미를 유발할 수 있다.

③ 서약서 작성하기

• 서약서를 통해 학생들이 프로그램에 적극 참여할 것을 약속하는 시간을 갖는다.

• 서약서의 내용: 생각 사이-다 재밌게 즐기는 방법!
• 언제나 적극적으로 참여해 줄 것!
• 친구들의 이야기를 경청해 줄 것!
• 비밀 엄수!

④ 활동 1: "나의 별명 짓기"

• **활동 소개:** 낯선 사람을 처음 만나면 이름으로 자신을 소개하기 마련이다. 그에 착안하여 참여자 스스로 자신의 별명을 새롭게 지어 보고 그렇게 정한 이유를 이야기한다. 이러한 과정을 통해 이름의 의미를 되새겨볼 수 있다.

• **진행방법:** 이름의 의미에 관한 영상을 감상한 후 나만의 새로운 이름인 '나의 별명'을 지어 본다. 별명을 지은 후에는 각자 자신의 별명을 모둠 구성원에게 소개하며 좀 더 친밀하게 인사를 나눈다. 이때 목걸이 이름표를 활용하도록 한다. (활동지 1)

• **진행 note:** 이름은 자신의 정체성을 표현하는 가장 직접적인 징표다. 이러한 이름의 의미를 효과적으로 전달하기 위해 영상 자료를 활용할 것을 추천한다. 영화 〈센과 치히로의 행방불명〉에서 이름을 빼앗긴 치히로는 원래 이름을 잊어서는 안 된다는 경고를 듣는다. 이름을 잊게 되면 예전 삶으로 돌아갈 수 없다는 것이다. 그

이유를 참여자들 스스로 생각해 볼 수 있도록 독려한 후 이름의 의미를 설명하도록 한다. 이름을 잊게 되면 어째서 원래 세계로 돌아갈 수 없는 것일까? 그것은 이름이 '나'라는 사람의 정체성을 대변해 주는 가장 직접적인 징표이기 때문이다. 이름을 잊는 것이란 곧 나라는 사람의 정체성을 잊는 것이니 원래의 세계로 돌아갈 수 없을 것이 분명하다. 영상을 통해 이를 상기시킨 후 이름의 의미를 떠올리며 참여자들 스스로 새로운 이름이나 별명을 지어 볼 수 있도록 한다.

본 활동을 어려워하는 참여자들을 위해 리더는 별명을 짓는 여러 방법들을 설명해 준다. 별명으로 자신의 정체성을 표현하거나 좋아하는 대상을 별명으로 내세울 수 있다. 또 평소에 갖고 싶었던 이름을 별명으로 삼을 수도 있을 것이다. 리더가 먼저 자신의 별명을 소개하며, 분위기를 편하게 이끌어가는 것도 좋다.

[참고 영상자료] 〈센과 치히로의 행방불명〉

낯선 세계에 떨어진 치히로는 유바바를 찾아가 당분간 머물며 일을 할 수 있도록 허락을 구한다. 이에 유바바는 '치히로'라는 치히로의 원래 이름을 빼앗고 그녀에게 '센'이라는 새 이름을 부여한다. '하쿠'는 이름을 빼앗긴 치히로에게 다가와 원래 이름을 잊어서는 안 된다고 말하며, '치히로'라는 이름을 잊어버리면 원래 세계로 돌아가지 못할 것이라 경고한다.

(활동지 1)

활동 1	나의 별명 짓기

• 나를 표현할 수 있는, '나만의 별명'을 지어 주세요!

활동 1: 나의 별명 짓기 (참고영상 감상)

(2) 전개

① 활동 2: "너를 보여 줘"

• **활동 소개:** 이름은 '나'를 드러내는 가장 직접적인 징표이기 때문에 자신을 소개할 때 보통 이름을 말하기 마련이지만 이름을 통해 알 수 있는 정보는 한정되어 있다. 따라서 몇 가지 질문에 답하고

그 내용을 나누는 과정을 통해 서로를 알아가는 시간을 갖는다.

- **진행방법:** 먼저 참여자들은 활동지에 준비된 질문을 생각하고, 그에 대해 답하는 시간을 갖는다. 그리고 시계 방향으로 돌아가며 참여자들끼리 질문을 던지고, 답하도록 한다. (활동지 2)
- **진행 note:** 활동지의 질문은 식상하지 않은 것들로 준비한다. 취미나 특기를 묻는 익숙한 질문보다는 재미있으면서도 성찰이 요구되는 질문들로 활동지를 구성할 필요가 있다. 활동지를 작성할 때에는 질문에 대한 답뿐만 아니라 그렇게 답한 이유까지 함께 적을 수 있도록 지도한다. 활동지의 내용을 서로 나누는 시간에는 추가적인 질문을 던져 참여자들이 자신의 이야기를 주도적으로 꺼내놓을 수 있도록 격려할 필요가 있다. 리더 또한 모둠 구성원의 한 사람으로 나눔에 동참한다.

나눔 시간이 모두 끝난 후에는 〈활동 2〉의 의미를 언급하도록 한다. 질문과 답하기의 단순한 과정을 통해서도 참여자들은 상대방에 대해 많은 것을 알 수 있다. 예를 들어, '만약 다음 생이 있다면, 당신은 무엇으로 다시 태어나고 싶나요?'와 같은 질문을 보자. 사람들은 보통 현실이 지극히 불만족스러울 때 다음 생을 가정해 보곤 한다. 지금의 내 현실은 이러저러하지만 다음 생이 있다면 이러저러 살고 싶다고 상상해 보는 것이다. 이때 사람들이 그리는 다음 생에는 그의 가치관이 반영된 이상적인 삶의 모습이 투영되기 마련이다. 즉, 참여자들은 이 같은 질문에 스스로 답하고, 상대방의 생각을 들으며, 자신과는 다른 사람이 바라는 이상향이나 가치관 등을 알 수 있게 된다. 이러한 의미를 참여자들 각각의 답변에 적용하여 언급한다면 참여자들 간의 거리감을 자연스레 좁혀 갈 수 있을 것이다.

(활동지 2)

활동 2	너를 보여 줘

Q1. 만약 다음 생애가 있다면, 당신은 무엇으로 다시 태어나고 싶나요?

Q2. 만약 지금 당장 이곳을 훌쩍 떠날 수 있다면, 당신은 어디로 떠날 건가요?

Q3. 당신이 가장 신경 쓰는 패션 아이템(혹은 모습)은 무엇인가요?

Q4. 당신은 어젯밤 12시에 무엇을 하고 있었나요?

Q5. 당신이 최근에 가장 화가 났던 일은 무엇이었나요?

Q6. 2020년 10월 18일 오후 3시에 당신은 무엇을 하고 있을 것 같나요?

Q7. 남들에게 말하기 힘든, 당신의 특이한 취향은 무엇인가요?

Q8. 당신이 한 번쯤 이루고 싶은 로망은 무엇인가요?

Q9. 당신 인생의 노래, 당신 인생의 BGM은 무엇인가요?

Q10. 당신에게는 사랑하는 연인이 있습니다. 그런데 어느 날! 연인이 직장문제로 갑자기 먼 타국으로 이민을 가야 한다며, 당신에게 함께 가자고 합니다. 그곳은 너무 먼 곳이라, 따라가게 된다면 부모님과 친구들을 거의 만날 수 없게 될 것입니다. 이때 당신의 선택은?

Q11. 만약 당신의 친구들이 잔인할 만큼 솔직하게 당신에 대한 생각을 털어놓으려 한다면, 당신은 그것을 듣고 싶나요?

Q12. 여기 당신과 친구를 하고 싶은 여러 명의 인물들이 있습니다.
이중에 당신이 친구로 삼고 싶은 이는 누구인가요? 그 이유도 알려주세요!
(루피, 조로, 상디, 나미, 우솝, 쵸파, 나루토, 코난, 하이바라, 김전일, 피카츄, 도라에몽, 토토로, 유정, 공주영, 왕자림, 우기명, 셋쇼마루, 버즈, 닉, 주디, 설리, 엘사, 올라프)

활동 2: 너를 보여 줘!

② 활동 3: “드루와! 드루와!”

• **활동 소개:** 〈활동 2〉를 통해 알게 된 참여자들의 성향, 가치관 등을 바탕으로 한 퀴즈를 풀어 보는 시간을 갖는다.

• **진행방법:** 먼저 ‘나’에 대한 퀴즈를 하나씩 만들어 본다. 예를 들어, ‘내가 중학교 때 가장 인상 깊게 읽었던 책은?’, ‘내 인생에 가장 충격적인 사건은?’ 등과 같은 질문을 던질 수 있을 것이다. 모든 참여자가 퀴즈를 출제한 후에는 돌아가며 맞혀 보는 시간을 갖는다. (활동지 3)

• **진행 note:** 참여자들이 처음 만난 시간임을 고려하여 퀴즈의 난이도를 조절할 필요가 있다. 〈활동 2〉를 통해 알게 된 정보를 활용할 때 보다 쉽게 맞힐 수 있는 퀴즈를 출제할 수 있도록 지도한다. 퀴즈를 만드는 데 어려움을 호소한다면 리더가 먼저 퀴즈를 출제하여 편안한 분위기를 조성한다. 또한 퀴즈마다 참여자들의 호응도가 상이할 수 있으므로 소외감을 느끼는 참여자가 발생하지 않도록 주의해야 한다. 퀴즈를 맞힌 참여자에게 작은 보상을 주는 방식도 추천한다. 보상을 통해 참여자들의 적극적인 참여를 이끌어 낼 수 있을 것이다.

(활동지 3)

활동 3	드루와! 드루와!

• ‘나’에 대한 퀴즈를 만들어 보자!

• '친구들'에 대한 퀴즈를 맞혀 보자!

(3) 마무리

① 활동 4: "그대 안의 나"

- **활동 소개:** '나'는 '내가 바라보는 나' 뿐만 아니라 '타인의 눈에 비친 나'의 모습으로도 구성되어 있다. 그렇기 때문에 진정한 '나'를 알기 위해서는 타자의 시선 속에 존재하는 나의 모습 또한 인지해야 한다. 지금까지의 활동이 '내가 바라보는 나'를 주목했다면 〈활동 4〉에서는 '타인이 바라보는 나'에 초점을 맞춘다.
- **진행방법:** 먼저 참여자 스스로 활동지 앞면에 자신의 특성을 나타내는 단어를 다섯 개 정도 적는다. 그다음 뒷면에는 자신의 이름만을 적도록 한다. 다른 참여자들은 이 뒷면에 적힌 이름만을 보고 그 사람에게 어울리는 단어를 돌아가면서 하나씩 적어 준다. 모두 적은 후에는 그 내용을 나누는 시간을 갖는다. (활동지 4)
- **진행 note:** 어휘력이 풍부하지 않은 참여자들을 위해 다양한 단어 모음을 준비하여 활동 진행을 돕는다. 또 상대방에게 상처를 줄 수 있는 단어는 사용하지 않도록 주의를 준다. 활동 내용을 나누는 시간에는 '내가 바라보는 나'의 모습과 '타인의 눈에 비친 나'의 모습이 같았는지 달랐는지를 묻고, 달랐다면 어떤 점이 달랐는지 재차 질문하여 사고의 확장을 돕는다. 이 같은 과정을 통해 참여자들은 '나'에 대한 '나의 인식' 뿐만 아니라 '타자의 인식' 또한 수용하여 자신 안에 통합할 수 있을 것이다.

(활동지 4)

활동 4	그대 안의 나

활동지 앞면

〈그대 안의 나〉

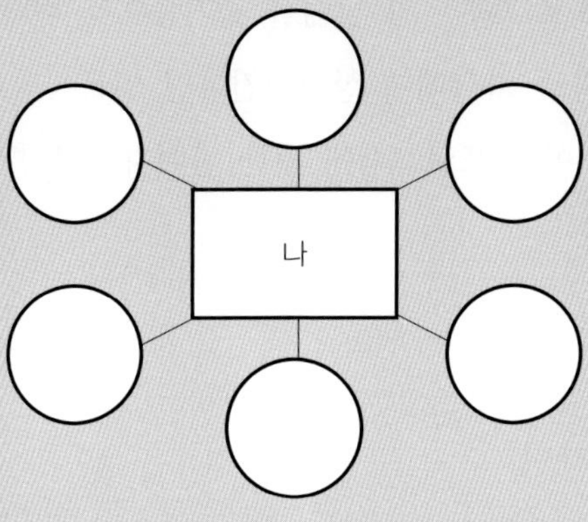

활동지 뒷면

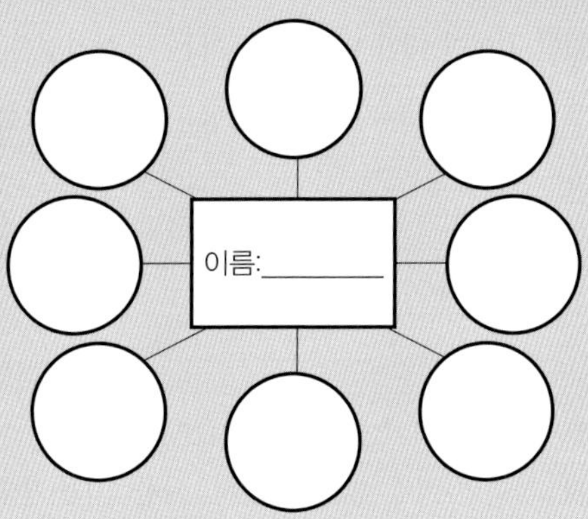

② 차시 마무리 활동: 소감 나누기 및 다음 차시 안내

• **진행방법:** 1차시 활동의 전체적인 의미를 전해 주고, 자유롭게 소감을 나눈다.

- **진행 note:** 1차시의 주요 목적은 나를 살피고 너를 아는 과정을 통해 첫 만남의 어색함을 허무는 데 있다. 그를 위해 리더는 모둠 참여자들의 이야기에 충분히 귀 기울이고 질문을 던질 필요가 있다. 물론 자신의 생각을 자유롭게 말하고 타인의 이야기를 경청해 본 경험이 적을수록 이 같은 활동이 낯설게 느껴질 것이다. 인문상담 프로그램은 그 낯섦을 즐거움으로 변화시키고자 한다, 이를 참여자들 각각에게 상기시킨다면 인문상담에 대한 부담은 줄이면서도 이후 프로그램에 대한 참여자들의 흥미를 자극할 수 있을 것이다.

철학자의 한 마디

나에 관한 어떤 종류의 진리라도 그것을 파악하려면 나는 타인을 거쳐야만 한다. 타인은 나에게 불가결한 것이며 내가 나 자신을 아는 데 불가결한 것이기도 하다.

— Jean Paul Sartre, 『실존주의는 휴머니즘이다』

참고문헌

강순전, 이진오(2011). 철학, 윤리, 논술 교육을 위한 철학수업. 서울: 학이시습.
박승찬, 노성숙(2013). 철학의 멘토, 멘토의 철학. 서울: 가톨릭대학교 출판부.
배경숙(2014). 학급활동으로 이어가는 집단상담. 서울: 우리교육.
천성문, 함경애, 최희숙 외(2016). 위기청소년을 위한 집단상담 프로그램. 서울: 학지사.
최원호, 안광복, 정창현(2004). WHO AM I-나는 내가 만든다. 경기: 사계절.

2. 사랑

괜찮아? 사랑이야?

1) 개요

차시목표	• 사랑의 경험을 공유함으로써 사랑의 다양한 종류를 확인한다. • 개인의 경험을 바탕으로 철학적 사유에 다가갈 수 있도록 돕는다. • 사랑을 수동적으로 이해하는 통념에서 탈피하여, 사랑이 참여, 지식, 노력 등과 같은 실천적 노력을 필요로 하는 활동임을 안다. • 사랑에 관한 철학 고전을 통해 타자와 관계 맺는 방식으로서 사랑이 지니는 의미를 스스로 깨달을 수 있도록 한다.		
과정	**활동 내용**	**시간(분)**	**교보재**
도입	• 사랑을 다룬 웹툰의 편집영상 감상 [전체] • 차시 프로그램 내용 소개 • 활동 1: "사랑의 빈칸을 채워 봐!" 다양한 사랑의 종류 확인하기 활동 내용 나누기	30	동영상 파일 활동지 1 필기구
전개	• 활동 2: "사랑일까…?" 다양한 사랑 방식 검토하기 활동 내용 나누기와 토론	50	활동지 2 필기구
	• 활동 3: "사랑은 뭐다?" 나는 어떻게 사랑하고 싶을까? 성숙한 사랑은 어떤 모습일까? 정의 내리기 활동 내용 나누기	50	동영상 파일 활동지 3 필기구
마무리	• 활동 4: "플라톤의 『향연』 읽기" 철학 텍스트 읽어 보기 '원초인간' 그려 보기	50	활동지 4 활동지 5 색연필

2) 내용

(1) 도입

① 프로그램 소개

- 사랑을 다룬 웹툰의 편집영상 감상
- **2차시 프로그램 소개말:** "요즘 웹툰의 인기가 상당합니다. 그만큼 웹툰이 다루는 주제 또한 다양하지요. 일상생활을 다루는 웹툰이 있는가 하면, 회사 생활을 다루는 웹툰도 있습니다. 그렇다면 우리가 본 영상의 웹툰은 무엇을 다루는 웹툰일까요? 그렇습니다. 바로 사랑입니다. 그런데 사랑은 우리가 본 웹툰처럼 사랑을 주된 주제로 택한 웹툰뿐만 아니라 일상 생활이나 개그를 소재로 한 웹툰 등에서도 공통적으로 나타납니다. 그 이유는 무엇일까요? 그것은 시공간을 초월하여 모든 사람들이 사랑을 경험했고, 또 경험하고 있기 때문입니다. 즉, 사랑은 인간 삶의 보편적인 현상입니다. 수많은 사랑 이야기를 떠올려 보세요. 사람들은 행복한 사랑 이야기나 불행한 사랑 이야기를 스크린 위에 펼쳐 놓은 수많은 영화를 구경하고, 사랑을 노래한 수백 가지의 노래를 듣곤 합니다. 우리가 한 번쯤 사랑에 대해 고민하고 생각해 봐야 하는 이유가 바로 여기에 있습니다. 그래서 오늘은 '사랑'에 대해 서로 이야기하는 시간을 가져 볼까 합니다."

[참고 영상자료] 〈연애혁명〉 매드무비

〈연애혁명〉은 네이버에 연재되고 있는 로맨스 코미디 웹툰으로 평범한 고등학생 공주영과 도도하고 차가운 여학생 왕자림의 티격태격하는 연애담을 그리고 있다. 이 내용이 꽤나 현실적이라 중고등학생의 많은 공감과 인기를 얻어 네이버 목요 웹툰 1위를 차지하기도 하였다. 참고로 매드무비란 원작자의 음성, 게임, 그림, 동영상, 애니메이션 등을 개인이 편집, 합성, 재생산된 미디어를 의미한다.

② 활동 1: "사랑의 빈칸을 채워 봐!"

- **활동 소개:** 사랑이란 인간 삶의 보편적인 현상이다. 그러나 사랑의 형태나 모습이 모든 사람에게 동일하게 나타나는 것은 아니다. 오히려 사랑은 사람마다 고유한 특징을 가지며 그 모습도 각양각색이다. 그렇기 때문에 첫 번째 활동을 통해 사랑의 다양한 모습을 확인하는 시간을 갖는다.
- **진행방법:** 참여자들 스스로 '________은 ________을 사랑한다(했다).'라는 문장의 빈칸을 자유롭게 채우고, 그 내용을 서로 공유한다. 이때 각각의 사랑에 관련된 개인적인 경험이 있다면 함께 이야기한다. (활동지 1)
- **진행 note:** 사랑은 인간의 삶 속에 존재하는 보편적인 현상이지만 개인의 고유한 특징에 따라 각양각색의 모습으로 나타날 수 있다. 활동을 진행하기 앞서 이를 먼저 언급하고 활동 방향을 제시하는 것이 좋다. 본격적인 활동 중에는 활동지의 빈칸이 천편일률적으로 채워지지 않도록 조율한다. 예를 들어, 주어진 문장의 주어와 목적어 자리에 '나'와 같은 일인칭뿐만 아니라 일반명사가 올 수 있음을 암시한다(예: 엄마는 자식을 사랑한다, 남편은 아내를 사랑한다 등). 빈칸을 모두 채운 후, 그 내용과 함께 개인적인 사랑 경험을

서로 나눌 수 있도록 격려한다. 이때 참여자 개개인의 성향에 따라 경험의 정도가 다를 수 있기 때문에 모둠의 특성, 참여자의 성향을 고려하여 이야기의 흐름을 조율할 필요가 있다. 나눔 시간이 끝난 후에는 활동지를 바탕으로 빈칸에 채워진 내용을 귀납적으로 정리한다. 이 과정을 통해 참여자들은 사랑을 다양한 종류로 구분할 수 있다. 예를 들어, 모성애, 형제자매간의 우애, 자기애, 인류애, 인간에 대한 신의 사랑 등으로 범주화가 가능하다. 사랑이라 하면 보통 남녀 간의 이성애를 떠올리기 쉽지만 이 같은 활동을 통해 참여자들 스스로 사랑의 다양한 양상을 파악할 수 있을 것이다.

(활동지 1)

활동 1	사랑의 빈칸을 채워 봐!

※ 빈칸을 자유롭게 채워 보세요.

- ______________ 은(는) ______________ 을(를) 사랑한다(했다).
- ______________ 은(는) ______________ 을(를) 사랑한다(했다).
- ______________ 은(는) ______________ 을(를) 사랑한다(했다).
- ______________ 은(는) ______________ 을(를) 사랑한다(했다).

활동 1: 사랑의 빈칸을 채워 봐!

(2) 전개

① 활동 2: "사랑일까…?"

• **활동 소개:** 〈활동 1〉이 사랑의 다양한 형태를 파악하는 데 그 목적이 있었다면 〈활동 2〉는 어떻게 사랑할 것인가, 성숙한 사랑의 방식이란 무엇인가에 초점을 맞춘다. 때문에 〈활동 1〉과 달리 〈활동 2〉는 '________은 ________을 사랑한다(했다).'라는 문장의 동사에 주목하여, 사랑이 하나의 활동임을 강조할 것이다. 어떤 활동을 잘하고 싶다면 그 활동을 수행하는 방식에 대해 철저히 고민해야 할 것이다. 따라서 사랑을 잘하기 위해 우리는 성숙한 사랑의 방식이 무엇인지 반드시 고찰해야 한다. 물론 성숙한 사랑의 방식이 무엇인지는 참여자들 각자가 규정해야 할 것이다. 그래서 〈활동 2〉는 다양한 사랑의 방식을 참여자들에게 제시하고, 각각의

경우가 성숙한 사랑이라 불릴 수 있는지를 생각하는 방식으로 구성된다.

- **진행방법:** 활동지를 통해 사랑 방식의 다양한 예를 제시한 후, 참여자들 스스로 각각의 예마다 사랑이라 말할 수 있는 이유와 사랑이라 불릴 수 없는 이유를 적도록 한다. 작성이 끝난 후에는 서로의 생각을 나누고 의견이 나뉘는 경우, 토론을 유도하여 사고의 확장을 돕는다. (활동지 2)
- **진행 note:** 〈활동 1〉이 '________은 ________을 사랑한다(했다).'의 주어(주체)와 목적어(대상)에 주목해 사랑의 다양한 형태를 확인했다면 〈활동 2〉는 문장의 동사에 주목한다. 이러한 전환을 시도하는 것은 사랑의 방식이 성숙한 사랑을 결정짓는 핵심 요소이기 때문이다. 그러나 사람들은 보통 사랑의 문제를 대상의 문제와 관련지어 생각하곤 한다. 다시 말해 스스로 사랑받을 만한 사람이 되도록 노력하거나 자신이 사랑할 만한 사람을 찾는 것만을 중시하는 것이다. 이러한 통념에서 탈피하기 위해 리더는 사랑의 대상이 사랑 여부나 사랑의 성숙도를 결정하는 요소가 아님을 재차 강조할 필요가 있다. 이때 사랑의 대상이 일반적이지 않은 경우를 예시로 활용해 볼 만하다. 사랑의 대상이 일반적이지 않다고 해서 그것을 사랑이 아니라고 하거나 미성숙한 사랑으로 치부해서는 안 된다. 이를 분명히 하고, 대상보다 사랑의 방식이 중요함을 환기한다(예: 동성애, 사이버 연애 등).

  참여자들에게 제공할 사랑의 방식에 대한 예시는 의견이 다양하게 나올 수 있도록 우리가 보통 사랑이라 단정 내리기 어려운 것들로 준비한다. (예: 사회적 의무를 도외시한 사랑, 일방적인 사랑, 상대방을 소유하려는 사랑, 다자간 연애를 허용하는 사랑 등) 활동지를 채울 때는 자신의 견해와 다른 경우라도 그 근거를 생각해 볼 수 있도록 지도

한다.

서로의 견해를 나누는 과정에서 의견 차가 발생한다면 그 원인을 짚어 주는 것이 좋다. 대부분의 견해 차이는 사랑을 어떻게 정의하느냐에 따라 발생하므로 사랑에 대한 서로 다른 정의를 발견하는 시간을 갖는 것도 좋겠다. 예를 들어, 사랑의 방식이 조금 유별나더라도 '사랑은 사랑이다.'라는 주장의 근거는 사랑을 감정적 상태로 정의하는 일에 있다. 사랑에 수반되는 사회적 책임을 무시하거나, 일방적인 사랑이라 하더라도 감정 자체는 분명 사랑이므로 사랑이 아니라 말할 수 없다는 것이다. 이와 같은 과정을 통해 참여자들은 자신이 생각하는 이상적인 사랑 방식, 사랑의 정의 등을 자연스레 고찰할 수 있을 것이다.

(활동지 2)

활동 2	사랑일까…?

※ 다음의 예시가 사랑이라고 할 수 있는, 혹은 사랑이라고 할 수 없는 이유를 적어 보세요.

〈사르트르와 보부아르의 계약결혼〉

프랑스의 철학자 장 폴 사르트르는 연인 시몬 드 보부아르에게 다음과 같은 제안을 했다고 한다. "우리 2년간 계약을 맺읍시다." 이 말 한 마디는 50년이 넘는 시간 동안 그들의 관계를 규정한다. 두 사람의 계약 내용 중 대중에게 잘 알려진 것들만 정리하면 다음과 같다. 첫째, 그들은 서로 사랑하고 관계를 지키는 동시에 다른 사람과 사랑에 빠지는 것을 허락한다. 즉, 두 사람은 각자 다른 사람과 사랑을 할 권리가 있다. 둘째, 상대방에게 거짓말을 하지 않으며, 어떤 것도 숨기지 않는다. 셋째, 경제적으로 서로 독립한다. 이러한 사르트르와 보부아르의 파격적인 계약결혼, 사랑이라고 할 수 있을까?

사랑이야!

사랑이라고 할 수 없어!

② 활동 3: "사랑은 뭐다?"

• **활동 소개:** 본 활동은 사랑의 몇 가지 방식들을 고찰하는 과정이다. 〈활동 2〉를 통해 내가 생각하는 사랑의 정의와 성숙한 사랑 방식에 대해 간접적으로 살펴보았다면 이제 그 생각들을 구체화시키는 작업이 필요하다. 그를 위해 참여자들은 자신이 원하는 사랑 방식을 바탕으로 이상적인 사랑, 성숙한 사랑이 무엇인지를 명시적으로 적어 보는 시간을 갖는다.

• **진행방법:** 참여자들 스스로 '사랑은 ____(이)다.'의 빈칸을 자유롭게 채운다. 모두 채운 후에는 서로의 생각을 나누는 시간을 갖는다. (활동지 3)

• **진행 note:** 〈활동 3〉의 이해를 돕기 위해 사랑 정의 내리기와 관련된 편집영상을 감상할 수 있다. 〈활동 2〉에서 간접적으로 인지한 성숙한 사랑, 이상적 사랑에 대한 개개인의 사유를 〈활동 3〉을 통해 구체화할 수 있도록 지도한다. 예를 들어, 사랑에 수반되는 사회적 책임과 의무를 도외시하는 경우 사랑이라 말할 수 없다는 견

해를 피력했다면 그러한 견해를 성숙한 사랑을 정의하는 데 반영할 수 있도록 격려한다. 만약 〈활동 2〉와 〈활동 3〉의 구체적 내용이 서로 상충한다면 그 또한 지적하여 참여자들의 사고를 확장할 수 있도록 도움을 준다. 이처럼 자신의 생각을 귀납적으로 종합하는 과정을 통해 참여자들은 사유의 즐거움을 깨닫게 될 것이다.

모든 활동이 끝난 후에는 '어떻게 사랑할 것인가'를 고민하고 성찰하는 일이 중요함을 강조할 필요가 있다. 이때 20세기 독일 철학자 에리히 프롬의 사랑에 대한 논의가 활용될 만하다. 프롬은 사랑에 대해서라면 배울 것이 전혀 없다거나 사랑하는 일보다 더 쉬운 일은 없다고 생각하는 태도를 지양해야 한다고 말한다. 그에 따르면 사랑은 나의 참여가 필요한 것이고, 지식과 노력이 요구되는 활동이자 하나의 기술이다. 그렇기 때문에 인간은 어떻게 사랑할 것인지를 끊임없이 고민하고 성찰하여 자신의 삶 속에서 성숙한 사랑을 만들어나가야 한다. 그러나 사람들은 보통 사랑을 운만 좋으면 빠져들게 되는 수동적인 감정이라 여기곤 한다. 따라서 인문상담을 통해 참여자들이 사랑에 대한 올바른 이해를 가질 수 있도록 애써야 할 것이다.

[참고 영상자료] 〈나 혼자 산다〉: 헤이즈 편

〈나 혼자 산다〉는 MBC에서 방영 중인, 혼자 사는 유명인들의 일상을 관찰 카메라 형태로 담은 텔레비전 프로그램이다. 이 프로그램에 나온 가수 '헤이즈'는 영화 겨울왕국의 눈사람 캐릭터 '올라프'를 너무나 사랑하여, 올라프 인형을 모으고 그 인형들을 일부러 냉동실에 넣어둔다. 더불어 자신이 올라프를 좋아하는 것은 '사랑이란 상대를 위해 자신을 희생하는 것이다.'라는 올라프의 사랑관과 자신의 사랑관이 유사하기 때문이라고 이야기한다.

[참고 영상자료] 〈겨울왕국〉

〈겨울왕국〉은 2013년 월트 디즈니에서 제작한 애니메이션 영화로 영화의 주인공은 통제할 수 없는 마법의 힘을 타고난 어린 여왕 '엘사'와 그녀의 여동생 '안나'이다. 아무에게도 들켜선 안 되는 마법의 비밀을 들킨 여왕 엘사가 나라를 떠나자 자매의 왕국에 위기가 닥치고, 적극적인 성격의 동생 '안나'는 자신의 언니와 왕국을 구원하기 위해 모험을 떠나게 된다. 이 영화의 등장인물 중 하나인 눈사람 올라프는 심장에 받은 상처 때문에 얼어 죽어가는 안나를 위해 자신이 녹는 것은 신경 쓰지 않고 벽난로에 열심히 불을 지핀다. 녹아가는 올라프를 말리는 안나에게, 올라프는 사랑이란 상대를 위해 희생하는 것이라 이야기한다.

(활동지 3)

활동 3	사랑은 뭐다?

※ 어떻게 사랑하고 싶은지를 떠올리며 자신이 생각하는 이상적 사랑을 한 문장으로 표현해 보세요.

사랑은 ______________________________ 다.

활동 3: 사랑은 뭐다?

(3) 마무리

① 활동 4: "플라톤의 『향연』 읽기"

- **활동 소개:** 지금까지의 활동은 참여자 개개인이 생각하는 사랑을 나열하고 정리하는 작업에 집중했다. 이와 달리 〈활동 4〉는 철학 텍스트인 플라톤(Plato, BC 427~BC 347)의 『향연』에 등장하는 아리스토파네스의 사랑에 대한 논의를 따라가 본다.
- **진행방법:** 플라톤의 『향연』 중에 아리스토파네스의 연설문을 발췌한 활동지를 모둠 별로 참여자들에게 나누어 준 후, 한 문단씩 소리 내어 읽는다. (활동지 4)
- **진행 note:** 플라톤의 대화 편, 『향연』은 사랑(에로스)의 본질이 무엇인지를 다루는 책이다. 이 대화 편에는 에로스의 기원과 특징 그리

고 역할과 관련된 여섯 가지 이야기가 실려 있다. 아리스토파네스는 이 중 네 번째 이야기의 연사로 등장한다. 그의 연설은 신화의 형태를 하고 있기 때문에 다른 철학 텍스트에 비해 강독 난이도가 높지 않다. 다만 한 가지 주의해야 할 점은 플라톤이 『향연』에서 궁극적으로 말하고자 하는 사랑에 대한 규정과 아리스토파네스의 사랑에 대한 규정이 동일하지 않다는 것이다. 강독을 진행하며 참여자들이 아리스토파네스의 이야기를 『향연』의 주된 견해로 이해하지 않도록 주의해야 한다.

참여자들이 텍스트에 보다 집중할 수 있도록 새로운 활동을 추가하는 것도 고려해 볼 만하다. 아리스토파네스의 연설은 시각화가 쉽기 때문에 신화 속 원초인간들을 그림으로 그려 보는 활동을 제안한다. (활동지 5)

강독이 모두 끝난 후에는 다음과 같은 질문을 통해 내용을 심화시킨다. '아리스토파네스의 이야기에 따르면 인간은 왜 사랑을 하나요?' 그것은 제우스에 의해 둘로 분리된 원초인간이 고독감을 극복하기 위해 자신의 잃어버린 반쪽을 찾아 사랑하기 때문이다. 이 신화는 사랑을 하는 인간 본성에 관한 부분적인 진실을 담고 있다. 이성을 지닌 인간은 마치 둘로 분리된 원초인간처럼 '나'라는 존재가 독립적으로 분리된 한 개인이라는 것을 인식한다. 물론 그러한 자기 인식에는 고독감과 불안감이 따른다. 그렇기 때문에 인간은 타인이나 외부 세계로 자신을 연결시키고 인간 상호 간의 일치, 타인과의 융합을 지향하는 사랑을 통해 분리감과 고독감을 극복하고자 하는 것이다. 여기서 주의해야 할 것은 사랑을 통한 인간 사이의 일치와 융합이 완전한 동일성을 의미하지 않는다는 것이다. 개성이 파괴된 동일성을 성숙한 사랑이라 할 수 없듯이 진정한 사랑은 각자의 개성을 유지하는 동시에 일치를 지향한다. 그래서 사랑에는 두 존재가 하나인 동시에 따로 따로 존재하는 모순이 성립된다. 이러한 논의를 통해 참여자들은 사회적 존재인 인간의 본성과 사랑, 즉 관계 맺음의 이상적 양식이자 활동인 사랑을 보다 폭넓게 이해할 수 있을 것이다.

(활동지 4)

활동 4	플라톤의 『향연』 읽기

아리스토파네스가 말했다고 하네. 내가 보기에 인간들은 에로스의 능력을 완전히 깨닫지 못했네. 그들이 그걸 깨닫고 있다고 한다면 그에게 가장 큰 신전들과 제단들을 마련해 주었을 테고 가장 성대한 제사를 지내려 할 텐데, 실제로는 이일들 가운데 아무것도 그와 관련하여 일어나고 있지 않거든. 무엇보다도 그런 일들이 일어나야 마땅한데도 말일세. 왜냐하면 그가 신들 가운데서 누구보다도 가장 인간에게 우호적인 분으로서 인간들의 조력자요, 다음과 같은 것들의, 즉 그것들이 치유되면 인류에게 가장 큰 행복이 있게 될 그런 것들의 치유자이니까. 그러기에 나는 여러분에게 그의 능력을 소개하려고 시도할 테니 여러분은 다른 사람들에게 그것을 가르치는 선생이 되어 주시게.

우선 여러분은 인간의 본성과 그것이 겪게 되는 일들을 배워야 하네. 오래전 우리들의 본성은 바로 지금의 이것과 같은 것이 아니라 다른 유의 것이었네. 우선 인간들의 성(性)이 셋이었네. 지금처럼 둘만, 즉 남성과 여성만 있는 게 아니라 이 둘을 함께 가진 셋째 성이 더 있었는데, 지금은 그것의 이름만 남아 있고 그것 자체는 사라져 버렸지. 그때는 남녀추니가 이름만이 아니라 형태상으로도 남성과 여성 둘 다를 함께 가진 하나의 성이었지만, 지금은 그것의 이름이 비난하는 말 속에 들어 있는 것을 빼고는 남아 있지 않네.

그다음으로 각 인간의 형태는 등과 옆구리가 둥글어 전체가 구형이었네. 네 개의 팔 그리고 팔과 같은 수의 다리 그리고 원통형의 목 위에 모든 면에서 비슷한 두 개의 얼굴을 가지고 있었네. 서로 반대 방향을 향해 있는 두 얼굴 위에 한 개의 머리, 그리고 네 개의 귀, 두 개의 생식기 그리고 다른 것들도 전부 이것들로부터 누구라도 미루어 짐작할 만한 방식으로 가지고 있었네. 지금처럼 꼿꼿이 서서 두 방향 중 어느 쪽으로든 원하는 대로 걸어 다녔고, 빨리 달리기 시작할 때는 마치 공중제비를 하는 사람들이 다리를 곧게 뻗은 채 빙글빙글 돌아가며 재주를 넘는 것처럼 그때는 여덟 개였던 팔다리로 바닥을 디뎌 가면서 재빨리 빙글빙글 굴러다녔네.

인간의 성이 셋이고 또 그런 성격을 가지고 있었던 것은 다음과 같은 이유 때문이네. 즉, 남성은 애초에 해의 자손이었고 여성은 땅의 자손이었으며, 둘 다를 나누어 갖는 것은 (달이 바로 그 둘을 나눠 갖고 있기에) 달의 자손이었다는 것 때문이라네. 그리고 그것들 자체도, 그리고 그것들의 걸음걸이도 구형이었다는 것은 바로 그 부모들을 닮았기 때문이네. 그런데 그것들은 힘이나 활력이 엄청났고 자신들에 대해 대단한 생각을 가지고 있었으며, 신들을 공격하게 되었네.

… (중략) …

그래서 제우스와 다른 신들은 그들에 대해 무슨 일을 해야 할지를 의논하면서 어쩔 줄 몰라 막막해하고 있었네. 그들을 죽이거나 그 족속을 싹 없애 버릴 수도 없었고 (그렇게 되면 인간들에게서 그들이 받는 숭배와 제사가 싹없어져 버리게 될 테니까 말일세), 또 그렇다고 제멋대로 구는 것을 그냥 내버려 둘 수도 없었거든. 그래서 제우스가 간신히 생각을 짜내어서는 다음과 같이 말했네. '어떻게 하면 인간들이 계속 살아 있으면서도 힘이 약해져서 제멋대로 행동하는 것을 멈추게 될 수 있을지 그 방도를 나는 갖고 있다고 생각한다. 이제 나는 그들 각각을 둘로 자르겠다. 그러면 한편으로는 그들이 약해지면서 동시에 다른 한편으로는 그 수가 더 많아지게 되어 우리에게 더 쓸모 있게 될 것이다. 그리고 그들은 두 다리로 꼿꼿이 서서 걸어 다니게 될 것이다.

그런데도 여전히 그들이 제멋대로 구는 걸로 보이고 얌전히 있으려 하지 않을 때는 다시 한번 더 둘로 자르겠다. 그렇게 되면 그들은 외다리로 서서 겅중거리며 다니게 될 것이다.'

이렇게 말하고서 그는 인간들 각각을 둘로 자랐네. 각 인간을 자를 때마다 그는 아폴론에게 (인간들이 자신의 잘린 곳을 바라보면서 더 질서 있는 자가 되게 하기 위해서) 그 얼굴과 반쪽 목을 잘린 곳 쪽으로 비틀어 돌려놓으라고 명했고, 또 다른 것들을 치료해 주라고 명했네. 그러자 아폴론은 얼굴을 비틀어 돌려놓았고, 마치 끈으로 돈주머니를 졸라매듯 몸의 모든 곳으로부터 살가죽을 지금 배라고 불리는 것 쪽으로 끌어모아서는 배 한가운데에 꽉 묶어 주둥이 하나를 만들어 놓았는데, 바로 그걸 사람들은 배꼽이라 부르지. 또 그는 다른 곳의 여러 주름들은 펴 매끄럽게 했고 갖바치들이 구두 골에 놓고 가죽의 주름들을 매끄럽게 할 때 쓰는 것과 비슷한 어떤 도구를 가지고 가슴을 만들어 냈지만, 배 자체, 즉 배꼽 주변에 있는 약간의 주름들은 그냥 남겨 두었네. 오래전에 겪은 일을 그들에게 상기시키도록 말일세.

그런데 이제 그들의 본성이 둘로 잘렸기 때문에 반쪽 각각은 자신의 나머지 반쪽을 그리워하면서 줄곧 만나려 들었네. 서로 팔을 얼싸 안고 한데 뒤엉켜 한 몸으로 자라기를 욕망하다가 결국에는 상대방과 떨어진 채로는 아무것도 하고 싶어 하지 않았기 때문에 굶어서 혹은 다른 아무 일도 하지 않음으로써 죽어갔네. 그렇게 그들은 멸망해가고 있었네.

그런데 제우스가 그들을 가엾이 여겨 다른 방도를 강구하게 되는데, 그들의 생식기를 앞쪽으로 옮겨 놓았지. 그때까지 그들은 생식기도 다른 것들처럼 바깥쪽에다 가지고 있었고, 상대방 속에다가 자식을 낳고 출산하고 하는 것이 아니라 매미들처럼 땅속에다가 그렇게 했거든. 그래서 그는 그들의 생식기를 앞쪽으로 옮겨 놓았고 이로 인해 그들이 상대방 속에서, 즉 남성을 통해 여성 속에서 생식을 하도록 해 주었네. 다음과 같은 일들을 위해서지. 즉, 한편으로 남자가 여인을 만나 한데 뒤엉킴이 일어날 때는 자식을 낳아 그 종족이 계속 생겨나게 되고, 동시에 다른 한편으로 남성이 남성과 만날 때도 어쨌거나 함께함에서 오는 포만(飽滿)은 있게 되어 그들이 막간에 한숨 돌리고 일로 돌아가 여타의 삶을 돌보게 되도록 하기 위해서라네. 바로 그래서 그토록 오래전부터 내내 서로에 대한 사랑이 인간들에게 나면서부터 들어 있게 되고, 그것은 옛 본성을 함께 모아 주며, 둘에서 하나를 만들어 내어 인간 본성을 치유하려 노력하네.

그러기에 우리 각자는 한 인간의 부절(符節)이네. 하나에서 둘로 잘라져 있으니까 말일세. 각자는 자신의 부절을 하염없이 찾아다닌다네.

… (중략) …

어떤 자든 누구나 자신의 저 반쪽 자체와 만날 때면 친애와 친근함과 사랑에 놀라울 정도로 압도되어, 이를테면 잠깐 동안도 서로에게 떨어져 있고 싶어 하지 않게 된다네. 그리고 바로 이들이야말로 전 생애 동안 내내 서로와 더불어 끝까지 살아가는 자들이네. 상대방으로부터 자기들에게 도대체 무엇이 생기기를 바라고 있는지조차 말할 수 없는 자들인데 말일세. 아무도 이것이 그저 성적인 함께함이라고, 즉 바로 이것을 위해 그토록 대단한 열성을 가지고 어느 하나가 다른 하나와 함께 지내면서 즐거워한다고는 생각하지 않을 거거든. 오히려 두 쪽 각각의 영혼은 다른 어떤 것을 원하는 게 분명하네. 그걸 말로 표현할 수 없지만 자기가 무엇을 원하는 것인지 어렴풋하게 직감하고 막연하게 암시하는 거지.

자, 그들이 같은 곳에 누워 있을 때 헤파이스토스가 자기 연장들을 들고 그들 곁에 서서 묻는다고 해 보세. '인간들이여, 그대들이 서로에게서 받아 갖게 되었으면 하고 바라는 게 무엇인가?' 하고 말일세. 또 그들이 어쩔 줄 몰라 하고 있을 때 재차 묻는다고 해 보세. '그대들이 욕망하는 게 바로 이것인가? 밤이고 낮이고 서로에게서 떨어져 있지 않을 정도로, 할 수 있는 한 많이 서로와 같은 곳에 있게 되는 것, 그것인가? 그대들이 욕망하는 게 이거라면 나는 기꺼이 그대들을 한데다 융합, 용접시켜 줄 용의가 있거든. 그렇게 되면 그대들은 둘이던 것이 하나가 되어 살아 있는 동안에는 하나로 있으니까 둘 다가 삶을 공유하게 되고, 죽은 후에는 이번에는 저곳 하데스의 집에서 둘 대신 하나가 되어 죽음을 공유하게 되지. 그대들이 사랑하는 게 바로 이것인지, 이걸 얻게 되면 그대들이 만족하는지 살펴보게.' 하고 말일세. 이런 말을 듣고 거절할 사람 아무도 없을뿐더러 다른 어떤 것을 원한다고 밝혀질 사람 역시 아무도 없으리라는 걸 우리는 알고 있네. 오히려 각자는 덮어놓고 이렇게 생각할 거네. 실은 오래전부터 자기가 바라던 게 바로 그건데, 그걸 들은 거라고 말일세. 즉, 자기가 사랑하는 자와 한데 모여 융합되어 둘이던 게 하나가 되는 것 말이네. 그 이유는 바로 이것이네. 우리의 옛 본성이 이제까지 말한 바로 이런 것이었고 우리가 온전한 자들이었다는 것 말일게. 그래서 그 온전함에 대한 욕망과 추구에 붙여진 이름이 사랑(에로스)이지.

… (후략) …

플라톤, 『향연』, pp. 93–101. (생략 발췌)

(활동지 5)

활동 5	'원초인간' 그려 보기

※ 플라톤의 『향연』을 읽고, 작품 속 '원초인간'을 상상하여 그려 보세요.

② 차시 마무리 활동: 소감 나누기 및 다음 차시 안내

- **진행방법:** 2차시 전체에 대해 자유롭게 소감을 나눈다. 다음 차시를 안내한다.
- **진행 note:** 2차시의 주요 목적은 사랑을 수동적인 것으로 이해하는 참여자들의 인식을 변화시키는 데 있다. 그러나 성숙한 사랑을 자신의 삶 속에서 실제로 구현하기 위해서는 개개인의 실천적인 노력이 필요하다. 2차시는 이를 참여자 개개인의 몫으로 남겨두고자 한다. 때문에 성숙한 사랑을 꾸려 나가기 위한 실천적인 방안을 스스로 찾아 나가기를 요구하면서 2차시를 마무리한다.

철학자의 한 마디

사랑이란 다른 사람에게 적극적으로 침투하는 것이고, 그것을 통해 알고자 하는 나의 욕구는 일치를 통해 충족된다. 융합의 행위 속에서 나는 당신을 알고 나 자신을 알며 모든 사람을 안다. 또 나는 아무것도 알지 못한다. 우리의 사고가 제공할 수 있는 어떤 지식에 의해서가 아니라 오직 일치의 경험을 통해서만 나는 인간에 대해 살아 있는 지식을 얻을 수 있다는 것을 안다. … (중략) … 사랑은 지식에 이를 수 있는 유일한 방법이며, 일치의 행위 속에서 사랑은 내 질문에 대답한다. 사랑하고 내 자신을 내주며 다른 사람에게 침투해 들어감으로써 나는 나 자신을 찾고, 나를 발견하며 우리 두 사람을 찾아내고, 인간을 발견하게 된다.

Erich Fromm, 『사랑의 기술』

참고문헌

김인곤(2005). 플라톤 『향연』. 서울: 서울대학교 철학사상연구소.
최영주(2006). 세계의 교양을 읽는다 4. 서울: 휴머니스트.

Beauvoir, S. (2001). 계약결혼(이석봉 역). 부산: 선영사.
Fromm, E. (1999). 사랑의 기술(정성호 역). 서울: 범우사.
Plato (2010). 향연(강철웅 역). 서울: 이제이북스.

3. 자유

너는 자유롭냐?

1) 개요

차시목표	• 자유를 억압받았던 경험을 공유함으로써 위로의 시간을 갖는다. • 개인의 경험을 바탕으로 철학적 사유에 다가갈 수 있도록 돕는다. • 자유가 배타성이나 자발성에 국한된 개념이 아니라 삶의 태도, 방식, 가치를 스스로 선택하는 것이라는 점을 이해하도록 돕는다.		
과정	**활동 내용**	**시간(분)**	**교보재**
도입	• '자유'와 관련한 편집영상 감상 [전체] • 차시 프로그램 내용 소개	5	동영상 파일
	• 활동 1: "내 눈에 흙이 들어가기 전까지 인정 못해!" 진로, 연애, 학교생활과 관련해서 억압받은 경험을 이야기해 보기	50	
전개	• 활동 2: "자유가 대체 뭔데?" • 활동 2-1: "'자유'롭게 붙여 봐" 자유와 구속에 관한 경험 써 보기 활동 내용 나누기 • 활동 2-2: "자유란 무엇인가" 각자가 생각하는 자유 정의 내리기 활동 내용 나누기	60	폼보드(A4) 포스트잇
	• 활동 3: "누구의 책임일까?" 텍스트를 읽고 질문에 대해 답하기 활동 내용 나누기	25	활동지 3
마무리	• 활동 4: "나의 자유 그리고 선택" 책임에 관한 글쓰기 책임의 의미에 대해서 생각해 보기	40	활동지 4

2) 내용

(1) 도입

① 프로그램 소개

- '자유'와 관련된 편집영상 감상
- **3차시 프로그램 소개말:** "안녕하세요. 잘 지냈나요? 여러분 학교에 다니는 것이 재미있나요? 친구들을 만나서 좋기는 하지만 학교가 감옥처럼 느껴지지 않나요? 제가 여러분 나이에는 학교가 감옥 같고 도망가고 싶은 그런 곳이었어요. 왜 학교가 감옥 같을까요? 아무래도 여러분이 보기에 이상한 규칙을 가지고 여러분을 제약하기 때문일 것 같아요. 그럴 때마다 여러분은 자유가 억압되고 있다고 생각하지 않나요? 여러분은 자유를 가지고 있는데 말이죠. 그래서 이번 시간에는 '자유'에 대해서 이야기해 보려고 합니다. 왜 우리는 청소년이라는 이름으로 자유를 억압받을까? 자유는 무엇이길래 그것을 추구하려고 하는 걸까? 등을 이번 시간에 이야기해 보도록 합시다."

[참고 영상자료] H.O.T.의 〈We are the future〉 MV

1990년대 인기 아이돌이었던 H.O.T.의 〈We are the future〉 MV는 사회의 부조리에 억압받는 청소년들에게 희망의 메시지를 전한 영상이다. "아직까지 우리 어른들의 그늘 아래 있어 자유롭지 않은데" "난 내 세상을 내가 스스로 만들 거야"와 같이 자유에 대한 청소년들의 갈망을 다룬 내용을 노래한다.

② 활동 1: "내 눈에 흙이 들어가기 전까지 인정 못해!"

- **활동 소개:** 구속되거나 억압되었던 경험을 이야기하면서 '자유'가 무엇인지 자연스럽게 생각하도록 만드는 것이 이 활동의 목적이다.
- **진행방법:** 부모님이 진로, 연애 등을 반대했던 경험이나 부모님과 빚은 사소한 갈등 혹은 학교에서 경험한 억압에 대해 이야기를 나누는 시간을 갖는다.
- **진행 note:** 참여자들이 자신의 경험을 바로 이야기하기는 쉽지 않을 것이다. 따라서 억압과 관련된 리더의 경험 몇 가지를 먼저 이야기해 주는 것이 좋다. 이런 방식은 리더의 경험을 통해서 참여자들이 자신의 경험을 떠올릴 수 있도록 하는 효과가 있다. 더불어 참여자들은 리더가 먼저 마음을 연다고 생각하기 때문에 자연스러운 대화의 장을 형성할 수 있다는 점에서 의미가 있다.

(2) 전개

① 활동 2: "자유가 대체 뭔데?"

- **활동 소개:** 참여자들이 각자 느꼈던 자유와 구속의 경험을 나누어 보고 그 경험을 토대로 각자가 생각하는 자유란 무엇인지 고찰해 보는 활동이다. 이 활동의 목적은 각자가 어렴풋이 가지고 있던 자유의 의미를 명시적으로 이야기하도록 이끄는 데 있다. 각자의 이해가 명확해지면 그 개념에 대해 다시 의심하고, 숙고할 수 있는 계기가 마련된다는 점에서 본 활동은 의미가 있다.

② 활동 2-1: "'자유'롭게 붙여 봐"

- **활동 소개:** 일상에서 느끼는 '자유와 구속'에 대한 자신의 생각을 이야기하면서 참여자 스스로 자유를 어떻게 이해하고 있는지 확인

할 수 있는 활동이다.

- **진행방법:** 먼저 폼보드를 가로로 두고 가운데 선을 그은 후 선 왼쪽에는 '나를 구속하는 것', 오른쪽에는 '나를 자유롭게 하는 것'으로 섹션을 나눈다. 참여자들에게는 두 가지 색의 포스트잇을 나누어 주고 한 가지 색 포스트잇에는 '나를 구속하는 것'에 대해서 쓰도록 하고, 다른 색 포스트잇에는 '나를 자유롭게 하는 것'에 대해 쓰도록 한다. 그런 다음 한 사람씩 돌아가며 '나를 구속하는 것'과 '나를 자유롭게 하는 것'으로 섹션이 구분된 폼보드에 해당 포스트잇을 붙이며 자신의 생각을 이야기한다.
- **진행 note:** 자유는 다양한 층위에서 의미를 가지고 있는 단어이기에 리더는 참여자들의 이야기를 다 들은 뒤 참여자들이 말하는 자유의 의미를 구분해 주는 것이 좋다. 자유는 '행동의 자유', '의지의 자유', '사회적 자유'로 구분할 수 있다.

'행동의 자유'는 자신이 원하는 바를 실행에 옮길 수 있는 자유를 말한다. 물리적 폭력, 전쟁상태에 놓여 있지 않을수록, 돈이나 명예를 많이 가질수록, 높은 수준의 다양한 문화를 향유할수록 행동의 자유는 커진다. 돈은 행동의 선택지를 늘릴 수 있다는 점에서 '행동의 자유'의 예가 될 수 있다. '의지의 자유'는 어떤 구체적인 상황에서 무엇을 선택할 수 있는 인간의 능력을 말한다. 행동의 자유가 없더라도 삶의 인식이나 태도를 선택하는 것은 그 누구도 침해할 수 없는 능력이라 볼 수 있다. 같은 예시일지라도 '행동의 자유'일 수도 있고, '의지의 자유'일 수도 있으므로 리더가 판단해서 그 의미를 구분해 주는 것이 좋다. 예를 들어, 연애를 구속이라고 이해하는 참여자는 연애를 '행동의 자유'로 이해한 것이고, 연애를 자유라고 이해하는 참여자는 연애를 '의지의 자유'로 보는 것이다.

'사회적 자유'는 국가에서, 사회적으로 보장된 개인의 기본적인 권리를 의미한다. 대한민국 헌법은 거주 이전의 자유, 신앙의 자유, 직업 선택의 자유, 언론의 자유, 종교의 자유 등을 보장한다. 사회가 시민의 자유를 얼마나 보장하느냐에 따라 개인의 삶은 크게 달라지게 된다. 만일 참여자들이 이러한 사회적 자유에 대해 언급하지 않는다면 리더가 이를 설명을 해 주는 것이 좋다. 참여자들이 '자유의 다양한 의미'를 이해하는 데 도움이 될 것이다.

활동 2-1: 자유롭게 붙여 봐

③ 활동 2-2: "자유란 무엇인가?"

- **활동 소개:** 〈활동 2-1〉과 연결해서 자유에 대한 참여자들의 생각을 명료화하는 시간이다.
- **진행방법:** 앞서 이야기했던 내용을 바탕으로 참여자 자신이 생각하는 '자유'란 무엇인지에 대해 돌아가면서 이야기를 나눈다.

- **진행 note 1:** 참여자들은 보통 '자유'를 "내 마음대로 하는 것" "구속받지 않는 것"이라고 정의한다. 때문에 '자유'에 대한 깊은 이해에 도달하기 위해서 다음과 같은 질문을 추가적으로 던질 것을 제안한다.
  - ㅇ 내 마음대로 하고 싶은 것은 무엇이 있을까요?
  - ㅇ 모든 것을 내 마음대로 하는 것을 자유라고 할 수 있을까요?
  - ㅇ 화가 나서 친구를 때리는 행위를 자유롭다고 말할 수 있나요? 자유롭지 않다면 왜 그런 걸까요?
  - ㅇ 어떤 누구의 간섭도 받지 않는 상태를 자유롭다고 말할 수 있나요? 히키코모리는 자유로울까요? 자유롭지 않다면 왜 자유롭지 않을까요?
- **진행 note 2:** 참여자의 생각을 자연스럽게 심화시키기 위해서 〈활동 2-1〉과 구분 없이 이야기를 나누는 것이 좋다. 이야기를 마친 후 〈활동 2-1〉과 〈활동 2-2〉에서 나왔던 참여자들의 이야기 및 〈진행 note 1〉에서 질문하고 답했던 내용을 토대로 리더가 '자유'의 의미를 정리해 준다.

  자유의 사전적 정의는 "남에게 구속을 받거나 무엇에 얽매이지 않고 자기 뜻에 따라 행동하는 것"이다. 여기서 '자기 뜻에 따라' 행동한다는 것은 무엇을 의미하는가? 이 의미가 명확해질 때 자유와 방종의 경계를 구분할 수 있게 될 것이다. 여기서 칸트의 철학을 통해 하나의 해결책을 찾아볼 수 있다. 칸트에 따르면 자유란 사적인 욕구나 선호에 따라 마음대로 행동하는 것을 넘어 이성을 통해 보편적 도덕법칙을 세우고 그에 따라 행동하는 것이다. 인간은 이성을 지니고 있기 때문에 이성적인 판단에 따라서 합리적인 규칙을 세울 수 있다는 것이다. 따라서 '자기 뜻에 따라'는 합리적인 규칙으로 이해할 수 있으며, 자유는 무엇이든지 내 마음대로 할 수 있는 것이 아니라 이성을 바탕으로 스스로 세운 규칙에

활동 2-2: 자유란 무엇인가?

따라 행동하는 것이라고 말할 수 있다.

④ 활동 3: “누구의 책임일까?”

- **활동 소개:** 자유에는 항상 책임이 뒤따르기에 책임의 의미를 생각해 보는 시간을 갖는다.
- **진행방법:** 텍스트를 읽고, 사건에 대한 책임의 정도 따라 순서를 정해 본다. 그리고 자신이 그렇게 정한 이유를 이야기한다. (활동지 3)
- **진행 note:** 참여자들은 입시 위주의 교육을 받아 왔기 때문에 어떤 큰 선택에 대해 책임져 본 경험이 많지 않다. 오히려 억압받고 구속받은 경험이 더 참여자들에게 공감을 얻을 가능성이 높다. 그러므로 책임보다는 자유에 대한 심화 활동을 계발하는 것도 좋을 것이다.

활동 3	누구의 책임일까?

짱구, 유리, 철수, 맹구, 훈이는 어렸을 때부터 함께 놀던 친구들입니다. 다른 고등학교로 진학했지만 주말마다 만나서 서로의 친목을 다질 정도로 돈독한 사이입니다. 이 날은 짱구가 기말고사를 망쳐서 어머니에게 많이 혼이 나서 기분이 좋지 않은 상황이었습니다. 그래서 친구들은 짱구의 기분을 풀어 주고자 패스트푸드점에서 햄버거를 먹고 노래방에 가기로 했습니다. 패스트푸드점에서 친구들은 간만에 만나서 즐거운 시간을 보냈습니다. 간만에 즐거운 시간을 보내서 그런지 친구들은 신이 났습니다.

짱구도 기분이 조금씩 풀어졌습니다. 그래서 짱구는 철수에게 똥집을 하는 유치한 장난을 걸었습니다. 하지만 웃을 줄 알았던 철수가 짱구에게 버럭 화를 내기 시작했습니다. 철수는 평소에 유리를 좋아하고 있었는데, 짱구가 똥집을 하자 좋아하는 친구 앞에서 너무 수치스러운 감정이 들어서 짱구에게 화를 내버리고 만 것이었습니다. 평소의 짱구였다면 철수가 화를 내도 참았을 텐데 기분이 좋지 않았던 짱구는 철수가 화를 내자 같이 소리를 지르고 말았습니다. 그렇게 둘이 패스트푸드점에서 주먹다짐을 하기 시작했습니다.

유리는 둘이 주먹다짐을 하자 깜짝 놀라며 둘을 말리기 시작했습니다. 하지만 훈이는 재미있지 않느냐며 도리어 둘의 싸움을 응원하고 있었습니다. 이때 맹구는 둘의 싸움에 끼고 싶지 않아서 저 멀리 떨어져서 그 싸움을 지켜보기만 했습니다. 그렇게 몸싸움을 하던 중 철수가 중심을 잃고 넘어져서 팔이 부러지고 말았고, 싸움이 중단됐습니다. 놀란 친구들은 철수를 데리고 병원에 갔습니다. 병원에서는 철수의 팔이 부러졌다며 깁스를 해야 한다고 했습니다.

그때 놀란 철수네 부모님이 병원으로 달려오셨고, 누가 철수를 이렇게 만들었냐며 꾸짖으셨습니다. 이 상황에서 철수의 부상은 누구의 책임일까요? 싸움의 원인을 만든 짱구인가요? 중심을 잃고 넘어진 철수? 싸움을 말리지 못한 유리? 그 옆에서 응원하고 있던 훈이? 이 싸움을 방관한 맹구인가요?

※ 위의 지문을 읽고 질문에 답해 보세요.

Q1. 철수의 부상은 누구의 책임인가요? 여러 사람의 책임이라면 누구의 책임이 가장 크고 누구의 책임이 가장 적은가요?

Q2. 자신의 모습과 가장 닮은 사람은 누구인가요?

Q3. 내가 짱구였다면 어떤 선택을 했을까요?

(3) 마무리

① 활동 4: "나의 자유 그리고 선택"

- **활동 소개:** 글쓰기는 생각을 정리하기 위한 좋은 훈련이다. 앞서 나눈 이야기를 토대로 책임의 의미에 대한 글을 쓰게 한다. 본 활동의 목적은 이러한 작업을 통해 참여자가 자신의 생각을 뚜렷하게 만들어 보는 데 있다.
- **진행방법:** 질문에 대한 자신의 생각을 글로 쓰도록 한다. (활동지 4)
- **진행 note:** 본 활동의 목적은 글쓰기를 통해 자신이 책임을 어떻게 이해하고 있는지를 명료하게 표현해 보는 것이다. 보통 참여자들은 책임의 의미를 도덕적 과오나 의지박약 문제로 이해한다. 때문에

참여자들의 발표가 끝나면 리더는 책임의 의미에 대해 설명을 해 주는 것이 좋다.

이 활동에서 이야기하고자 했던 책임은 인간이 어떤 삶의 태도나 방식, 가치를 스스로 선택할 수 있는 존재자라는 점에서 가질 수 밖에 없는 존재론적 개념이다. 자유에 대한 책임을 도덕적으로 추궁하는 수준을 넘어 우리가 인간이기에 스스로 삶을 대하는 태도를 선택할 수 있다는 점이 강조되어야 한다. 즉, 신이나 부모, 세상을 탓하는 것이 아니라 인간은 자기 스스로 자신의 삶을 감당할 수밖에 없는 존재이기에 그에 대한 책임 또한 지니게 된다고 볼 수 있다.

(활동지 4)

활동 4	나의 자유 그리고 선택

※ 질문을 읽고 글을 써 봅시다.

Q1. 내 자유로운 선택들은 어떤 것들이 있었나요?
(후회되었던 것, 뿌듯했던 것 모두 괜찮아요!)

Q2. 그 선택들은 책임을 고려한 선택들이었나요? 어떤 책임이었나요?

Q3. 그 책임을 혹시 다른 사람에게 미루거나 회피했나요? 아니면 자신이 스스로 그 책임을 감당했나요?

Q4. 그 이후에 내 삶에서 변한 부분은 무엇이 있나요?

〈리더를 위한 철학 이야기〉

사르트르의 자유와 책임

사르트르의 자유는 존재론적 개념이다. 본질이 결정되어 있는 돌, 나무, 동물들과는 달리 인간은 본질이 결정되어 있지 않고 삶의 의미와 방식을 스스로 선택할 수밖에 없도록 조건 지어진 존재자이기 때문에 자유를 가진다. 그렇기에 사르트르는 "인간은 그 자체로 자유"라고 말한다. 자유인인 인간은 자신이 어떻게 살아야 할 것인지에 대한 태도를 스스로 결정하기 때문에 각기 다른 삶의 방식을 가진다. 이처럼 인간은 동물과 달리 자신의 삶의 태도를 선택하므로 자신의 삶에 대해서 책임을 가질 수밖에 없다. 그 책임은 자신이 사는 세계의 조건을 변화시킴으로써 자기 스스로를 구속으로부터 해방시키는 것이다. 그것은 사회참여를 의미하는 앙가주망을 가리킨다.

② 3차시 마무리 활동: 소감 나누기 및 다음 차시 안내

- **진행방법:** 3차시 전체에 대해 자유롭게 소감을 나눈다. 다음 차시에 대해 안내한다.
- **진행 note:** 3차시 활동은 참여자들이 자유로운 인간으로서 자유가 어떤 의미인지를 스스로 생각하게 하는 것이 목적이다. 목적에 맞게 한 사람이 사회와 세계를 직접적으로 변화시키는 것은 어려운 일이다. 하지만 그럼에도 불구하고 인간인 우리는 자유가 있기에 삶을 대하는 태도를 결정할 수 있으며, 그러기에 우리에게는 희망이 있다는 메시지를 전달하는 것으로 이번 차시를 마무리한다.

철학자의 한 마디

사람이 스스로를 위해서 선택한다고 말할 때 각자가 스스로를 선택한다는 것을 의미한다. 그러나 또한 각자가 스스로를 선택함으로써 모든 사람을 선택하는 것을 의미하기도 한다. 사실 우리의 행위 중에 우리가 '이고자' 하는 사람을 창조함과 동시에 '있어야' 한다고 생각하는 것과 같은 인간의 개념을 창조하지 않는 행위는 하나도 없다. 이것이 될까 저것이 될까를 선택하는 것, 그것은 동시에 우리가 선택하는 것의 가치를 강조하는 것이다. 우리는 결코 악을 선택할 수 없기 때문이다.

Jean Paul Sartre, 『실존주의는 휴머니즘이다』

참고문헌

박승찬(2002). '자유와 책임'. 사람과 사람. 가톨릭대학교 인간학교육원 편저. 서울: 가톨릭대학교 출판부.

후쿠하라 마사히로(2015). 하버드의 생각수업(김정환 역). 서울: 엔트리.

Biemel, W. (1999). 사르트르(구연상 역). 서울: 한길사.

Deux, V. (2002). 그림으로 이해하는 현대사상(남도현 역). 서울: 개마고원.

Sartre, J. P. (2015). 실존주의는 휴머니즘이다(방곤 역). 서울: 문예출판사.

4. 정의

정의, 뭣이 중헌디?

1) 개요

차시목표	• 과연 정의로운 삶의 질서는 누가 만들까? 우리는 어떤 정의를 추구해야 할까? • 이러한 철학적 물음을 바탕으로 '정의'라는 주제에 대해 자유롭게 토론한다. • 정의에 대한 철학자의 생각을 검토함으로써 비판적 사고능력을 키우고자 한다.		
과정	**활동 내용**	**시간(분)**	**교보재**
도입	• 차시 프로그램 내용 소개 • 활동 1: "너라면 어떡할래?" 딜레마 상황에서 생각해 보기	40	활동지 1
전개	• 강의 1: 벤담이 추구하는 '정의' • 공리주의에 관한 편집영상 감상 [전체] • 활동 2: "손다이크 씨의 설문조사" 공리주의의 문제점 확인하기	40	동영상 파일 활동지 2
	• 활동 3: "이 아이패드 2019를 어떻게 물어주지?" 친구들의 빚 분배규칙 정하기 • 강의 2: 롤스가 추구하는 '정의'	70	활동지 3 초콜릿
마무리	• 부정의에 관한 편집영상 감상 [전체] • 활동 4: "나의 정의여! 정의를 위하여!" 내가 추구하는 정의에 대해 생각해 보기	30	동영상 파일

2) 내용

(1) 도입

① 프로그램 소개

- **4차시 프로그램 소개말:** "첫 번째 활동을 하면서, 여러분은 어떤 생각이 들었나요? 평소의 나는 다수결이 늘 옳다고 생각했지만, 사람의 목숨이 달린 상황에서는 그것이 꼭 정의로운 것은 아니라는 생각이 들었나요? 설령 다수의 목숨을 구할 수 있다고 하더라도, 무고한 한 사람을 죽이는 것은 절대적으로 옳지 않다고 말입니다. 아니면, 그래도 한 명이 죽는 것이 다수가 죽는 것보다 낫기 때문에, 그런 상황에서는 '더욱 많은 사람들의 행복을 위하는 방법을 선택해야 한다!'라는 생각이 들었나요? 한데 가만 보니, 우리의 무의식 속에 콕 박혀 있는 생각이 보입니다. 바로 '더욱 많은 사람들의 행복을 위하는 방법을 선택하자!'라는 생각입니다. 이 '더욱 많은 사람들의 행복을 위하는 방법을 선택하자!'라는 생각을 쉽게 부르면 무엇일까요? 바로 다수결입니다. 우리는 인생을 살면서 이 다수결을 꽤나 많이 사용하며 당연하게 받아들입니다. 예로 우리는 친구들과 밥을 먹으러 갈 때도, 회장을 선출할 때도, 소풍을 갈 장소를 고를 때도 다수결의 원칙을 따르곤 합니다. 자, 이렇게 우리 사고의 바탕에는 '더 많은 사람의 행복을 위한 방안을 선택하자!'라는 생각이 깔려 있어요. 그리고 그것을 정의롭다고 여기는 것이죠. 한데 이러한 우리의 생각은 어떤 상황에서도 변하지 않을까요? 이것은 변하지 않는 정의일까요? 아니라는 것을 여러분은 토론을 통해 충분히 느꼈을 것입니다. 그래서 오늘은 사회의 한 성원으로 자라나고 있는 여러분들과 함께 '정

의'란 무엇이고, 우리가 추구해야 할 '정의'가 어떤 것인지에 대해 고민해 보는 시간을 가지려 합니다."

- **진행 note:** 4차시는 특별히 〈활동 1〉을 먼저 진행한 후, 전체 프로그램을 소개하고자 한다. 〈활동 1〉은 우리가 별다른 의식 없이 받아들이던 공리주의적 사고를 흔들기 위해 준비된 것이나 활동 전에는 본 활동이 어떠한 목적을 지니는지 밝히지 않는 것이 좋다. 그러므로 〈활동 1〉이 끝난 후 프로그램 소개말을 하도록 한다.

② 활동 1: "너라면 어떡할래?"

- **활동 소개:** 주어진 딜레마 상황에서 '나라면 어떻게 하였을지'에 대해 생각해 보고, 다른 사람과 의견을 나눈다.
- **진행방법:** 모둠별로 나누어 준 활동지를 읽고, 자신이 제시된 상황에 처하였음을 가정하여 생각해 본다. 각자가 '나라면 어떻게 판단하였을지'에 대한 자신의 의견을 적고 그 내용을 바탕으로 다른 모둠 참여자들과 토론하여, 최종적으로 결정된 의견을 모둠별로 발표한다. (활동지 1)
- **진행 note:** 이 활동의 목적은 우리가 평소 당연하게 생각하던 공리주의적 정의가 언제나 옳은 것인가에 대해 질문을 던지는 것이다. 이를 통해 참여자들은 자연스럽게 스스로 공리주의의 문제점을 생각해 볼 수 있다.

(활동지 1)

활동 1	너라면 어떡할래?

때는 1884년의 더운 여름이었습니다. 육지에서 너무나 멀리 떨어진 남대서양 위에 조그만 구명보트 하나가 외롭게 표류하고 있었지요. 그 보트에는 선장 더들리와 일등항해사 스티븐슨, 일반 선원 브룩스 그리고 열일곱 살밖에 되지 않은 급사 리처드 파커가 타고 있었습니다. 이들이 원래 타고 있던 배는 폭풍에 떠내려갔고, 간신히 탄 구명보트에는 오로지 순무 통조림 캔 두 개뿐이었으며 마실 물 따윈 존재하지 않았습니다.

고민하던 그들은 처음 3일 동안은 순무의 양을 정해두고 조금씩만 먹었습니다. 그러다 4일째 되던 날은 바다거북이 한 마리를 우연히 잡아서 남은 순무와 함께 겨우 먹으며 버텨냈습니다. 그리고 시간이 흘러 8일째가 되던 날, 결국 모든 음식은 바닥나고 말았습니다. 그러자 파커는 배고픔을 참지 못하고 바닷물을 마시려 하였습니다. 이에 항해의 베테랑이던 다른 선원들은 절대 바닷물을 그대로 마셔서는 안 된다고 말렸죠. 하지만 파커는 참지 못하고 결국 바닷물을 벌컥벌컥 마셨고, 이로 인해 병이 나게 되었습니다. 그는 금방이라도 목숨이 끊어질 것 같았습니다. 그리고 그런 그를 바라보던 다른 선원들의 머릿속에 생각 하나가 자리 잡기 시작했습니다. '리처드 파커는 병에 걸려 있으며 곧 죽을지도 모른다. 게다가 그가 죽는다고 해서 살길이 막막해질 사람도, 슬퍼할 아내나 아이도 없다. 왜냐하면 그는 열일곱 살짜리 고아이기 때문이다.' 이들은 배고픔에 고통스럽게 하루하루를 보내다가 19일째 되던 날 다른 사람을 위해 희생할 사람을 정하자는 결론을 내렸습니다. 그들이 생각한 희생할 사람은 당연히 파커였습니다. 하지만 브룩스는 이를 받아들일 수 없었고, 그가 거부하는 바람에 이는 실행에 옮겨지지 못했습니다. 허나 다음 날도 그들을 구해 줄 배는 찾아볼 수 없었습니다. 결국 배고픔을 참지 못한 선장 더들리는 브룩스의 반대에도 불구하고 주머니칼로 파커의 경정맥 급소를 찔러 죽였습니다. 그 후 브룩스를 설득하여 4일 동안 세 남자는 파커의 살과 피를 먹으며 연명했습니다.

그리고 표류한 지 24일째 되던 날, 가까스로 구조의 손길이 나타나 세 명의 선원은 모두 구조되었습니다. 그리고 이들은 영국으로 돌아가자마자 체포되어 재판을 받게 되었죠. 법정에서 더들리와 스티븐슨, 브룩스는 파커를 죽여 그를 먹은 사실을 순순히 자백했고 어쩔 수 없었다고 주장했습니다.

마이클 샌델, 『정의란 무엇인가』, pp. 51-53. (일부 각색)

Q1. 당신이 법정의 판사라면 어떤 판결을 내리겠습니까? 그들은 유죄입니까? 무죄입니까?

(2) 전개

① 강의 1: 벤담이 추구하는 '정의'

- **진행방법:** 참여자들에게 벤담이 추구한 공리주의적 '정의'에 대해 설명하고, 이에 관한 영상을 시청한다.
- **진행 note:** 이론적인 내용을 설명하는 것이기 때문에, 참여자들의 이해 정도를 계속 확인하며, 활동을 진행해야 한다.

(강의 1)

강의 1	리더를 위한 철학 이야기: 벤담이 추구하는 정의

벤담이 추구하는 정의

'정의'란 사전적으로 '개인 간의 올바른 도리 또는 사회를 구성하고 유지하는 공정한 도리'를 의미한다. 그리고 우리가 가장 쉽게 받아들이는 정의가 바로 앞서 이야기했던 '다수결'이다. 헌데 점점 생각을 하다 보니, 궁금해진다. '더욱 많은 사람들의 행복을 위하는 방법을 선택하자!'라는 생각은 누가 먼저 하게 된 것일까? 물론 이와 비슷한 생각을 한 이들은 많았겠지만, 이를 이론적으로 정리한 사람이 바로 18세기 영국의 제러미 벤담이다. 제러미 벤담이 체계화한 공리주의는 공리성을 가치판단의 기준으로 삼는 이론이다. 즉, 옳은 행동, 정당한 행동이란 인간의 이익과 행복을 늘리는 데 얼마나 기여하는가 하는 유용성과 결과에 따라 결정된다. 그러면 벤담이 어떻게 이러한 이론을 만들게 되었을까? 그는 자신만의 이론을 만들기 위해 사람들을 가만히 관찰하던 중, 한 가지 사실을 깨닫게 되었다. 인간은 누구나 모두 쾌락과 행복을 추구하고 고통과 불행을 피하려 하는 본성을 지닌 존재라는 것이다. 벤담은 인간행동에 대한 윤리적 판단 기준 역시 여기에 기초해야 한다고 보았다. 그러므로 '무엇이 올바른 행동인가?', '무엇이 정의로운 행동인가?'라는 질문과 마주했을 때, 우리는 되도록 많은 사람들이 가능한 한 많은 행복을 얻을 수 있도록 행동해야 한다. 따라서 공리주의는 '최대 다수의 최대 행복'을 실현하는 것을 목표로 한다. 결국 벤담이 추구하는 정의란 '최대 다수의 최대행복'이라는 목적을 사회 제도 전체가 추구해야 할 목적으로 설정하고 그것을 달성해 나가는 것이라고 할 수 있다. 즉, 전체의 행복을 통해 정의로움을 판단하는 것이다.

[참고 영상자료] EBS 다큐프라임 법과 정의 2부-정의의 오랜 문제, 어떻게 나눌까?

인류의 영원한 숙제인 분배문제를 둘러싼 철학자들의 사상을 고찰하고, 이 시대가 요구하는 진정한 '법과 정의'의 의미를 찾아보는 다큐멘터리다. 여기서 우리는 배가 고픈 아이들에게 피자를 나누어 주고자 할 때, 이를 벤담의 공리주의를 기준으로 한다면 어떻게 되는지를 시청한다. 아이들은 승우, 미영이, 송희, 덕룡이, 서현이 다섯 명이고 피자도 다섯 조각이다. 한 사람 앞에 한 조각씩 준다면 간단하지만 벤담의 방식은 조금 다르다. 제한된 자원을 나눌 때, 벤담의 공리주의에서 가장 중요한 것은 모든 사람의 쾌락의 양을 합친 쾌락의 총량을 극대화하는 것이다. 그리고 피자가 주는 쾌락의 양은 사람마다 다르다. 피자를 좋아하는 사람도 있지만 별로 좋아하지 않는 사람도 있기 때문이다. 그리고 이는 배고픔의 정도와도 상관이 있다. 첫 번째 먹는 피자가 두 번째 먹는 피자보다 훨씬 맛이 있다. 해서 이를 정리해 보자면, 승우가 피자를 먹을 때 첫 번째 조각과 두 번째 조각이 주는 쾌락의 양은 11과 2이다. 미영이는 9와 6, 송희는 4와 1, 덕룡이는 7과 3, 서현이는 10과 5이다. 따라서 이 다섯 명에게 피자를 한 조각씩 골고루 나누어 주었을 때를 가정해 보면 쾌락의 총량은 41이 나온다. 여기서 벤담이 추구하는 대로 전체 행복의 총량을 늘릴 수 있는 방법이 없을까? 있다.

송희 대신 미영이에게 피자를 더 주면 된다. 그러면 전체의 쾌락이 43이 되어 전보다 2만큼 더 커진다. 공리주의자 벤담에게 정의란 전체 효용을 위해 송희에게 다소 섭섭하더라도 미영이에게 피자 2조각을 주는 것이다.

② 활동 2: “손다이크 씨의 설문조사”

- **활동 소개:** 지금까지 벤담이 추구한 공리주의적 정의에 대해 알아보았다. 그런데 이러한 공리주의에 다음과 같은 반론이 제기될 수 있다. 첫 번째는 공리주의가 개인과 소수집단의 권리를 존중하지 않는다는 것이고, 두 번째는 사람들의 기호나 가치를 숫자로 환산하여 계산하는 것 자체가 불가능하다는 것이다. 그런데 이 두 번째 문제를 해결하고자 했던 사회심리학자가 있다. 그의 이름은 ‘에드워드 손다이크’로, 그는 벤담과 같이 사람들의 행위와 관련된 모든 가치를 단일한 기준으로 환산할 수 있다고 생각하였다. 그는 이러한 본인의 생각을 증명하기 위해 정부로부터 도움을 받는 청년들을 모아, 설문조사를 시행하였다. 손다이크는 청년들에게 기분 나쁜 경험들이 적힌 목록을 나누어 준 뒤, ‘이 목록에 적힌 경험을 하는 대가로 얼마를 받겠느냐’라는 질문을 던졌다. 이 ‘손다이크의 설문조사’를 참여자들과 함께 해 보는 시간을 갖는다.
- **진행방법:** ‘사람들의 기호 또는 가치를 숫자로 환산하여 계산하는 것은 가능하다’는 벤담의 생각을 증명하기 위해 심리학자 손다이크가 실제로 실시하였던 설문조사를 참여자들이 직접 체험하도록 한다. (활동지 2)
- **진행 note:** 손다이크의 설문조사는 ‘인간의 모든 소망과 만족은 동일한 척도로 측정할 수 있다’는 것을 보여 주기 위한 목적으로 실시

되었다. 하지만 이와 달리 본 활동의 목적은 참여자가 '인간의 소망, 만족, 가치 등은 단일한 기준으로 판단될 수 없다'는 것을 깨닫는 데 있다. 따라서 모든 문항에 꼭 정확한 답을 적지 않아도 되며, 리더는 참여자들이 설문조사에 참여하는 데 압박감을 갖지 않도록 지도한다.

(활동지 2)

활동 2	손다이크 씨의 설문조사

Q1. 당신은 얼마를 받으면 완전히 대머리가 되겠습니까?

Q2. 당신은 얼마를 받으면 씹지 못하고, 액체로 된 음식만 먹으며 살겠습니까?

Q3. 당신은 얼마를 받으면 2.5cm 길이의 살아 있는 딱정벌레를 먹겠습니까?

Q4. 당신은 얼마를 받으면 남은 인생을 아파트에 갇혀 살겠습니까?

(친구를 아파트로 불러 만날 수는 있지만, 당신은 아파트 밖으로 나갈 수 없습니다.)

Q5. 당신은 얼마를 받으면 당신 엄마 사진에 침을 뱉겠습니까?

마이클 샌델 , 『정의란 무엇인가』, pp. 70–71 참고.
마이클 샌델 , 『마이클 샌델의 하버드 명강의』, pp. 65–67 참고.

③ 활동 3: "이 아이패드 2019를 어떻게 물어주지?"

• **활동 소개:** 〈활동 2〉를 통해 '사람들의 기호나 가치를 숫자로 환산하여 계산하는 것은 불가능하다'는 공리주의의 문제점에 대해 고민해 보았다. 그런데 앞서 나온 공리주의의 문제점들 중 개인의 권리나 소수집단의 권리를 충분히 존중하지 않는다는 점이 가장 큰 문제점이라 생각한 이가 있었다. 그의 이름은 바로 존 롤스다. 그가 생각하기에 공리주의는 행복의 전체 양만을 중요하게 생각할 뿐, 누가 얼마만큼의 행복을 누리는가는 중요하게 여기지 않기 때문에 정의의 문제를 알맞게 해결할 수 없다고 보았다. 왜냐하면 공리주의는 전체의 행복이 증가한다면 소수자를 억압하거나 그들에게 불이익을 제공하는 방식을 취할 수 있기 때문이다. 그래서 존 롤스는 이러한 문제를 중심으로 자신만의 새로운 정의

이론을 세웠다. 그의 정의이론을 다음의 모둠 활동을 통해 생각해 보고자 한다.

- **진행방법:** 초콜릿 30개를 준비한 뒤에, 모둠의 조장인 참여자들에게 먼저 제비뽑기를 하게 한다. 이 제비는 각 모둠의 역할(짱구, 철수, 훈이, 맹구, 유리)이 적힌 것이나, 그 결과는 리더만 알고 있고 참여자들에게는 알려 주지 않는다. 그다음 참여자들에게 활동 과제를 설명한다. 설명 후, 참여자들로 하여금 5명의 친구들이 망가트린 아이패드의 값을 어떻게 분배할지, 어떻게 하면 그 값을 올바르게 분배할 수 있을지 토론하여 각 모둠별로 활동지를 작성하고 발표하도록 한다. 발표가 끝나면 아까의 제비뽑기 결과를 알려 주고, 각 모둠이 뽑은 역할에 맞게 모아둔 용돈만큼의 초콜릿을 나누어 준다. 그리고 본인 모둠의 역할을 알게 되자 마음이 변한 참여자는 없는지, 역할을 미리 알고 있었다면 빚을 나누는 규칙을 처음 활동지에 적은 대로 만들었을지, 참여자들에게 질문한다. (활동지 3)
- **진행 note:** 이 활동의 목적은 참여자들이 간접적으로 '자신의 사회적 입장과 조건에 대하여 무지한 상황에서 판단하는 무지의 베일'을 체험할 수 있도록 하는 데 있다. 따라서 참여자들이 각 모둠에 역할이 있다는 것을 전혀 모르게 활동을 진행해야 한다. 이러한 상황 속에서 참여자들이 불리한 처지에 놓인 '짱구'를 얼마나 배려하는지를 살피며, 토론을 진행하도록 한다. 또한 빚을 나누는 규칙을 토론하며 참여자들이 자신의 의견을 주장할 때, 논리적인 근거를 만들어 이야기할 수 있도록 지도한다.

활동 3: 이 아이패드 2019를 어떻게 물어주지?

(활동지 3)

활동 3	이 아이패드 2019를 어떻게 물어주지?

2월의 어느 날, 고3 친구들인 짱구, 철수, 훈이, 맹구, 유리는 카페에 모였다. 수능시험이 끝나고 고등학교 졸업을 앞둔 아이들은 너무 신이나 웃으며 한참을 떠들었다. 헌데 그렇게 놀던 아이들의 눈에 카페 한쪽에 놓여 있는 애플의 신제품 아이패드가 들어왔다. 신기했던 아이들은 서로 먼저 살펴보겠다고 아우성을 치다, 결국 떨어트려 아이패드를 박살 내고 말았다. 정확히 누구의 잘못인지 구별하기는 힘들었다. 결국 100만 원이나 하는 아이패드를 물어줘야 할 위기에 처한 아이들, 이 아이패드를 어떻게 물어주지? 아이들의 상황은 다음과 같다.

• **짱구**

모아둔 용돈: 10만 원

현재 상황: 짱구는 집안 형편이 어려워, 학자금 대출을 받아 겨우 대학등록금을 낸 상태입니다. 그래서 수능시험이 끝난 이후로 하루도 쉬지 않고 아르바이트를 하며 대학등록금을 벌고 있습니다. 그리고 고2인 짱아의 등록금도 짱구가 벌어야만 합니다.

• **철수**

모아둔 용돈: 150만 원

현재 상황: 철수는 설에 친척들에게 받은 용돈을 많이 모아둔 상태이며, 부모님이 부유하여 대학등록금도 모두 내주셨습니다. 그래서 경제적으로 딱히 어렵지 않습니다.

• **훈이**

모아둔 용돈: 40만 원

현재 상황: 훈이는 용돈을 30만 원밖에 모으지 못하였지만, 훈이의 부모님은 훈이를 도와주실 경제력이 있습니다. 하지만 훈이는 수능을 너무 망쳐서, 재수생이 될 입장입니다. 따라서 부모님께 손을 벌릴 시 돌아올 구박이 너무나 두렵습니다.

• **맹구**

모아둔 용돈: 70만 원

현재 상황: 맹구는 집안형편이 여유롭진 않지만, 이번에 졸업식이 끝나자마자 군대에 갈 예정이라 친척들에게 용돈을 많이 받았습니다. 그래서 당장 용돈은 많으나, 맹구는 이를 아껴 군대에 있는 동안 사용할 예정입니다.

• **유리**

모아둔 용돈: 30만 원

현재 상황: 유리는 모아둔 용돈이 30만 원이며, 집안 형편은 평범하나 장학생으로 대학에 붙어 등록금을 내지 않아도 되는 상황입니다.

Q1. 다섯 친구가 빚을 얼마씩 갚게 할 것인가요? 빚을 나누는 기준은 무엇인가요?

④ 강의 2: 롤스가 추구하는 '정의'

- **진행방법:** 롤스가 추구하였던 '정의'에 대해 참여자들에게 설명한다.
- **진행 note:** 참여자들이 직접 해 본 〈활동 3〉을 예로 들어, 철학적 개념을 이해하기 쉽게 설명한다.

(강의 2)

강의 2	리더를 위한 철학 이야기: 롤스가 추구하는 정의

롤스가 추구하는 정의

우리는 방금 전 빛을 나누는 과정에서 분명히 자신의 입장을 알고 모르고의 조건으로 나의 생각과 선택이 달라지는 것을 경험하였다. 이것이 바로 존 롤스가 생각한 정의의 원칙이며, 정의로운 분배방법이다. 롤스는 '공정으로서의 정의'를 정의의 기본 이념으로 제시한다. 그렇다면 '공정하다'는 것은 어떤 의미일까? 이는 두 가지 의미를 갖는다. 첫 번째 의미는 어느 쪽으로도 치우치지 않는 공평함이다. 즉, 어느 한쪽의 이득을 위해 다른 한쪽이 희생되어서는 안 된다는 것이다. 설령 그 수가 매우 적거나, 집단 전체에게 매우 큰 이익이 되더라도 다른 한쪽의 희생은 정당화될 수 없다. 공정함의 두 번째 의미는 바로 옳음이다. 이는 사회구성원들이 대화하고 토론 후 합의하였음을 가리킨다.

롤스는 이 두 가지 의미의 공정함을 바탕에 두고 자신이 생각하는 공정한 정의의 원칙을 이끌어 내고자 하였다. 바로 '무지의 베일'이다. 롤스는 정의의 원칙을 합의하고자 하는 사회구성원들이 자신의 사회적 위치나 개인적인 입장을 의식하고 있는 상황에서는 절대 공정한 정의의 원칙을 이끌어 낼 수 없다고 판단하였다. 구성원들 저마다 자신의 계층, 직업, 기호, 성별 등에 따라 유리한 방향으로 합의를 이끌어 내고자 할 것이기 때문이다.

예를 들어, 만약 복태, 건지, 하나가 각각 초콜릿을 20개, 7개, 1개를 갖고 있다고 가정해 보자. 이를 세 아이가 모두 알고 있다. 그런데 어느 날 하나가 '앞으로 초콜릿이 5개 미만인 사람이 생기면, 다른 친구들이 초콜릿을 2개씩 줘서 도와주는 규칙을 만들자!'라고 말한다면 과연 복태와 건지가 동의를 해 줄까? 건지는 초콜릿의 기준을 10개 정도로 높이자고 우길 것이고, 복태는 그딴 걸 왜 해야 해?라며 동의하지 않을 것이다. 하지만 자신을 비롯하여 각자 초콜릿을 몇 개 가지고 있는지를 모른다면, 다시 말해 이해관계에 무지한 상태라면 어떨까? 하나가 초콜릿이 적은 사람을 도와주자는 규칙을 만들자고 할 때, '내가 초콜릿이 없는 상황에 처할 수도 있다'는 생각이 들어 쉽게 동의할 수 있을 것이다. 우리가 앞서 했던 활동이 떠오른다. 제비뽑기의 결과를 알기 전, 우리는 분명 짱구가 될 수도 있다는 생각 때문에 빚을 나누는 상황에서 약자를 배려하고자 하였다. 그러나 제비뽑기의 결과를 안 후에는 마음이 바뀐 참여자들이 생겼다.

그래서 롤스는 정의의 원칙을 이끌어 내고자 하는 구성원들에게, 자신이 부유한지 가난한지, 자신이 남자인지 여자인지, 자신의 학력이 어떠한지, 자신의 인종이 무엇인지 등등에 관하여 모든 것을 알지 못하게 되는 무지의 베일을 씌우자고 이야기한다. 무지의 베일을 쓰게 된 구성원들은 자기 자신이 가장 최악의 상황에 놓일 수도 있다는 것을 생각하며 합의에 참여하기 때문에 오로지 능력에 따라서 이득을 분배해야 한다거나 전체의 이득을 위해 소수를 희생한다는 태도를 버리게 된다. 롤스는 자신의 사회적 위치와 개인적인 입장을 모르는 이러한 상황을 무지의 베일을 씌운 '원초적 입장'이라고 부른다.

이제 우리가 이 무지의 베일을 쓰고 아무것도 모르는 상태에서 '원초적 입장'으로 다른 구성원들과 함께 정의의 원칙을 이끌어 내고자 한다고 가정해 보자. 이러한 상황에서 사회 구성원들 모두가 동의할 만한 정의의 원칙에 합의할 수 있을까? 만약에 그것이 가능하다면, 그것은 정의에 관한 객관적이고 정당한 기준이 되기 때문에 모두가 따라야 할 공정한 원칙이 될 것이다. 따라서 롤스는 공정한 원초적 입장에서 사회구성원들 개개인이 선택하고 합의한 원칙에 부합하는 제도가 받아들여진 사회를 '질서 정연한 사회'라고 칭했는데, 이것이 곧 그가 이야기하는 정의로운 사회다.

리더를 위한 철학 이야기: 롤스가 추구하는 정의

(3) 마무리

① 활동 4: "나의 정의여! 정의를 위하여!"

- **활동 소개:** 지금까지의 활동이 사회 안의 '정의'를 생각하고 정리하는 데 집중했다면 마지막 활동은 개인 안의 '정의'를 살펴보고, 이에 대한 이야기를 나누고자 한다.
- **진행방법:** '부정의'와 관련된 영상을 시청한 후, 내가 정의에 어긋나는 상황을 목격하게 되었다면 어떻게 행동하였을지, 내가 삶을 살면서 정의롭지 못하다고 느꼈던 상황들은 무엇이었는지에 대해 이야기를 나누는 시간을 가진다.
- **진행 note:** 정의롭지 않은 상황과 마주했을 때, 나는 어떻게 행동할지, 그리고 나는 어떤 상황을 정의롭지 않다고 여기는지에 대해

생각해 본다. 이 과정에서 참여자들은 자신이 추구하는 '정의'가 무엇인지를 스스로 알 수 있게 될 것이다.

[참고 영상자료] What Would You Do?

'고객이 레즈비언이라는 이유로 웨딩드레스를 팔지 않으려 하는 점원을 보게 되었을 때, 당신이라면 어떻게 하시겠습니까?'라는 주제의 몰래카메라로, 앞의 상황을 목격하게 된 일반인들이 다양한 반응을 보여 준다.

② 차시 마무리 활동: 소감 나누기 및 다음 차시 안내

- **진행방법:** 4차시 활동의 전체적인 의미를 전해 주고, 자유롭게 소감을 나눈다.
- **진행 note:** 4차시 프로그램의 목적은 평소 당연하게 받아들이던 공리주의적 사고와 이에 기반한 다수결의 원칙에 대한 참여자들의 수동적 태도를 뒤흔들고, 공리주의가 지닌 문제점을 짚어 보는 데 있다. 그리고 더 나아가 공리주의의 문제를 해결하고자 했던 존 롤스가 주장한 정의의 개념을 활동과 강의를 통해 알아보았다. 이를 바탕으로 참여자들은 자신이 추구하는 정의가 무엇인지를 스스로 고찰하고자 하였다. 이에 유념하여 활동을 정리한 뒤, 4차시를 마무리한다.

철학자의 한 마디

사회의 기본 구조에 대한 정의의 원칙들이 원초적 합의의 대상이라는 점에 있다. 그것은 자신의 이익 증진에 관심을 가진 자유롭고 합리적인 사람들이 평등한 최초의 입장에서 그들 조직체의 기본 조건을 규정하는 것으로 채택하게 될 원칙들이다. 이러한 원칙들은 그 후의 모든 합의를 규제하는 것으로서, 참여하게 될 사회 협동체의 종류와 설립할 정부 형태를 명시해 준다. 정의의 원칙들을 이렇게 보는 방식을 나는 공정으로서의 정의라 부르고자 한다.

John Rawls, 『정의론』

참고문헌

강영계(2011). 청소년을 위한 정의론. 서울: 해냄.
문종길(2014). 더 좋은 삶을 위한 도덕주제들. 서울: 책과 나무.

Lebacqz, K. (2006). 정의에 대한 6가지 철학적 논쟁(이유선 역). 서울: 간디서원.
Sandel, M. (2010). 정의란 무엇인가(이창신 역). 경기: 김영사.
Warburton, N. (2011). 철학의 고전 27(최희봉, 박수철 역). 서울: 지와 사랑.

5. 행복

삶이 이렇게 힘든데, 행복할 수 있을까?

1) 개요

차시목표	• 마지막 차시인 만큼 앞서 다루었던 주제들을 상기하며, 참여자들이 다양한 층위에서 그동안 배운 것들을 생각할 수 있게 한다. • 참여자 스스로 자신의 경험을 통해 추상적인 '행복'을 구체화한다. • '행복이 무엇인가?', '어떻게 하면 행복한 삶을 살 수 있을까?'라는 질문에 대한 답을 자신만의 언어로 표현할 수 있다. • 위의 활동을 통해 각박해진 삶 속에서 삶의 여유를 상실한 채, 괴로움에 빠져 있는 참여자들이 삶의 의미를 되새길 수 있게 한다.		
과정	**활동 내용**	**시간(분)**	**교보재**
도입	• 차시 프로그램 내용 소개 • 활동 1: "무엇이 그리 힘들었을까?" 한 주간 힘들었던 일 되돌아보기	40	활동지 1 필기구
전개	• 활동 1과 관련된 이야기 나눔 • 활동 2: "내 마음의 구급상자" 힘들었던 마음 돌보기	30	활동지 2 필기구
	• 활동 3: "행복 월드컵" • 활동 4: "행복은 호락호락하지 않아!" 나만의 행복을 찾아 순위를 매기고 그 행복을 위해 감내해야 하는 것 생각하기	55	종이카드
마무리	• 활동 5: "행복 좌우명 만들기 & 철학자들의 행복 책갈피" 나와 가까이 있는 행복을 느끼고 실천하기	55	크라프트지 드라이플라워 붓펜 명언 책갈피

2) 내용

(1) 도입

① 프로그램 소개

- **5차시 프로그램 소개말:** "여러분, 이제 우리가 만나는 마지막 시간입니다. 4번의 만남 동안 어떤 일들이 있었는지 다 같이 떠올려 봅시다. 무엇이 좋았고, 무엇이 힘들었는지를요. 이렇게 지나간 일들을 돌아보는 것, 아마도 여러분이 일기를 쓰는 이유도 비슷할 거예요. 자신의 삶을 무관심 속에서 흘려 보내는 것이 아니라 되돌아보고 기록함으로써 스스로를 알아가는 거죠. 그래서 오늘은 일주일간의 나의 삶을 돌아보는 활동을 하며 수업을 시작할까 합니다."

② 활동 1: "무엇이 그리 힘들었을까?"

- **활동 소개:** 수업을 시작하기에 앞서서 며칠 동안의 나의 일상을 돌아보는 시간을 갖는다. 참여자들이 함께 자신의 일상을 이야기하며, 어떤 일이 있었는지 일기를 쓰듯 대화한다. 우리는 힘든 일을 잊고자 하는 경향이 있는데, 이 때문에 다시 비슷한 상황에 처했을 때 더 큰 절망을 경험하기도 한다. 힘든 상황에 어떻게 대처해야 할지 모르는 사람은 그것을 제대로 극복할 수 없을 것이다. 이러한 사태가 반복되는 것을 막기 위해 지금 우리의 삶을 힘들게 하는 것들에 주목하려 한다.
- **진행방법:** 프로그램 소개에 이어 활동지를 나누어 주며 〈활동 1〉을 시작한다. 활동지를 작성하기에 앞서 리더는 참여자가 경험할 수 있는 일반적인 갈등 상황에 대한 이야기를 제시한다. 학업 스트

레스, 교우 간의 갈등, 부모님과의 갈등 등으로 혼란스러운 청소년기를 겪으면서 일어날 수 있는 상황을 예로 들며, 힘든 기억을 상기시키는 이유를 설명한다. (활동지 1)

- **진행 note:** 참여자들은 학교와 학원을 오가는 생활을 반복하기에 특별히 생각나는 일이 없다고 느낄 수 있다. 이를 감안하여 참여자가 최근 겪었던 일들을 적도록 지도하거나 리더의 개인적인 경험을 먼저 얘기해 주는 것이 좋다. 학창 시절은 보통 즐거움으로 기억되지만 너무 힘들어서 우리에게 잊혀진 기억들도 분명 존재할 것이다. 본 활동은 자신이 경험한 힘든 일을 언어로 표현함으로써 잊힌 것들을 표면으로 끌어올리는 것에 의의를 둔다.

(활동지 1)

활동 1	무엇이 그리 힘들었을까?

※ 활동지에 한 주 동안 힘들었던 일들을 모두 적어 주세요.

(2) 전개

① 활동 2: "내 마음의 구급상자"

- **활동 소개:** 모든 사람이 그렇겠지만 힘든 일이 생기면 누구나 마음이 아파 오는 것을 느끼게 된다. 마음에도 상처가 나기 때문인데, 몸에 상처가 나면 그 상처에 맞는 약을 바르는 것처럼 마음의 상처에도 마찬가지의 처방이 필요하다. 그래서 사람들은 힘든 일을 겪고, 마음에 상처가 생기면 음악을 듣거나, 영화를 보고, 친구를 만나 위로를 받는 등 자신만의 방법으로 상처를 다독이려 한다. 그렇다면 이 자리에 모인 참여자들은 한 주간의 힘든 일들에 어떤 방식으로 대응했을까? 힘들거나 마음에 상처가 났을 때 어떤 방식으로 스스로를 위로할까? 지금부터, 내 마음이 아플 때 내가 숨고 싶을 때, 내가 불행하다고 느껴질 때 꺼내 볼 수 있는 '내 마음의 구급상자'를 직접 만들어 보고자 한다.
- **진행방법:** 〈활동 1〉을 통해 참여자들은 다른 사람이 한 주 동안 경험한 힘든 일이 무엇인지를 알 수 있었다. 이를 바탕으로 자신의 경험을 나누고, 각자가 그 어려움을 어떻게 극복했는지 생각하며 〈활동 2〉로 넘어간다. (활동지 2)
- **진행 note:** 참여자들이 직접 구급상자 활동지를 채워 넣을 수 있게 한다. 구급상자 안에 도움을 청할 수 있는 사람, 마음의 위안을 줄 수 있는 존재나 물건, 특정 활동 등을 적을 수 있게 도와주고, 발표를 통해 서로 생각을 나누는 시간을 갖는다. 그 과정에서 그간 힘들었던 일들이 있을 때 어떻게 추스를지 갈피를 잡지 못했던 참여자에게 처방전을 제공하는 기회를 마련해 줄 수 있다. 이렇게 참여자들이 직접 채워 본 구급상자는 우리의 마음이 너무 아플 때, 상처가 났을 때 도움을 줄 것으로 기대할 수 있다. 구

급상자 안에 들어 있는 처방들은 우리들에게 조금씩이라도 행복한 마음을 가져다주는 공통점을 가졌기 때문이다.

〈활동 2〉부터는 행복의 다양한 모습들이 직접적으로 제시된다. 그렇기 때문에 리더는 참여자들이 어떤 예시들을 적을지 미리 생각해두는 것이 좋다. 다양한 층위의 행복(예: 맛있는 음식 먹기, 좋은 물건 사기, 종교활동 하기, 꿈이 이루어진 미래 상상하기 등)이 드러날 수 있기 때문이다. 리더가 다양한 예시들을 기억한다면 행복에 대한 철학자들의 견해를 소개할 때, 이를 활용하여 효과적으로 전달할 수 있다.

(활동지 2)

활동 2	내 마음의 구급상자

※ 여러분은 한 주 동안의 힘든 일들에 어떤 방식으로 대응했나요?
그리고 힘들 때, 마음에 생채기가 났을 때 어떤 방식으로 스스로를 위로하나요?
지금부터 내 마음이 아플 때, 내가 숨고 싶을 때, 내가 불행하다고 느껴질 때 꺼내 볼 수 있는 내 마음의 구급상자를 직접 만들어 봅시다!

에피쿠로스학파의 "행복"과 아리스토텔레스의 "행복"

'행복은 무엇일까?'라는 질문에서 시작하여 '어떻게 하면 행복한 삶을 살 수 있을까?'에 이르기까지 행복에 대한 고민은 고대에서부터 현대까지 끊임없이 제기되고 있다. 누구든지 불행하기를 원하지 않으며 인간이라면 누구나 다 가지고 있는 본성과도 같은 '행복', 그렇기 때문에 옛 철학자들도 굉장히 고민을 많이 했던 문제라는 것을 여러 텍스트에서 발견하게 된다. 가장 먼저, 잘 산다는 것에서 행복하다고 말할 때 물질적인 풍요가 주는 쾌락을 인정하지 않을 수 없다. 그러나 많은 경제학자들의 연구 결과에 의하면 물질적 풍요는 기본적인 필요만 충족되고 나면 소득이 증가하여도 행복 수준은 같은 비율로 증가하지 않고 더 이상의 큰 행복을 느끼지 않는다는 것이다. 그렇다면 쾌락과 행복의 관계는 어떻게 설명할 수 있을까?

쾌락주의 학파의 대표자라 할 수 있는 에피쿠로스(Epikuros, BC 341~BC 270년경)는 일반 독자를 대상으로 하는 편지인 「메노이케우스에게 보내는 편지」에서 쾌락이 인생의 목적임을 증명하고 있다. 그가 말하길, 인간은 "행복하다면 모든 것을 다 가지는 반면, 불행하다면 우리는 행복을 얻기 위해 무슨 일이든지 할 것이므로, 우리는 우리를 행복하게 만들어 줄 것들을 돌보아야 한다."고 이야기를 시작한다. 인간은 누구든지 고통과 두려움을 피하기 위해 행동하고, 이것이 곧 행복한 삶의 목적이 된다. 여기서의 고통은 우리가 쾌락의 부재로 인해 느끼게 되며 고통을 느끼지 않는다면 우리는 더 이상 쾌락을 필요로 하지 않는다. 그렇기 때문에 에피쿠로스는 쾌락이 행복의 처음이자 끝이라고 말한다.

그에게 있어서 쾌락은 물질적, 육체적 쾌락을 의미하는 것이 아니다. 많은 이들이 에피쿠로스를 쾌락주의자라고 하여 그가 말하는 쾌락을 육체적이고 일시적인, 저급한 것만을 생각하곤 한다. 그러나 그의 철학의 목표는 '고통으로부터의 해방'이라 할 수 있었다. 이때의 고통은 몸의 고통뿐 아니라 마음의 혼란까지도 포함하며 이 고통으로부터 자유로울 수 있어야 한다고 말한다. 그렇기에 그가 말하는 완전한 쾌락, 궁극적 목적은 마음의 동요가 없는 '아타락시아'의 상태, 그리고 몸의 고통이 없는 '아포니아', 즉 '정적 쾌락'에 이르게 될 때 우리 삶의 목적인 행복에 다다르게 되는 것이다.

그렇다면 우리는 정적 쾌락에 어떻게 도달할 수 있을까? 에피쿠로스는 모든 것의 시작이자 가장 큰 선인 '사려 깊음'이 필요하며 이것에서부터 다른 모든 탁월함이 생긴다고 이야기한다. 탁월함이라 함은 "본성적으로 즐거운 삶과 연결되어 있으며, 즐거운 삶은 탁월함으로부터 뗄 수 없다. 탁월함만은 쾌락에서 뗄 수 없지만, 다른 것들(이를테면, 음식 등)은 쾌락과 분리될 수 있다." 그렇기 때문에 탁월함의 실천을 위해서는 정신적 삶에 대한 성찰이 요구되며, 이는 윤리학을 통해 삶의 평안을 얻을 수 있다고 하였다. 에피쿠로스는 이렇게 신과 죽음, 자연의 원리에 대한 깨달음, 고통과 욕망의 한계 등 윤리학과 더불어 자연학 까지 대중에게 자세히 설명하면서 그의 철학을 널리 알리고자 하였다.

"몸의 건강과 마음의 평안, 철학적 탐구를 통해 죽음, 자연 등에 대한 두려움에서 벗어나며 몸의 지속적인 건강 상태와 건강에 대한 확고한 희망은, 이것을 정확히 계산할 수 있는 사람에게 가장 완전하고 확실한 기쁨을 준다."

에피쿠로스, 『쾌락 - 「인생의 목적에 관하여」, 「메노이케우스에게 보내는 편지」』 중에서

고대 철학자 아리스토텔레스의 견해에서도 발견할 수 있다. 아리스토텔레스는 그의 저서 『니코마코스 윤리학』에서 궁극목적으로서의 행복을 추구해야 한다고 말한다. 우리 삶의 과정을 되짚어나가다 보면 모두 하나의 결론에 도달하게 되는데 이는 '잘 살기 위해', 곧 '행복하게 살기 위해서'라는 문장으로 요약된다. 여기서 아리스토텔레스는 부나 명예, 쾌락과 같은 것은 궁극적인 목적이 아님을 밝힌다. 그렇다면 과연 궁극적인 목적이란 무엇일까.

아리스토텔레스에 의하면 우리들의 삶에 있어 궁극적인 목적은 '최고선'이다. 최고선은 다른 모든 것들의 목적이 되는 최고의 목적, 즉 최고의 이상이라 할 수 있다. 아리스토텔레스는 이것이 곧 행복이며 행복은 학문적인 탐구에 몰두할 때 실현될 수 있다고 말한다. 그렇기 때문에 교육은 행복한 삶을 위한 열쇠이며 행복은 인간의 중요한 관심사이자 삶의 궁극적인 목적인 것이다. 따라서 학교는 인간의 궁극적인 목적을 위하여 청소년 시기의 행복을 위해 노력하여야 할 의무가 있다. 그러나 현재 우리나라의 학교가 그 의무를 수행하고 있는지는 의문이다. 연세대 사회발전연구소에서 '2015년 한국 어린이·청소년 행복지수의 국제비교'를 주제로 설문조사한 결과 한국 어린이·청소년의 '주관적 행복지수'가 OECD 국가 중 꼴찌(22위)로 조사되었다. 주관적 행복지수 외 다른 영역(예: 행동과 생활양식(1위), 물질적 행복(3위), 보건과 안전(3위), 교육(3위))에서는 상위권 수준에 있었다. 높은 교육성과와 달리 청소년들이 체감하는 주관적 행복지수는 성공 위주의 지나친 교육열, 입시 위주의 치열한 경쟁, 성적 지상주의를 묵인하는 비인간적 교육 환경, 개개인의 적성이나 흥미가 무시된 획일화된 교육과정, 교사와 학생 간의 권위적인 관계 등으로 인해 점점 낮아지고 있음을 알 수 있다. 그렇기에 본 프로그램은 학교 교육 현장 속에서 참여자들과 함께 행복을 찾는 데 초점을 맞추고자 한다.

② 활동 3: "행복 월드컵"

- **활동 소개:** 〈활동 2〉에서 어려움을 극복한 이야기를 나누며 우리는 행복이라는 공통적인 요소를 발견할 수 있었다. 이에 〈활동 3〉에서는 행복을 구체화시키는 작업에 초점을 맞춘다. '지금 여기의 우리, 행복한가요?'라는 질문을 던지고, '그렇다'라고 자신 있게 대답할 수 있는 참여자들이 얼마나 있을까 하는 고민을 함께 나눈다. 그 시작으로 참여자의 삶 속에서 느꼈던 행복에 대한 구체적인 장면을 떠올리는 시간을 가진다. 그리고 다양한 행복 요소들

을 떠올린 후 순위를 매겨봄으로써 나에게 가장 큰 행복을 주는 요소가 무엇인지 느끼는 활동을 진행한다.

- **진행방법:** 리더는 참여자에게 카드를 10장씩 나누어 준다. 그리고 참여자가 10장의 카드에 행복을 떠올릴 수 있는 상황을 적도록 돕는다. 더 적고자 하는 참여자가 있다면 카드 수를 한정하지 않아도 좋다. 참여자들의 카드 작성이 끝나면, 각자 카드를 섞은 뒤 2장씩 뽑도록 한다. 그리고 두 장의 카드 중 더 원하는 행복 카드를 고르게 한다. 고른 행복 카드는 놔두고, 선택하지 않은 행복 카드는 원래의 카드 묶음 속에 다시 집어넣는다. 카드 묶음 속에서 새로 한 장을 뽑아, 기존의 살아남은 카드와 비교하여 더 원하는 행복 카드를 고르도록 한다. 이를 반복하여, 행복 카드의 순위를 정하도록 한다. (활동지 3)
- **진행 note:** 순위를 정할 때, 너무 오랜 시간 고민하지 않도록 속도감 있게 진행한다. 또한 왜 이렇게 순위를 매겼는지 이유도 이야기하면서 순위 매기는 활동을 더욱 활발히 한다. 눈에 보이지 않는 행복에 순위를 매기는 것이 모순적이라고 의문을 제기할 수 있다. 그럼에도 참여자들 각자가 더 가치 있는 행위들이 어떤 것인지 직접 순위를 매겨 봄으로써 '나'의 삶을 더욱 객관적으로 바라보고 직시하는 데 의의를 둔다.

(예: 바람이 약간 차갑게 불어 들어오는 마루에 엎드려서 극세사 이불을 덮고 과자를 집어먹으며 뒹굴 거리기, 야자 빼기, 엄마와 맛있는 음식 먹고 쇼핑 가기, 미래의 성공한 내 모습 상상하기, 축구 보면서 치킨 먹기 등)

활동 3: 행복 월드컵

③ 활동 4: "행복은 호락호락하지 않아!"

• **활동 소개:** 〈활동 3〉에서는 참여자들의 삶 속에서 행복이라고 느낄 만한 요소들이 무엇이 있었는지 살펴보았다. 한편 행복은 우리가 원한다고 해서 그저 찾아오는 것일까 하는 질문을 던질 수 있다. 이에 〈활동 4〉에서는 아무리 소박한 행복이라고 해도 어떤 행복을 얻기 위해서는 반드시 노력이 필요함과, 어떤 행복에 반대되는 힘든 일 역시 감내해야 함에 주목한다. 예를 들어, 내 이상형에 가까운 애인을 갖는다는 행복을 누리려면 상대방이 내게 매력을 느낄 수 있도록 해야 하고 다방면에 매력을 갖춘 사람이 되려면 여러 노력이 필요한 것을 생각해 볼 수 있겠다. 또 게임이라는 행복을 누리려면 오랜 시간 방해 없이 게임할 수 있도록 배고픔도 잘 견딜 줄 알아야 하고 배변 욕구도 잘 참을 줄 알아야 하는 예

시를 생각해 볼 수 있다.

- **진행방법:** 리더는 〈활동 4〉를 설명한 후 참여자가 우리가 누리고자 하는 행복을 얻기 위해 포기해야 하는 것들에 대해 적어 볼 수 있도록 충분한 시간을 준다. 자신이 원하는 행복을 얻기 위해서는 필수적으로 감내해야 하는 수고로움과 노력들이 있음을 스스로 느낄 수 있게 활동 수업을 진행한다. 앞선 '행복 월드컵'을 통해 순위가 정해진 각각의 행복을 얻기 위해서 개인이 무엇을 감내해야 하는지 생각해 본다. 이때 리더는 자신의 경험을 나누는 대화가 적극적으로 오고 갈 수 있도록 진행한다.
- **진행 note:** 행복의 순위를 매겨 보았고, 행복을 얻기 위해 필요한 노력에는 무엇이 있을지도 생각해 보았다. 이 과정에서 추상적으로 느껴지기만 했던 행복이 참여자들의 삶 속에 구체적으로 들어가는 데 의의를 둔다. 오히려 그것을 더 혼란스러워하는 참여자가 있다면, 그것이 틀리거나 잘못된 것이 아님을 인지하게 해 준다. 중요하지만 한 마디로 정의할 수 없는 것들에 대해 질문하고, 의견을 나누는 것이 철학함의 과정이듯이 '행복'도 이와 다르지 않음을 참여자들 스스로 깨달을 수 있게 지도하는 것이 좋다.

(예: 바람이 약간 차갑게 불어 들어오는 마루에 엎드려서 극세사 이불을 덮고 과자를 집어 먹으며 뒹굴 거리기 → 밀린 숙제 한꺼번에 하기

야자 빼기 → 꾸중 및 벌점(처벌)

엄마와 맛있는 음식 먹고 쇼핑 가기 → 돈 지불하기

축구 보면서 치킨 먹기 → 늘어나는 체중

미래의 성공한 내 모습 상상하기 → 그 미래를 위하여 엄청난 노력하기)

(3) 마무리

① 활동 5: "행복 좌우명 만들기 & 철학자들의 행복 책갈피"

- **활동 소개:** 지금까지 참여자들이 나름의 행복을 찾는 데 그 목적을 두고, 여러 활동을 진행하였다. 이를 통해 쾌락적 요소와 근접한 행복, 종교에 귀의한 정신적인 행복, 순간적인 행복의 축적을 통해 다양한 경험들과 기억을 쌓는 것 등으로 행복의 층위를 나눌 수 있었다. 〈활동 5〉에서는 참여자들이 직접 정의 내린 행복을 실천하는 것에 초점을 맞추고자 한다. 행복을 주제로 한 이번 차시를 마무리하며 '행복 좌우명 만들기'와 '책갈피 나누기'를 진행한다.
- **진행방법:** 매 차시마다 중요하게 생각했던 '스스로 생각하는 시간'을 이번 활동 수업에서 진행한다. 참여자들이 생각하는 '행복한 삶'이라고 하는 것, 어떻게 하면 행복한 삶을 살 수 있을까에 대한 고민들을 함축할 수 있는 한 줄 명언을 생각해 본 뒤 '행복 좌우명'을 만든다. 이때 참여자가 자신의 언어로 그것을 표현할 수 있도록 시간을 충분히 준다. 또한 여러 철학자들은 행복을 어떻게 정의하고 있는지를 보여 주기 위해 리더가 준비한 책갈피 명언을 직접 고르도록 한다.
- **진행 note:** 지금까지의 활동을 통하여 지극히 추상적이었던 '행복'을 표면으로 끌어올렸다면, 이제는 직접 만든 좌우명을 활용하여 그 행복을 실천의 영역으로 한 단계 높이고자 한다. 이러한 활동을 수행하며 다양한 측면에서 행복이 무엇인지, 행복한 삶에 대해 생각해 보았다. 하지만 결국 삶의 주인은 참여자 자신이며, 리더는 옆에서 조언을 해 줄 뿐 나의 삶을 살아주지 않는다는 점을 참여자들 스스로 느낄 수 있도록 한다. 이것을 항상 인식하는 것이 중요하지만 실천하기는 어려울 것이다. 그렇기에 〈활동 5〉의

행복 좌우명과 명언 책갈피 선물이 참여자들에게 의미를 줄 수 있다.

(예: 좌우명 - 영원한 눈물이란 없느니라. 영원한 비관 또한 없느니라. 캄캄한 밤이라도 하늘 아래선 마주 잡은 손 하나 오고 있거니.)

책갈피

행복의 원칙 첫째, 어떤 일을 할 것, 둘째 어떤 사람을 사랑할 것, 셋째 어떤 일에 희망을 가질 것

임마누엘 칸트

행복은 이성적 탁월함의 발휘, 지혜로움에서 온다.

아리스토텔레스

행복은 우리의 본성을 실현할 때 온다.

에리히 프롬

행복은 신을 소유함이다.

아우구스티누스

덕은 앎이다. 악덕은 무지에서 생긴다. 유덕한 사람은 행복한 사람이다.

소크라테스

활동 5: 행복 좌우명 만들기 & 철학자들의 행복 책갈피

〈리더를 위한 철학 이야기〉

"아우구스티누스의 '행복'에 관하여"

에피쿠로스가 행복에 도달하기 위한 쾌락에 관하여 논의를 이끌어 나갔다면, 중세의 아우구스티누스(Aurelius Augustinus, 354~430)는 행복이라는 것 자체가 무엇인지에 대하여 인간의 인식과 연관 지어 면밀히 살펴본 학자라고 할 수 있다. 그는, 인간은 누구나 행복하기를 소망한다는 고대 철학자들의 정신을 따르는 것에서부터 논의를 시작했기 때문에 그의 저서 『행복론』에서, 누군가가 행복하기 위해서는 그가 욕구해야 하는 것이 무엇인지, 어떤 일을 열망해야 하는지 파악하는 것으로부터 출발해야 한다고 말하고 있다. 그는 지속되지 않는 물질적인 것을 욕구하는 것은 진정한 행복이 아니라고 말한다. 인간은 누구나 행복해지기를 원하기에, 온전한 행복을 찾기 위하여 지속적인 것을 추구함을 주장하며 이 지속적인 것에 대하여 신을 소유해야 함을 주장한다. 중세 시대에는 그 어느 때보다 신학이 발달하였고 신을 사랑함 자체가 곧 가장 숭고한 것이라 생각했기 때문에 약간은 생소할 수 있는 개념이지만, 신을 향한 수도사들의 마음을 떠올려볼 수 있을 것이다. 그렇기에 아우구스티누스는 진정한 행복의 상태는 신을 향한 향유라고 결론짓는다. 향유는 누리어 가짐이라는 뜻이며, 곧 신을 향한 사랑이라고 바꾸어 말할 수 있겠다.

조금 더 자세히 살펴보자면 그는 행복에 관하여 부족함 없는 상태, 지혜의 상태라고 정의 내린다. 행복한 삶으로서, '누가 행복한가?' 라는 질문에 부족함을 겪지 않는 사람이 행복할 것이며 부족함은 어리석음이 되고 어리석음의 반대는 '지혜'로 이것은 곧 충만함과 연결됨을 이야기로 풀어나가는데, 쉽게 말해 현명한 사람이 곧 행복한 사람인 것이다. 도대체 현명한 사람은 어떤 사람일까에 대해서는 정신의 중용 상태와 연관 지어 생각해 볼 수 있다. 중용 상태라는 것은 우리 정신이 균형을 유지할 수 있게 하는 척도라고 할 수 있으며 어느 한 곳에 치우치지 않음이다. 이러한 균형 잡힌 정신이 지혜를 발견한다면 어떠한 부족함도 없고, 과도함도 없게 되며 따라서 어떤 불행도 두려워하지 않는 행복의 상태에 도달할 수 있는 것이다. 이러한 아우구스티누스의 행복관은 물질문명을 앞세워 무엇이 중요한지 모르는, 가치관이 혼란스러운 상태에서 살아가고 있는 현대인들에게 큰 울림을 주고 있으며 우리가 진짜로 추구해야 할 것은 무엇인지, 내 마음의 상태가 어디로 향해있어야 하는지 방향을 제시해 주고 있다는 것에 의의를 둘 수 있다.

아우구스티누스, 『행복론』, pp. 16–67. (참고 요약)

② 전체 차시 마무리 활동: 소감 나누기

• **진행방법:** 마무리 멘트로 5차시 전체 내용을 정리하며 자유롭게 소감을 나눈다.

• **진행 note:** 행복, 기쁨 등과 같은 것은 눈에 보이지 않기 때문에 아직

까지 그것이 무엇인지 알지 못하는 참여자가 있을 수 있으며, 일부 참여자는 '그냥 되는 대로 살면 안 되는 거야?', '내가 행복하지 않은데 행복이 뭔지 알아서 뭐해?'라는 생각을 가질 수도 있다.

처음에 언급했듯이 우리는 각박하고 삭막한 삶을 살고 있기 때문에 행복을 마음속 깊이 묻어버렸을 수 있다. 따라서 본 차시는 우리 안의 행복을 표면으로 끌어올리려는 작업에 초점을 맞추어 구성하였다. 그 과정에 경험하게 되는 어려움을 우리는 '고통'이라 부를 수 있을 것이다. 하지만 많은 철학자들이 말했듯이 고통이 없는 행복은 존재하지 않으며, 오히려 고통을 통해 진정한 행복에 다가설 수 있다. 고통을 함께 겪고, 그 후에 다가올 진정한 행복을 온 몸으로 느낄 수 있기를 바라며 이번 차시를 마무리한다.

마지막 차시인 만큼, 짧았던 5번의 만남이 참여자들에게 삶의 의미를 전달해 주는 기회가 될 수 있도록 수료증 및 활동 결과물을 선물한다. 리더는 그동안 참여자들의 생각, 경험, 깊게는 가치관이 고스란히 드러났던 활동지들을 모아서 코멘트를 작성하여 나누어 준다. 코멘트는 자세한 내용을 포함할수록 그 의미가 커진다. 참여자는 리더가 자신의 이야기를 경청했으며, 자신과 생각을 공유했다고 느낄수록 더욱 큰 성취감을 얻게 될 것이다. 이러한 결과물을 통해 참여자들은 인문상담 프로그램을 반복적으로 상기할 수 있을 것이며, 시간이 지나면 당시의 활동이 그들 자신에게 어떠한 의미를 주었는지도 깨닫게 될 것이다.

진정한 삶은 내가 내 삶의 주인이 되는 삶이다. 항상 생각하고 내 마음에 귀를 기울이며, 자신이 던진 질문에 대한 답을 찾고, 그에 맞게 행동하는 삶을 살았으면 한다. 틀려도 좋으며 옳지 않다고 주변에서 손가락질해도 스스로가 무너지지 않으면 될 일이다. 자신이 틀린 것을 알고 그것을 고치는 과정을 겪은 사람만이 같은 실수를 되풀이 하지 않을 수 있다. 또한 그 속에서 우리는 우리 자신이 지니고 있던 생각의 틀을 확장할 수 있게 될 것이다. 생각하며 행동하는 멋진 사람으로 성장하길 바라는 마음으로 마지막 차시를 마친다.

철학자의 한 마디

그런데 [최상의 좋음이 무엇인지라는 물음에] 그 이름에 있어서는 대부분의 사람들이 거의 일치한다. 왜냐하면 대중들과 교양 있는 사람들은 다 같이 그것을 행복이라고 말하고 또 잘 사는 것과 잘 행위하는 것이 행복함과 같은 것이라고 파악하기 때문이다.

… (중략) …

하지만 최상의 좋음이 행복이라고 말하는 것은 아마도 일반적으로 동의될 것이기에 우리에게는 여전히 최상의 좋음이 무엇인가에 대한 좀 더 분명한 설명이 필요하다. 그런데 만일 우리가 인간의 기능을 파악한다면 우리는 이것을 찾아낼 수도 있을 것이다. 피리 부는 사람, 조각가 그리고 모든 기술자에 대해서 그리고 일반적으로 어떤 기능과 해야 할 행위를 가지고 있는 사람에 대해서 그의 좋음 및 '잘됨'은 그 기능 안에 있는 것처럼 여겨진다. 마찬가지로 만일 인간이 어떤 기능을 가지고 있다고 하면 인간의 좋음은 인간의 기능 안에 있는 것으로 생각될 수 있을 것이다.

Aristoteles, 『니코마코스 윤리학』

참고문헌

김용규(2006). 도덕을 위한 철학 통조림. 경기: 주니어김영사.

최병권, 이정옥(2006). 세계의 교양을 읽는다 1. 서울: 휴머니스트.

Aristoteles (2006). 니코마코스 윤리학(이창우 외 2명 역). 서울: 이제이북스.

Augustinus, A. (2010). 행복론(박주영 역). 서울: 누멘.

Epikuros (2007). 쾌락(오유석 역). 서울: 문학과 지성사.

Seneca, L. A. (2005). 인생이 왜 짧은가: 세네카의 행복론(천병희 역). 경기: 숲.

제6장
프로그램 평가

1. 사전, 사후 척도와 차시평가에 대한 양적 분석

1) 연구대상

본 연구에서는 서울에 위치한 인문계 고등학교 1, 2학년 학생 60명(각 30명)을 대상으로 프로그램 사전/사후 검사와 차시평가를 실시하였다. 사전 검사에서는 참여예정자 중 2명을 제외한 58명이 설문에 응답하였으며, 사후 검사에서는 실제 참여자가 늘어서 1학년 31명, 2학년 32명이 설문에 참여하였다.

2~6차시에 걸쳐 참여자들을 대상으로 실시한 차시평가에 참여한 인원은 〈표 6-1〉과 같다.

〈표 6-1〉 차시별 연구대상자

차시	1학년	2학년	합계
2차시	31	31	62
3차시	30	30	60
4차시	30	32	62
5차시	30	32	62
6차시	29	30	59

2) 측정도구

(1) 진로역량 척도

총 14문항으로 구성되어 있으며, 1점(전혀 그렇지 않다)에서 6점(매우 그렇다)로 평정되는 6점 Likert식 척도를 사용하였다. 본 연구에서 전체 척도의 내적 합치도는 사전 검사에서는 .85, 사후 검사에서는 .87로 나타났다.

(2) 실존적 영성 척도

총 10문항으로 구성되어 있으며, 1점(전혀 그렇지 않다)에서 7점(매우 그렇다)으로 평정되는 7점 Likert식 척도를 사용하였다. 본 연구에서 전체 척도의 내적 합치도는 사전 검사에서는 .83, 사후 검사에서는 .88로 나타났다.

(3) 분석방법

집단 프로그램 사전과 사후에 실시된 두 검사에 대하여 사전/사후 집단과 1/2학년 집단 간 평균차이 검증을 각각 실시하였다. 두 번째로 각 회기 평가에서 공통된 항목인 회기 만족도에 대하여 학년 간 평균차이 검증을 실시하였다. 기술통계 및 집단 간 평균차이를 검증하기 위하여 사용된 프로그램은 SPSS 20.0이다.

(4) 결과

① 사전/사후 집단 간 평균차이 검증

사전과 사후에 각각 실시된 두 척도에 대한 기술통계치와 사전/사후 집단에 대한 평균차이 검증 결과가 〈표 6-2〉에 제시되어 있다. 진로역량검사의 경우 사전 집단의 평균은 3.69였으며, 사후 집단은 4.26으로 사후 집단이 사전 집단에 비해 평균이 유의미하게 높은 것으로 나타났다($t = -7.09$, $p < .01$). 또한 실

존적 영성 검사에서도 사전 집단의 평균은 4.22였으며, 사후 집단의 평균은 4.84로 사후 집단이 사전 집단에 비해 평균이 유의미하게 높은 것으로 나타났다($t = -4.82$, $p < .01$).

〈표 6-2〉 사전/사후 집단 간 평균차이 검증

기술통계량						평균비교(t검증)		
사전사후		평균	표준편차	최소값	최대값	평균차이 (사전-사후)	검정통계량(t)	자유도
진로역량	사전	3.69	.47	2.79	5.00	-.57	-7.09**	118
	사후	4.26	.41	3.29	5.00	-.57	-7.09**	118
실존적 영성	사전	4.22	.66	2.50	5.60	-.61	-4.82**	118
	사후	4.84	.72	3.20	6.00	-.61	-4.82**	118
**p < .01								

② 사후 검사의 학년별 평균차이 검증

프로그램 실시 이후 측정된 두 검사에 대하여 1, 2학년 집단 간의 평균 비교를 실시하였다. 진로역량검사에서는 두 집단 간 평균차이가 유의미하지 않은 것으로 나타났으며, 실존적 영성의 경우 1학년의 평균은 4.65였으며, 2학년은 5.02로 2학년의 평균이 유의미하게 높은 것으로 나타났다($t = -.37$, $p < .05$).

〈표 6-3〉 사후 검사의 학년별 평균차이 검증

사후 집단 대상 1, 2학년 비교						평균비교(t검증)		
학년		평균	표준편차	최소값	최대값	평균차이 (1~2학년)	검정통계량(t)	자유도
진로역량	1학년	4.16	.36	3.29	5.00	-.20	-1.97	60
	2학년	4.36	.44	3.29	5.00	-.20	-1.97	60
실존적 영성	1학년	4.65	.73	3.50	6.00	-.37	-2.06*	60
	2학년	5.02	.68	3.20	6.00	-.37	-2.06*	60
*p < .05								

③ 차시평가

2~6차시에 걸쳐 각 차시별로 프로그램 참여자들에게 프로그램에 대한 평가를 실시하였다. 각 차시평가에 포함된 문항과 문항에 대한 기술통계치를 〈표 6-4〉에 제시하였다.

〈표 6-4〉 차시평가에 포함된 문항 및 학년별 평균과 표준편차

	문항	1학년		2학년	
		평균	표준편차	평균	표준편차
2차시	나와 너를 이해해 보는 시간이었다.	5.39	0.62	5.65	0.49
	나에 대한 질문이 떠올랐고 그것에 대해 생각해 보는 시간이었다.	5.45	0.68	5.61	0.56
	이번 차시 활동에 만족한다.	5.68	0.48	5.84	0.37
3차시	내가 생각하는 사랑이 무엇인지 돌아보는 시간이었다.	5.53	0.57	5.80	0.55
	진정한 사랑을 위해 나에게 또 상대에게 무엇이 필요한지 생각해 보는 시간이었다.	5.70	0.47	5.83	0.46
	이번 차시 활동에 만족한다.	5.57	0.63	5.87	0.35
4차시	자유의 의미와 가치에 대해 새롭게 생각해 보는 시간이었다.	5.57	0.57	5.75	0.51
	진정한 자유를 누리기 위해 무엇이 필요한지 생각해 보는 계기가 되었다.	5.67	0.61	5.63	0.61
	이번 차시 활동에 만족한다.	5.73	0.52	5.81	0.47
5차시	정의에 대한 다양한 관점을 경험하였다.	5.63	0.56	5.75	0.51
	정의롭게 살기 위해 나는 어떻게 행동해야 하는가에 대해 생각해 보는 계기가 되었다.	5.47	0.97	5.75	0.51
	이번 차시 활동에 만족한다.	5.63	0.61	5.88	0.34
6차시	어떻게 사는 것이 행복한 삶인가에 대해 생각해 볼 수 있었다.	5.66	0.55	5.90	0.31
	행복한 삶은 외부 조건보다는 내면의 태도가 중요하다는 것을 성찰해 볼 수 있었다.	5.66	0.67	5.87	0.43
	이번 차시 활동에 만족한다.	5.79	0.41	5.97	0.18

마지막으로 차시 만족도에 대하여 1학년과 2학년 집단의 평균차이를 비교하였다. 모든 차시에서 2학년의 만족도가 1학년보다 높게 나타났지만, 〈표 6-5〉에 제시한 바와 같이, 평균차이 검증 결과 3차시와 6차시에서만 2학년의 평균이 1학년보다 유의미하게 높은 것으로 나타났다($p < .05$). 1학년과 2학년의 차시 만족도에 대한 평균변화 그래프를 [그림 6-1]에 제시하였다.

〈표 6-5〉 차시 만족도에 대한 학년별 평균차이 검증

차시	평균차이 (1~2학년)	검정통계량(t)	자유도
2차시	-.16	-1.49	56.85
3차시	-.30	-2.30*	45.18
4차시	-.08	-.63	60
5차시	-.24	-1.90	44.26
6차시	-.17	-2.08*	38.30

*p < .05

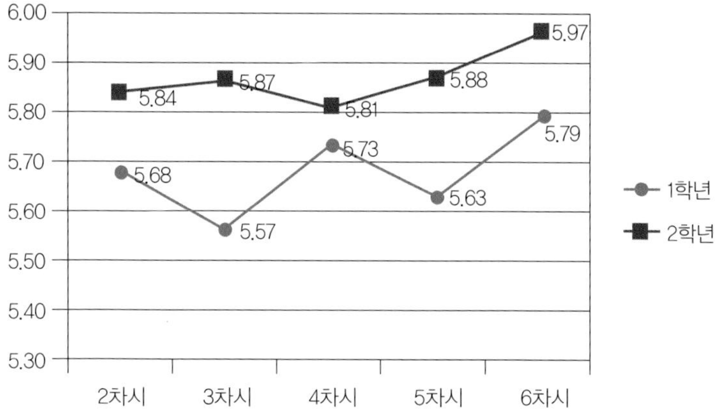

[그림 6-1] 학년별 만족도의 평균 변화

2. 사전, 사후 척도 주관식 문항에 대한 질적 분석

이종수, 노성숙

청소년을 위한 인문상담 프로그램인 '생각 사이-다'에 참여한 학생들의 변화를 분석하기 위해 참여 학생들을 대상으로 사전 · 사후 설문조사를 실시하였다. 설문조사에 이용된 검사지는 진로역량척도 14문항, 실존적 영성척도 10문항 그리고 다음의 세 가지 주관식 문항으로 구성하였다. "나는 어떤 삶을 살기 원하나요?", "이웃과 더불어 사는 삶을 위해 내가 할 수 있는 역할은 무엇인가요?", "내 인생에서 가장 중요한 가치는 무엇이고, 왜 그렇게 생각하나요?"

참여자들이 자유롭게 서술한 위의 세 가지 주관식 문항의 응답을 토대로 프로그램 참여 전과 사후의 변화를 질적으로 분석해 보았다. 이를 위해 설문에 응답한 내용에서 핵심어들을 추려내고 의미 단위별로 소주제, 대주제 등을 분류해 본 뒤, 이를 프로그램의 내용과 연관하여 사전, 사후의 변화에 초점을 맞추어 재해석해 보았다.

첫째 "나는 어떤 삶을 살기 원하나요?"에 해당하는 사전, 사후 응답 내용의 변화를 살펴보았다. 이 질문에 대한 답변으로는 '행복'이 가장 많았다. 단지 짧게 '행복한 삶'이라고 응답한 사전, 사후 각 6명을 포함하여, 사전 검사에서 '행복'을 언급한 학생은 20여 명인 데 반해, 사후 검사에서는 32명으로 증가했다.

이러한 언급의 양적 증가와 더불어 답변에서 질적인 내용의 변화도 두드러졌다. 사전 검사에서의 행복은 '행복한 삶, 뿌듯한 삶', '행복하고 나 자신이 만족스러운 삶', '경쟁이 치열한 곳에서 한 발자국 빠져나와서', '공부를 못해도 행복한 삶', '당당하고 자유롭게 누비고 어디서나 행복하게 살 수 있는 삶' 등으로 서술되었다. 여기서 행복의 내용과 의미는 막연했고 현재의 억압되고 위축된 상태로부터 벗어나는 것과 관련이 있었다.

이에 반해 사후 검사에서는 같은 행복이더라도 그 내용이 다양하게 변화되거나 새로운 단어들이 많이 등장하였다. 먼저 사전 검사에서 언급되었던 거의 비슷한 내용이더라도 사전 응답에서처럼 친구들과의 경쟁에서 벗어나고자 했던 도피적인 생각 등이 사라지고, '미래 걱정하지 않고 모두가 경쟁자가 아닌 친구로 지내고 평화로운 삶' 등의 긍정적 수용의 변화가 나타났다. 친구가 경쟁자가 아닌 진정한 친구로 변화되었고, '함께 평화롭게 사는 것' 등에서 공존의 해법에 대한 생각을 엿볼 수 있었다.

행복에 대한 언급과 함께 새롭게 등장한 단어를 보면, '궁극적인 것', '정신적 풍요', '죽어 있는 것이 아닌 살아 숨 쉬는 삶', '사소한 것에도 행복', '정직하게 사는', '나를 소중히 여기고', '나의 의지대로 나를 사랑하며' 등이다. 이처럼 행복에 대한 이해가 다양하게 달라진 것이 포착되었고, 각자 자신만의 고유한 행복을 찾아가는 여정도 드러났다. 이러한 변화는 행복의 내용이 구체화된 것에서도 감지되었다. 예를 들면, '책을 읽는 것이 시간 낭비라 생각 들지 않는 삶', '나의 꿈을 향해서 열심히 노력하여 행복해지는 삶', '내가 좋아하는 사람과 하고 싶은 일을 하면서 지금 만족할 수 있는 삶', '자유롭고 나의 의지대로 나를 사랑하며 자아정체성을 확립시킨 행복한 삶', '내 스스로 나의 행복을 우선시할 수 있는 그런 삶' 등의 표현들이다. 여기서 '주체성'과 연결된 능동적 진술과 '삶의 의미'를 찾는 실존적 진술들이 등장했다는 점은 매우 의미 있는 변화로 보인다.

그다음으로 눈에 띄는 응답의 변화는 '걱정 없는 삶', '편안한 삶', '평범한 삶', '일반적인 삶' 등에서처럼 '현재 경쟁사회의 피곤을 벗어나고자 하는 욕구'를 보여 주는 응답이 사후에는 사라진 점이다. 이는 여러 가지 의미로 해석될 수도 있겠지만 '그저 힘들지 않고 남들만큼 살아갈 수 있는 편안한 삶'으로부터 '자신이 구체적으로 원하는 삶'으로 생각이 바뀐 것으로 해석된다.

또한 '미래의 직업'과 연관해서 자신이 원하는 일에 '행복하게 살 수 있는 삶'이 추가되었다. 이는 참여자들이 '직업에 대한 소망을 이루는 삶'이라는 편협함에서 벗어나 '삶 전체를 조망하고자 하는 것'으로 시야가 넓어졌다고 볼 수 있다. 프로그램의 실제 모둠 활동에서도 초반에는 참여자들이 생각하는 진로나 꿈은 대부분 직업에 대한 직접적인 소망이었다. 그런데 프로그램의 후반에는 많은 참여자들에게 직업이 꿈의 전부가 아니라 원하는 삶의 일부로 받아들이는 인식의 전환이 일어났던 것을 관찰할 수 있었다. 이와 더불어 '무엇을' 하고 사는 것으로부터 '어떻게' 살아갈 것인가에 대한 성찰적인 사고의 확장이 일어났다.

그 밖에 경제적인 부를 추구하는 내용인 '경제적', '부유한', '풍족한' 등의 삶에 대한 진술이 7건에서 1건으로 확연히 줄어들었다. 행복에 대한 표현을 '궁극적인 것'으로 표현하는 기술이 증가한 것으로 보아, 경제적인 풍요가 삶의 목표가 되기보다는 자신들이 원하는 삶의 수단으로 인식의 전환이 일어났음을 가늠해 볼 수 있다. 또한 '원하는 대로 살고 싶은 자유로운 삶'이라는 응답에서처럼 마음대로 사는 삶에 대한 막연한 기대를 이상적인 소망으로 표현한 응답자는 11명에서 7명으로 줄었다. 이외에도 종교적인 실천에 대한 응답수가 2명에서 1명으로 감소했고, 타인에 의해 내 삶을 평가받는 단어인 '남부럽지 않은', '성공' 등의 내용이 사후 응답에서는 사라졌다.

둘째, "이웃과 더불어 사는 삶을 위해 내가 할 수 있는 역할은 무엇인가요?"에 대한 사전, 사후 응답에도 구체적인 내용의 변화가 있었다. 주로 이웃과의 인사나 예의, 소통의 필요성 등의 응답에는 큰 변화가 없었으나 양적으로 46건에서 28건으로 감소했다. 여기서 흥미로운 점은 감소된 만큼의 응답이 '배려'에 대한 내용을 담고 있는 표현으로 옮겨 갔다는 것이다. '배려'에 대한 응답은 양적으로 9명에서 23명으로 크게 증가했는데, 이는 본 프로그램의 '정의' 차시에서 배려를 다루었던 점과 더불어 프로그램의 맥락상 '나'에서 '너', '우리'로 주제의 확장이 이루어지면서 공동체 안에서 나는 어떻게 살 것인가의 문제의식을 던져준 것이 영향을 미쳤을 것으로 보인다. 또한 사후 응답에서만 '소통'이라는 단어가 등장하는데, 이는 말하고자 하는 바를 표현해 줄 적절한 '단어', 즉 개념어를 찾은 것이라고 할 수 있다.

사후 응답에서 행복에 대한 언급은 단순히 증가했을 뿐 아니라 행복을 찾는 데에 주체적인 면과 관계적 면을 동시에 고려하고 있는 점이 부각되었다. '내가 행복해지는 것', '행복을 나누어 줄 수 있다', '남의 행복을 존중한다' 등에서처럼 나로부터 시작한 행복은 이웃과 더불어 사는 삶에서 내가 할 수 있는 실천적 행위의 의미로 볼 수 있다. 이는 행복이 단순히 혼자 느끼는 '기분 좋음'이나 '즐거움'을 넘어 타인과의 관계에서 실현되는 행복으로 확장된 것이라고 할 수 있다.

셋째, "내 인생에서 가장 중요한 가치는 무엇이고, 왜 그렇게 생각하나요?"에 대한 사전, 사후 응답도 흥미로운 변화를 보여 준다. 먼저 '돈'에 대한 구체적인 언급을 살펴보면, 사전 응답에서는 '돈'이면 무엇이든 할 수 있다는 물질만능주의적인 내용이 주를 이루었다. 그러나 사후에는 돈이 자신의 삶과 어떻게 연관되는지의 설명이 덧붙여졌다. 돈 자체가 목적이 아니라 수단이라는 점을 알게 되었다고 했으며, 또한 '물질적, 정신적으로 부유한 삶'의 표현에서처럼 정신적인 가치의 중요성도 함께 인식되었다.

다음으로 '자유'에 대한 언급을 살펴보면, 사전에는 억압에서 벗어나거나 내 의지대로 할 수 있는 자유의 의미로 '마음대로 할 수 있는' 자유라고 응답했다. 반면에 사후 응답에서는 자유가 단순히 어떠한 속박으로부터 '벗어남'의 의미라기보다는 '행복'이라는 주제와 연관하여 행복을 위해 필요조건으로서 자유를 인식하는 내용이 증가했다.

사전, 사후 모두 '행복'이라는 답변이 가장 많았는데, 사후 응답에서 양적으로 14건에서 23건으로 크게 증가했다. 또한 '행복'에 대한 표현의 구체적인 내용에 있어서 본 프로그램에서 배운 단어들이 명시적으로 반영되었다. 사전 응답에는 없었던 가장 눈에 띄는 변화는 '궁극적인 목표의 가치', '모든 것이 행복해지기 위해 하는 행동', '계속해서 추구하게 되는 가치', '내가 추구하는 목적의 끝', '모든 것의 목적이라고 생각'에서처럼 행복이 궁극적인 목적이자 가치로 표현되었다는 점이다. 이러한 가치의 변화를 뒷받침하는 응답으로는 '매우 다양하고 값진 가치들이 모두 행복이라는 단어로 연결된다고 생각', '행복해야 내 자신을 바라볼 수 있고 진정한 사랑을 할 수 있으며 다양한 활동들이 정의로울 수 있다' 등이다. 이는 왜 행복의 가치가 궁극적 목적이며, 각자가 추구하는 다른 가치들과 행복이 어떻게 연관되는지의 상관성에 대한 통찰을 담고 있다.

이외에도 몇 가지 핵심어와 주제에 대한 변화를 엿볼 수 있다. 먼저 '관계'에 대해서 사전 응답에서는 그 관계하는 대상을 직접적으로 중요시한 반면에, 사후에서는 관계성을 증진시키기 위해 필요한 가치 중 하나인 '사랑'이라는 응답이 증가했다.

또한 사전, 사후 응답에서 '삶의 의미나 가치'와 연관된 변화를 발견할 수 있다. 먼저, '종교'에 대한 언급이 사후 응답에서는 오히려 줄어들었다. 이는 종교라는 커다란 틀에 의지했던 참여자들이 좀 더 구체적인 다양한 가치, 자신만의 고유한 가치를 발견하는 방향으로 변화된 것이다. 나아가 두드러진 변화로는 공동체에서 함께 살아가기 위한 가치가 사후 응답에서 증가한 점이다. 이는 "배려와 존중", "정의", "평등", "남을 헤아리는 마음", "정직하게 살면 내 자신이 행복하고 타인에게 긍정적인 영향을 준다." 등의 표현에서 잘 드러났다. "생각 사이-다에서 배운 자아, 사랑, 자유, 정의, 행복 모두 중요한 것 같다. 삶을 살아갈 때 기본적이고 중요한 가치들이기도 하며 나를 진정으로 알 수 있게 되어서 모두가 나에게 가장 중요한 가치다."라고 말한 응답자도 있었다.

그 밖에 눈에 띄는 점은 사전 응답에는 있었으나 사후 응답에서는 아예 사라진 것을 들 수 있다. '타이밍', '인생은 타이밍'과 같이 인생에서 다가온 기회를 잡기만 하면 되는 결과지향적인 삶이나, 무엇인가를 위해 무조건적인 노력과 열정만을 강조하는 방식이 사후 응답에서는 사라졌다. 이는 자기 반성적인 사고를 체험하면서 어떤 가치를 추구해야 할지를 구체화했거나 이전과는 다른 생각들을 할 수 있게 된 것으로 해석된다.

결론적으로 프로그램에서 다룬 주제와 연관해서, 참여자들의 사전 응답과 사후 응답에서 변화된 내용을 정리해 보면 다음과 같다.

우선, '나'에 대한 성찰에서 비롯된 주체적인 삶의 인식이 두드러졌다. 타인 중심이 아닌 자신이 원하는 삶을 살아가기 위해 어떤 것들이 필요한지, 외적인 가치가 아닌 자신이 중심이 되는 내적인 가치에 입각하여 행복하게 살기 위해 어떻게 해야 할지 등의 질문들이 생겨났다. 이는 그 무엇보다 자신을 삶의 주체로 놓고, 앞으로 추구해야 할 가치에 대해 숙고해 보는 응답들이 증가된 것에서 알 수 있다.

둘째, 타인과의 관계성을 증진시키는 실천적인 가치로 '사랑'의 중요성을 인지하게 되었다. 어떤 대상 자체나 행위의 결과만이 중요한 것이 아니라 그러한 사람들과 관계를 지속시키기 위한 과정에서 사랑의 가치를 재발견한 것이다. 이는 '나와 너', '나와 가족', '나와 친구', '나와 공동체' 등에서처럼 나와의 연관성 및 관계 그 자체에 대한 탐색을 증진시켰다.

셋째, '자유'란 그저 마음대로 하는 방종이 아니며, 자유를 누리기 위해서는 선택과 책임이라는 짐을 짊어질 수 있는 용기가 필요함을 인지하게 되었다. 이에 따라 프로그램을 체험한 후에는 자유를 '무엇이든 마음대로 하는 것'이라고 한 응답이 사라졌다. 이는 자유의 개념에 대한 이해에서 더 나아가 참여자들이 행복한 삶을 위해서는 나 자신의 주체적 자유가 필수적이라는 점을 깨달은 결과로 보인다.

넷째, '정의'에 대해서는 참여자들의 사전 응답에 없었던 공동체의식이 사후 응답에서 크게 부각되었다. 또한 프로그램의 매 주제적 접근에 따라 나로부터 너, 우리로 확장된 사고의 전환이 일어났으며, 배려와 존중, 평등에 대한 시야의 확장도 생겨났다.

다섯째, '행복'에 대한 생각은 사전과 사후에 가장 많은 응답들이 있었다. 그러나 그 내용에서 매우 다양하고 구체적이면서도 보편적인 차원을 함께 생각하는 질적인 변화가 크게 감지되었다. '즐거움', '다행' 등의 행복이 아니라 궁극적으로 추구해야 하는 가치에 대한 생각의 전환이 구체적이고도 추상적 차원에서 동시에 일어난 것이다. 이와 같은 변화는 자신이 진정으로 원하는 가치를 진로와 연결 짓고 스스로의 명분과 당위를 마련하는 계기가 되었고, 이와 더불어 주체적인 동기의식을 지닌 진로탐색으로 이어졌다. 이로써 삶 전체를 아우르며 어떻게 살아갈 것인가에 대한 각자의 진지한 고민과 함께 인간으로서 지켜나갈 보편적 가치에 대한 사고의 확장도 경험한 것이라 할 수 있다.

참고문헌

강순전, 이진오(2011). 철학, 윤리, 논술 교육을 위한 철학수업. 서울: 학이시습.

강영계(2011). 청소년을 위한 정의론. 서울: 해냄.

교육부·한림대 자살과 학생 정신건강 연구소(2015). 2015 학생 자살 예방 정책 세미나: 학생 자살 현황과 향후 정책의 방향성 자료집.

김용규(2006). 도덕을 위한 철학 통조림. 경기: 주니어김영사.

김인곤(2005). 플라톤 『향연』. 서울: 서울대학교 철학사상연구소.

김재춘, 배지현(2016). 들뢰즈와 교육: 차이생성의 배움론. 서울: 학이시습.

김진권(2001). 정의윤리와 배려윤리의 통합교육론-상담이론을 통한 배려윤리의 도덕교육론 모색. 연세대학교 대학원 석사학위논문.

노성숙(2010). 인간다운 삶을 위한 철학적 대화로의 초대: 철학상담의 배경과 발단. 인간연구, 19, 197-234.

문종(2014). 더 좋은 삶을 위한 도덕주제들. 서울: 책과 나무.

박승찬(2002). 자유와 책임. 사람과 사람. 가톨릭대학교 인간학교육원 편저. 서울: 가톨릭대학교 출판부.

박승찬, 노성숙(2013). 철학의 멘토, 멘토의 철학. 서울: 가톨릭대학교 출판부.

배경숙(2014). 학급활동으로 이어가는 집단상담. 서울: 우리교육.

안광복(2005). 열일곱 살의 인생론. 경기: 사계절.

이명곤(2008). 철학, 인간을 사유하다. 서울: 세창출판사.

이범(2015). 우리교육 100문 100답. 경기: 다산북스.

이장호, 김정희(1998). 집단상담의 원리와 실제. 서울: 박영사.

이정은(2009). 현대 여성주의 철학에서 보살핌 윤리. 한국여성철학, 11, 143-171.

이혜성(2015). 문학상담. 서울: 시그마프레스.

인터넷 연합뉴스(http://www.yonhapnews.co.kr/dev/9601000000.html), 2016년 12월 6일(검색일: 2016. 12. 22.)

정인덕(2008). 정의윤리와 배려윤리의 통합적 접근. 성균관대학교 대학원 석사학위논문.

정창우(2015). 인성교육의 이해와 실천. 경기: 교육과학사.

천성문, 함경애, 최희숙 외(2016). 위기청소년을 위한 집단상담 프로그램. 서울: 학지사.

최병권, 이정옥(2006). 세계의 교양을 읽는다 1. 서울: 휴머니스트.
최영주(2006). 세계의 교양을 읽는다 4. 서울: 휴머니스트.
최원호, 안광복, 정창현(2004). WHO AM I-나는 내가 만든다. 경기: 사계절.
통계청(2014). 사회조사 결과보고서: 보건·교육·안전·가족·환경.
한국방정환재단·연세대 사회발전연구소(2016). 한국 어린이·청소년 행복지수 국제비교연구조사 결과보고서.
한병철(2015). 에로스의 종말(김태환 역). 서울: 문학과 지성사.
후쿠하라 마사히로(2015). 하버드의 생각수업(김정환 역). 서울: 엔트리.

Achenbach, G. B. (2010). *Zur Einführung in die Philosophische Praxis: Vorträge, Aufsätze, Gespräche, Essays*. Köln: Verlag für Philosophie Dinter.
Aristoteles (2005). 니코마코스 윤리학(홍석영 풀어씀). 서울: 풀빛.
Aristoteles (2006). 니코마코스 윤리학(이창우 외 2명 역). 서울: 이제이북스.
Augustinus, A. (2010). 행복론(박주영 역). 서울: 누멘.
Bach, R. (2015). 갈매기의 꿈(공경희 역). 서울: 현문미디어.
Beauvoir, S. (2001). 계약결혼(이석봉 역). 부산: 선영사.
Biemel, W. (1999). 사르트르(구연상 역). 서울: 한길사.
Brüning, B. & Martens, E. (ed.) (2007). *Anschulich Philosophieren: Mit Märchen, Fabeln, Bildern und Filmen*. Weinheim und Basel: Beltz.
Deux, V. (2002). 그림으로 이해하는 현대사상(남도현 역). 서울: 개마고원.
Ende, M. (2005). 자유의 감옥(이병철 역). 서울: 보물창고.
Epictetos (2003). 엥케이리디온(김재홍 역). 서울: 까치.
Epikuros (2007). 쾌락(오유석 역). 서울: 문학과 지성사.
Erikson, E. (2014). 유년기와 사회(송제훈 역). 경기: 연암서가.
Frankl, V. E. (2005). 삶의 의미를 찾아서(이시형 역). 경기: 청아출판사.
Fromm, E. (1999). 사랑의 기술(정성호 역). 서울: 범우사.
Fromm, E. (2006). 사랑의 기술(황문수 역). 서울: 문예출판사.
Guardini, R. (2016). 삶과 나이: 완성된 삶을 위하여(김태환 역). 서울: 문학과 지성사.
Heffernan, M. (2014). 경쟁의 배신(김성훈 역). 서울: RHK.

Huizinga, J. (2015). 호모루덴스. 경기: 연암서가.

Hutchens, D. (2008). 레밍 딜레마(김철인 역). 서울: 바다출판사.

Lahav Ran, Tillmanns Maria da Venza (2013). 철학상담의 이해와 실천(정재원 역, 노성숙 감수). 서울: 시그마프레스.

Lebacqz, K. (2006). 정의에 대한 6가지 철학적 논쟁(이유선 역). 서울: 간디서원.

Mead, M. (2008). 사모아의 청소년. 경기: 한길사.

Platon (2003). 플라톤의 네 대화편: 소크라테스의 변론, 크리톤, 파이돈(박종현 역). 서울: 서광사.

Plato (2010). 향연(강철웅 역). 서울: 이제이북스.

Rice, F. P. & Dolgin, K. G. (2009). 청소년심리학(제12판) (정영숙, 신민섭, 이승연 역). 서울: 시그마프레스.

Russell, B. (2009). 행복의 정복(황문수 역). 서울: 문예출판사.

Saint-Exupery, A. (2015). 우리가 사랑해야 하는 이유. 서울: 생각 속의 집.

Sandel, M. (2010). 정의란 무엇인가(이창신 역). 서울: 김영사.

Sartre, J, P. (2009). 존재와 무(정소성 역). 서울: 동서문화사.

Sartre, J, P. (2011). 실존주의는 휴머니즘이다(박정태 역). 서울: 이학사.

Sartre, J, P. (2015). 실존주의는 휴머니즘이다(방곤 역). 서울: 문예출판사.

Scott Peck, M. (2005). 스캇 펙의 아직도 가야 할 길(신승철, 이종만 역). 서울: 열음사.

Seneca, L. A. (2005). 인생이 왜 짧은가: 세네카의 행복론(천병희 역). 경기: 숲.

Warburton, N. (2011). 철학의 고전 27(최희봉, 박수철 역). 서울: 지와 사랑.

찾아보기

인명

내용

저자 소개

노성숙(Nho, Soung-Suk)

현재 한국상담대학원대학교 상담학과 교수다. 이화여자대학교 철학과를 졸업한 뒤, 동 대학원에서「하이데거에 있어서 진리의 문제」라는 논문으로 석사학위를 받았고, 독일 프라이부르크 대학교에서「계몽의 자기비판과 구원: 아도르노와 호르크하이머의 '계몽의 변증법'에 나타난 계몽개념에 대한 연구」(2000)라는 논문으로 박사학위를 취득했다. 최근에는 철학상담 분야를 창시한 독일의 아헨바흐 박사가 주관하는 독일 GPP협회 철학상담전문가 기본과정과 심화과정을 모두 마쳤다.

주요 관심 연구 분야로는 철학상담의 수용과 활용, 인문학에 기반한 상담학의 정립, 서구 근대적 사유에 대한 비판과 대안, 철학상담에서의 주체적 정체성과 관계성의 확립 등이다. 또한 상담학회의 상담전문가 및 수련감독자들에게 상담철학 및 철학상담을 가르치고 있으며, 상담초심자 및 상담전문가의 역량강화를 위한 철학상담 프로그램을 개발 중이다.

저서로는『사이렌의 침묵과 노래-여성주의 문화철학과 오디세이 신화-』(2008년 문화관광부 우수학술도서),『철학의 멘토, 멘토의 철학』,『상담철학과 윤리』,『왜 철학상담인가』가 있다.

주요 논문으로「'세계관해석'의 심화와 확장으로서의 철학상담」,「5.18 트라우마와 치유」,「가해하는 공동체? 치유하는 공동체?」,「삶의 진리를 성찰하는 해석학으로서의 철학상담」,「여성내담자중심치료를 위한 철학상담적 인간이해」,「현대 상담이론 및 심리치료적 접근의 철학적 배경」,「비극적 삶에 대한 현존재분석과 철학상담」,「인간다운 삶을 위한 철학적 대화로의 초대」,「철학상담과 여성주의상담」등이 있다.

〈e-mail: nhos@kcgu.ac.kr〉

박승찬(Park, Seung-Chan)

현재 가톨릭대학교 인문학부 철학전공 교수다. 서울대학교 식품공학과를 졸업한 뒤, 가톨릭대학교 신학부에서 신학을 공부하던 중 중세철학에 관심을 가지게 되었다. 독일 프라이부르크 대학교에서 석사와 박사학위(중세철학 전공)를 취득했다. 그의 박사학위 논문은 네덜란드 Brill 출판사의 중세철학 분야의 핵심 시리즈인 '중세 정신사에 대한 연구와 텍스트'에 받아들여져 「토마스 아퀴나스에 의한 중세 언어철학의 신학적 수용: 유비(類比) 문제를 중심으로」(1999)라는 제목으로 출간되었다.

주요 관심 연구 분야는 아직 충분히 알려지지 못한 라틴어 중세철학 원전에 담긴 보화를 우리나라에 적극 소개하고, 중세철학이라는 인류 문화의 보고로부터 우리 문화를 풍성하게 할 값진 사상을 얻어내는 데에 있다. 그의 '중세철학사' 강의는 2012년 11월에 SBS와 대학교육협의회에서 공동으로 주관하는 "대학 100대 명강의"로 선정되었다.

저서로는 『서양 중세의 아리스토텔레스 수용사』, 『알수록 재미있는 그리스도교 이야기 1, 2』(2016년 세종도서 우수교양도서) 등이 있으며, 역서로는 캔터베리의 안셀무스의 『모놀로기온 & 프로슬로기온』(2003년 학술원 기초학문 분야 우수학술도서), 토마스 아퀴나스의 『신학요강』, 『대이교도대전 II』 등이 있다.

주요 논문으로는 「스콜라철학 융성기의 언어철학」, 「유비개념 발전에 관한 역사적 고찰」, 「아리스토텔레스 철학의 수용과 스콜라철학의 발전」, 「인격개념의 근원과 발전에 대한 탐구」, 「그 자체로 악인 고통 안에서 선이 발견될 수 있는가?」, 「아우구스티누스의 사상 안에 나타난 행복과 치유」, 「중세 대학의 설립과 발전」 등이 있다.

〈e-mail: elias@catholic.ac.kr〉

한국상담대학원대학교 인문상담학연구소 철학상담연구팀

한유림(Han Yurim) 철학상담전공 박사수료

이종수(Lee Jongsoo) 철학상담전공 석사

조　연(Cho Yeon) 철학상담전공 석사수료

안주연(An Juyeon) 철학상담전공 석사과정

차지혜(Cha Jihye) 철학상담전공 석사과정

가톨릭대학교 철학교육실천팀

김지희(Kim Jihee) 철학전공 석사과정

김하나(Kim Hana) 철학전공 학사

문효진(Moon Hyojin) 철학전공 석사

신상희(Shin Sanghee) 철학전공 석사과정

청소년을 위한 인문상담
생각 사이-다

2017년 4월 13일 1판 1쇄 인쇄
2017년 4월 20일 1판 1쇄 발행

지은이 • 노성숙·박승찬·철학상담연구팀·철학교육실천팀
펴낸이 • 김진환
펴낸곳 • (주) 학지사
04031 서울특별시 마포구 양화로 15길 20 마인드월드빌딩
대표전화 • 02)330-5114 팩스 • 02)324-2345
등록번호 • 제313-2006-000265호

홈페이지 • http://www.hakjisa.co.kr
페이스북 • https://www.facebook.com/hakjisa

ISBN 978-89-997-1235-7 03180

정가 17,000원

이 도서의 국립중앙도서관 출판시도서목록(CIP)은 서지정보유통지원시스템 홈페이지(http://seoji.nl.go.kr)와 국가자료공동목록시스템(http://www.nl.go.kr/kolisnet)에서 이용하실 수 있습니다.
(CIP제어번호: CIP2017008941)